AF617887

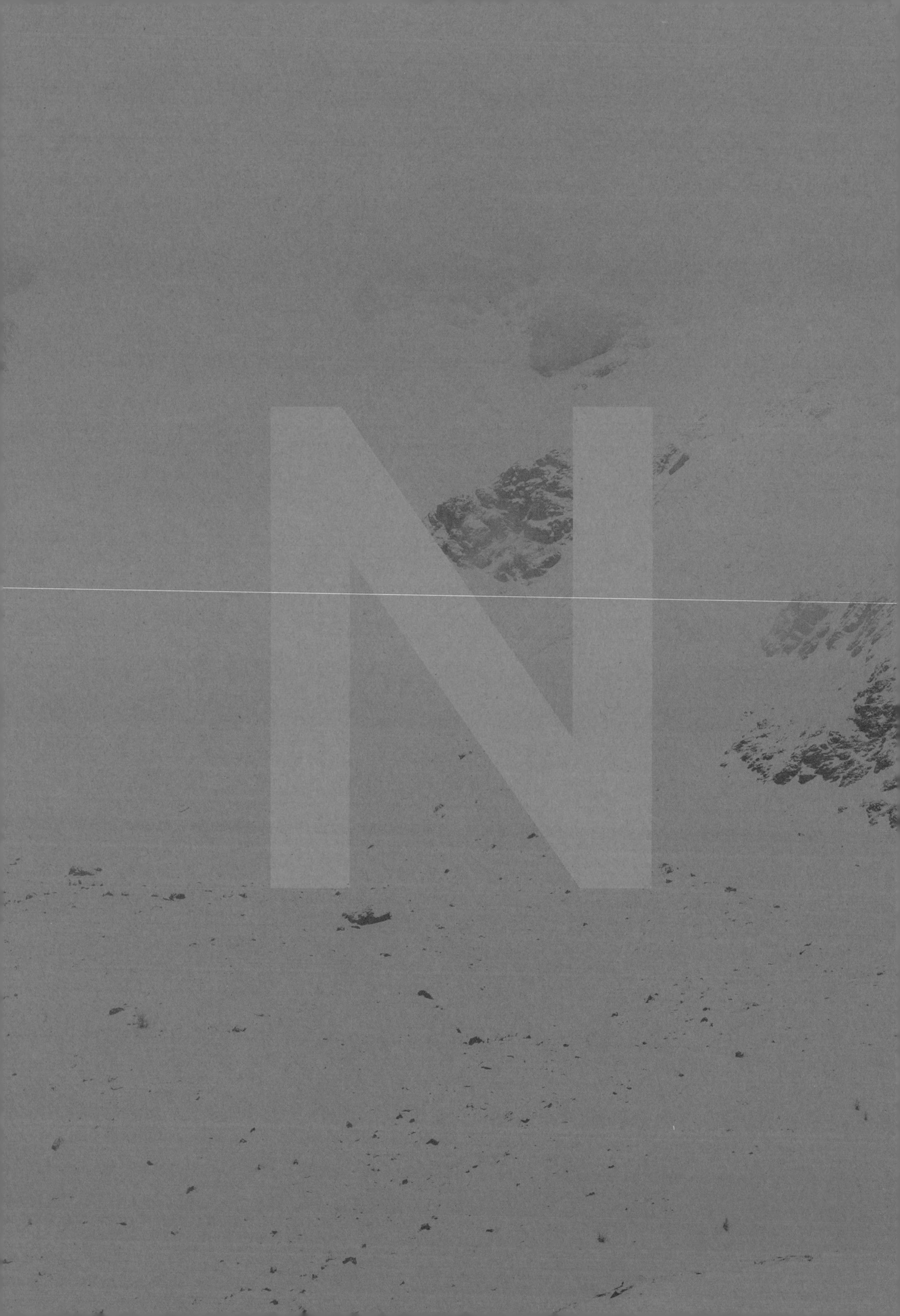

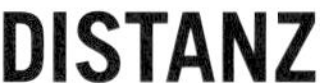
DISTANZ

Axel Anklam

North East

Kunstverein Reutlingen
Kunststiftung Erich Hauser, Rottweil
Museum Art.Plus, Donaueschingen

Mein persönlicher Dank gilt den Galerien, Sammlern, Kunstvereinen, Museen, Mitarbeitern, Fotografen, Kollegen, Freunden und der Familie für Vertrauen, Begeisterung, Ehrlichkeit und Geduld.

— Personally, I would like to express my gratitude towards all galleries, collectors, museums, art institutions, my collaborators, photographers, colleagues, and friends as well as to my family for their trust, enthusiasm, sincerity, and patience.

Axel Anklam
Berlin, März — March 2018

Inhalt — Contents

Axel Anklams Plastiken sind erstaunliche Schöpfungen. Sie sind klar in sich gefasst und doch für jeden Blick unabschließbar. Bei aller Monumentalität sind sie sinnlich, fein gestimmt und leicht. Unbewegt, in sich aber vollends dynamisch. Sie besitzen unverkennbares Volumen, doch gleichsam sind sie offen, nahezu körperlos, transparent sogar. Alles, was herkömmlich für die Bildhauerei gilt – Schwere, Undurchdringbarkeit und träge Massen – scheint in ihnen vollkommen umgekehrt.

Axel Anklam ist ein Bildhauer des Lichts. Seit seinen frühsten Glasgüssen holt er das Licht unmittelbar in seine plastischen Körper und schafft bei aller dinghaften Materialität – sei dies Edelstahl, Epoxid oder Carbon – reine Lichtplastiken. Anmutig im Raum aufragend oder schwebend und mit gleißenden Reflexionen wie seine jüngsten Reliefe. Das Licht fällt nicht bloß auf sie. Vielmehr durchströmt es sie, ist ihnen eingestaltet und strahlt sodann weit in den Umraum. Die Plastiken zeigen sich geradezu als filigran ausschwingende Lichtzeichnungen.

Im steten Wandel des Lichts entrückt Axel Anklam sie der umgebenen Architektur und öffnet unserer Betrachtung ungesehene Räume. Seine plastischen Formfindungen sind dabei alles andere als willkürlich, ganz im Gegenteil. Sie besitzen klare Proportionen, musikalische sogar, die er aus der antiken Harmonielehre abgeleitet und mit präzisen Abfolgen und in ausgewogenen Rhythmen auf sein Material übertragen hat, dessen ungeformte Starre plötzlich umschlägt und mit größter Umfänglichkeit optisch gewissermaßen zu strömen, fließen und wehen beginnt.

Dennoch ist dies nicht alles. Zu diesen gegebenen Proportionen kommt Axel Anklams eigene Erfahrung. Eindrücke und Erinnerungen an Landschaften, Stimmungen oder Begegnungen durchdringen die ungegenständlichen Formationen und bringen die Plastiken – wie Figuren im Gegenlicht – auf die Grenze von Abstraktion und Figuration, von Verschwinden und Erscheinen. Scharf konturiert treten sie in die Sichtbarkeit, um sich mit dem nächsten Blick von neuem zu reinen Bewegungen im Raum aufzulösen.

Dafür hat Axel Anklam in einer subtilen, formal verknappten Balance zu einer äußerst individuellen plastischen Sprache gefunden, die mit graziler Leichtigkeit die gegebenen musikalischen Gesetzmäßigkeiten mit einer ganz menschlichen Erfahrung des In-der-Welt-Seins verbindet. Innen- und Außenwahrnehmung, das Ungekannte und das Eigene, Denken und Gefühl verschmelzen in seinem Werk und in Ferne und Nähe werden selbst wir sowohl zu Betrachtern als auch zu Teilnehmern dieses plastischen Spiels.

Nimmt Axel Anklam doch auch unsere wechselhaften Empfindungen auf, um sie sogleich auf uns zurückzuleiten. Sei es, dass wir den überlebensgroßen Plastiken von *Angesicht zu Angesicht* gegenüberstehen und zwischen ihnen wandeln wie inmitten von Fontänen und Kaskaden oder in den vielfachen Reflexionen und Spiegelung seiner Reliefe immer auch uns selbst begegnen. Denn so, wie sich zwischen ihnen ungreifbare und doch klar gefasste, einfache und doch vielgestaltige, stille und doch klingende Bezüge auftun, so klären sich auch unser Blick und Stand im Raum und in der Welt. Dafür danken wir Axel Anklam.

Wir danken der Stadt Reutlingen und dem Ministerium für Wissenschaft, Forschung und Kunst des Landes Baden-Württemberg für ihre institutionelle Förderung sowie der Kreissparkasse Reutlingen und der Reutlinger Wirtschaftstreuhand.

Ebensolcher Dank an Rolf Luhn und ART-regio Kulturförderung sowie an Michael Bläsius und Andreas Lehmann für die unkomplizierte Leihgabe der Kreissparkasse.

Herzlich sei zudem allen privaten Förderern und Leihgebern gedankt, deren außerordentliche Anteilnahme die Ausstellungen sowie das daraus entstandene Buch erst ermöglicht hat.

Ganz besonders danken möchten wir Simone Jung, Robert Kudielka, Hendrik Lakeberg, Heiderose Langer und Sebastian Steinhäußer, die in dieser reichhaltigen Monografie Axel Anklams Werk in all seiner Eleganz und Stringenz vorstellen und dessen Stellung in Geschichte und Gegenwart erstmals zusammenhängend erschließen.

Nicht vergessen seien unser Vorstand und Team, die das gesamte *Unternehmen* von Anfang an mit Leidenschaft begleitet und zum Gelingen gebracht haben.

Ulli Grüning, Frank Kleinbach und Stephan Klonk fotografierten Werke, Ausstellungen und Landschaften, Tom Wagner fertigte das Porträt, Hilmar Stehr konzipierte und gestaltete das Buch – großer Dank dafür.

Und abschließend sei Wilhelm Freiherr von Haller und der Kunststiftung Erich Hauser in Rottweil sowie Margit Biedermann und dem Museum Art.Plus in Donaueschingen für diese schöne Kooperation gedankt.

Einfachheit, die vielgestalt ist.
Stille, die klingt.

Manifold simplicity, resounding stillness

Axel Anklam's sculptures are peculiar creations. They are clearly self-contained and yet for every gaze interminable. In all their monumentality, they are sensuous, keenly tuned, and light. In fact motionless, within themselves they present absolute dynamics. They possess distinctive volume and, at the same time, they are open, almost incorporeal, transparent even. Everything usually attributed to sculpture – gravity, impenetrability, and inertial masses – they seem to invert completely.

For Axel Anklam is a sculptor of light. Ever since his earliest glass moulds, he has incorporated light in his sculptural bodies and created sculptures of pure light, in spite of all of his steel, epoxy, or carbon's physical thingness. Gracefully, they protrude into space or seemingly levitate like his reliefs with glistening reflections. Light does not merely shine upon them. It seeps through them and immediately radiates outwards again. The sculptures present themselves as delicately oscillating drawings of light.

And with light's constant change, Axel Anklam unhinges them from any architecture, thereby opening up unseen perspectives for us beholders. Nonetheless, his sculptural findings are anything but arbitrary. On the contrary, they have clear proportions, musical ones actually, which he has derived from ancient harmonics and transferred their precise sequences and well-concerted rhythms onto his material. And suddenly, all material rigour reverts and optically begins to stream, flow, and wave.

Anyhow, that's not all, as Axel Anklam conjoins the given proportions with his own experiences. The non-objective formations are pervaded by impressions and memories of landscapes, emotions, or encounters. And thus, he pushes his sculptures – like figures in back light – onto the verges of abstraction and figuration. Torn between disappearance and emergence, though clearly contoured, they advance into visibility, only to dissolve into sheer movements in space, in the blink of an eye.

Axel Anklam has formulated an individual, subtly balanced, and formally utmost resolute sculptural vocabulary which, with graceful ease, unites the aforementioned musical principles with the most human experience of *being-in-the-world*. In his works, inner and outer experiences, the unknown and one's own, thought and feeling merge; and in distance as in nearness we ourselves become both beholders of and participants in this sculptural play.

For Axel Anklam's larger than life sculptures absorb our ever-changing sensations and reflect them back onto us: if encountering them face-to-face, promenading them as among fountains and cascades of water, or if recognising ourselves in the innumerable reflexions of his mirror-like reliefs. Continuously, they realise unseizable, yet clearly composed, simple, yet manifold, still, yet resounding relations due to which even we can calm our gaze and find our own place amidst an uncertain world. For all this, we thank Axel Anklam.

Furthermore, we extend our gratitude to the City of Reutlingen and Baden-Württemberg's Ministry of Science, Research, and Art for their institutional patronage as well as to the Kreissparkasse Reutlingen and RWT Reutlinger Wirtschaftstreuhand.

Thanks are also owed to Rolf Luhn of the ART-regio Kulturförderung together with Michael Bläsius and Andreas Lehmann.

We whole-heartedly thank all private patrons and lenders whose exceptional engagement has made the exhibitions as well as this book possible, in the first place.

We particularly thank Simone Jung, Robert Kudielka, Hendrik Lakeberg, Heiderose Langer, and Sebastian Steinhäußer for introducing us in this abundant monograph to Axel Anklam's sculptural oeuvre in all its elegance and consequence while, at the same time, giving a concise appraisal of his contemporary and art historical position.

Not to forget our board and team who have guided the whole endeavour passionately until its final realisation.

Ulli Grüning, Frank Kleinbach and Stephan Klonk photographed the works, exhibitions, and landscapes, Tom Wagner took the portrait, Hilmar Stehr designed the book – many thanks to all of them.

And finally, we would like to express our gratefulness to Baron Wilhelm von Haller and the Kunststiftung Erich Hauser in Rottweil as well as to Margit Biedermann and the Museum Art.Plus in Donaueschingen for this exceptionally delightful collaboration.

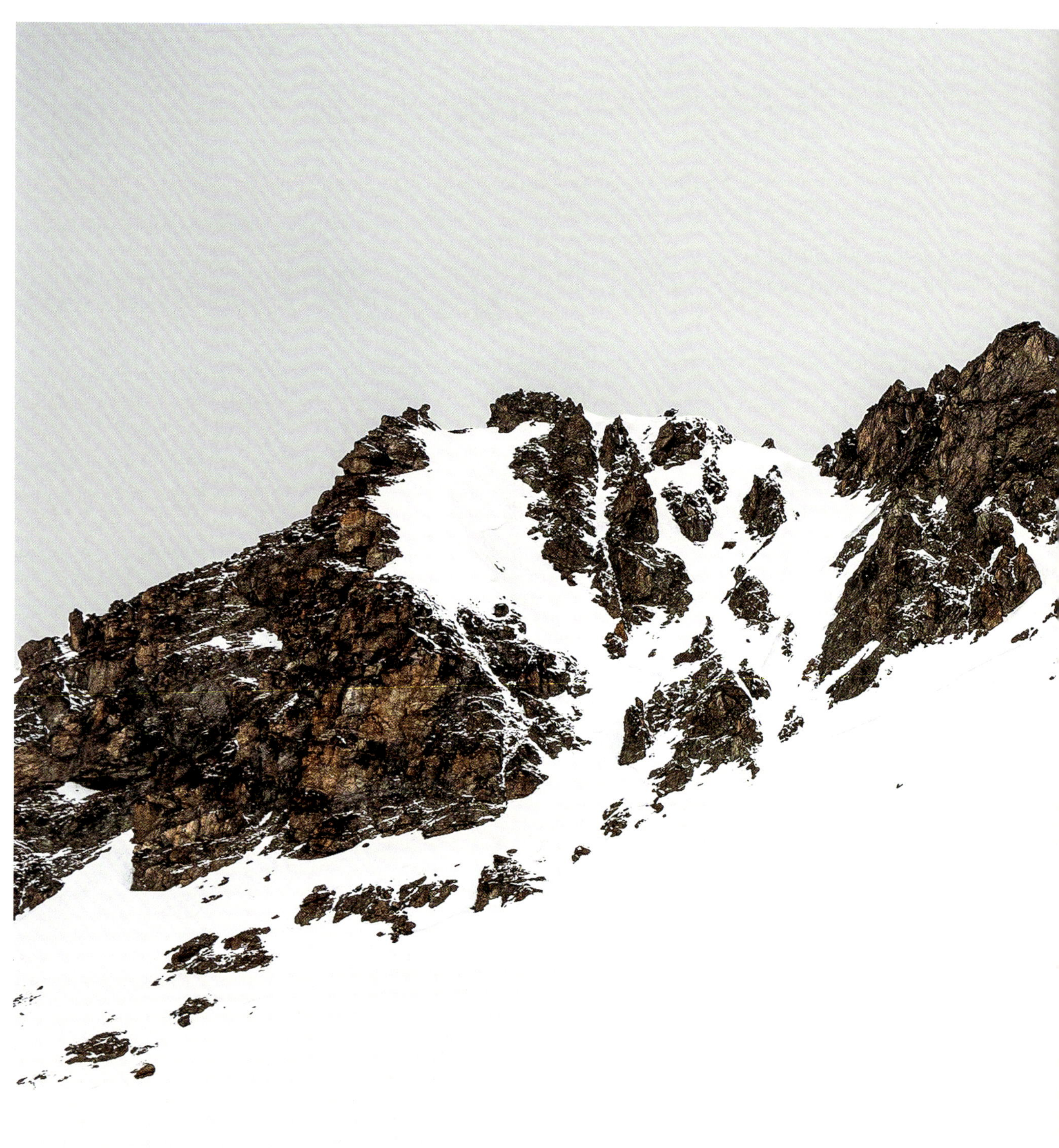

46°31'52.82"

N

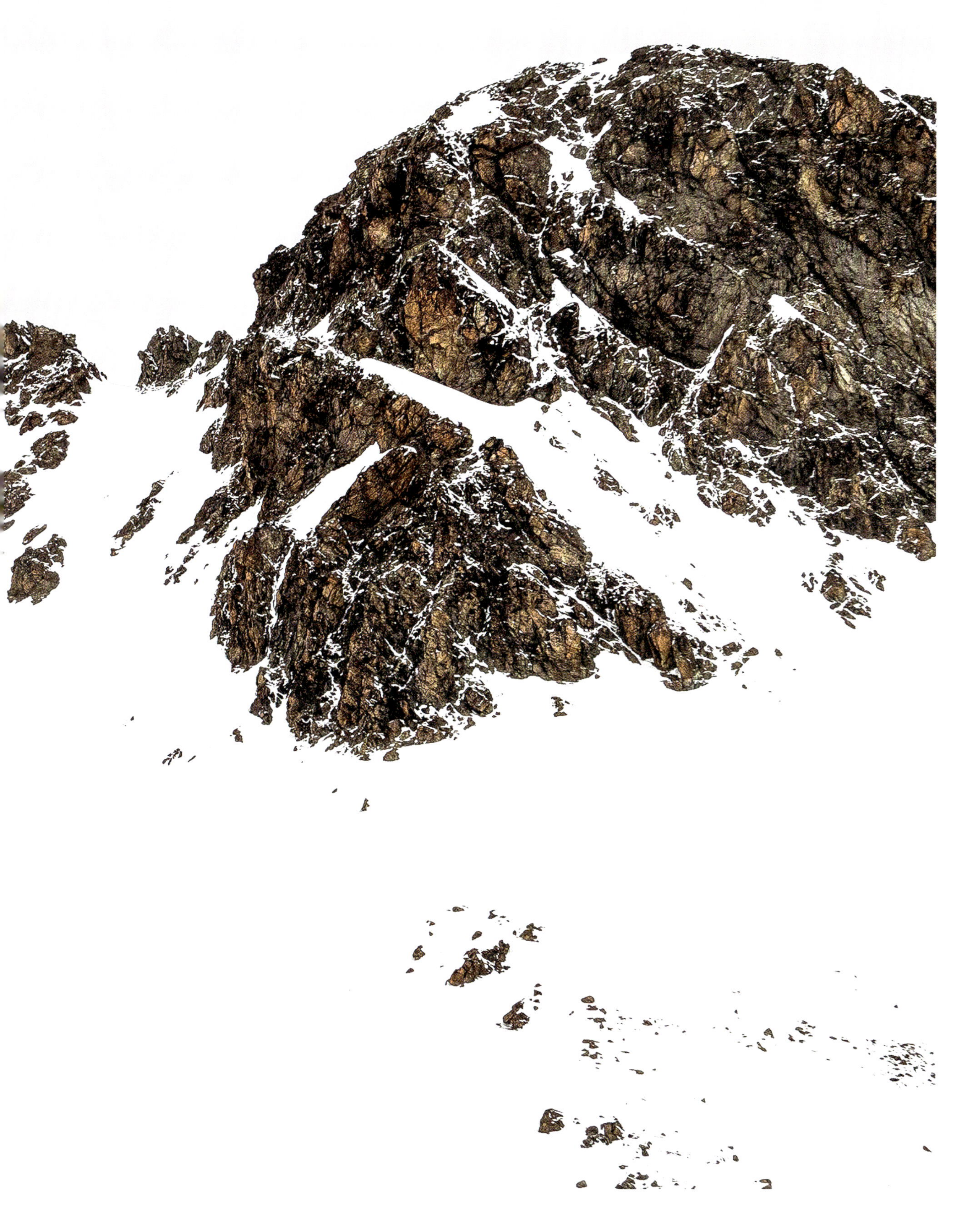

9°48'18.24"

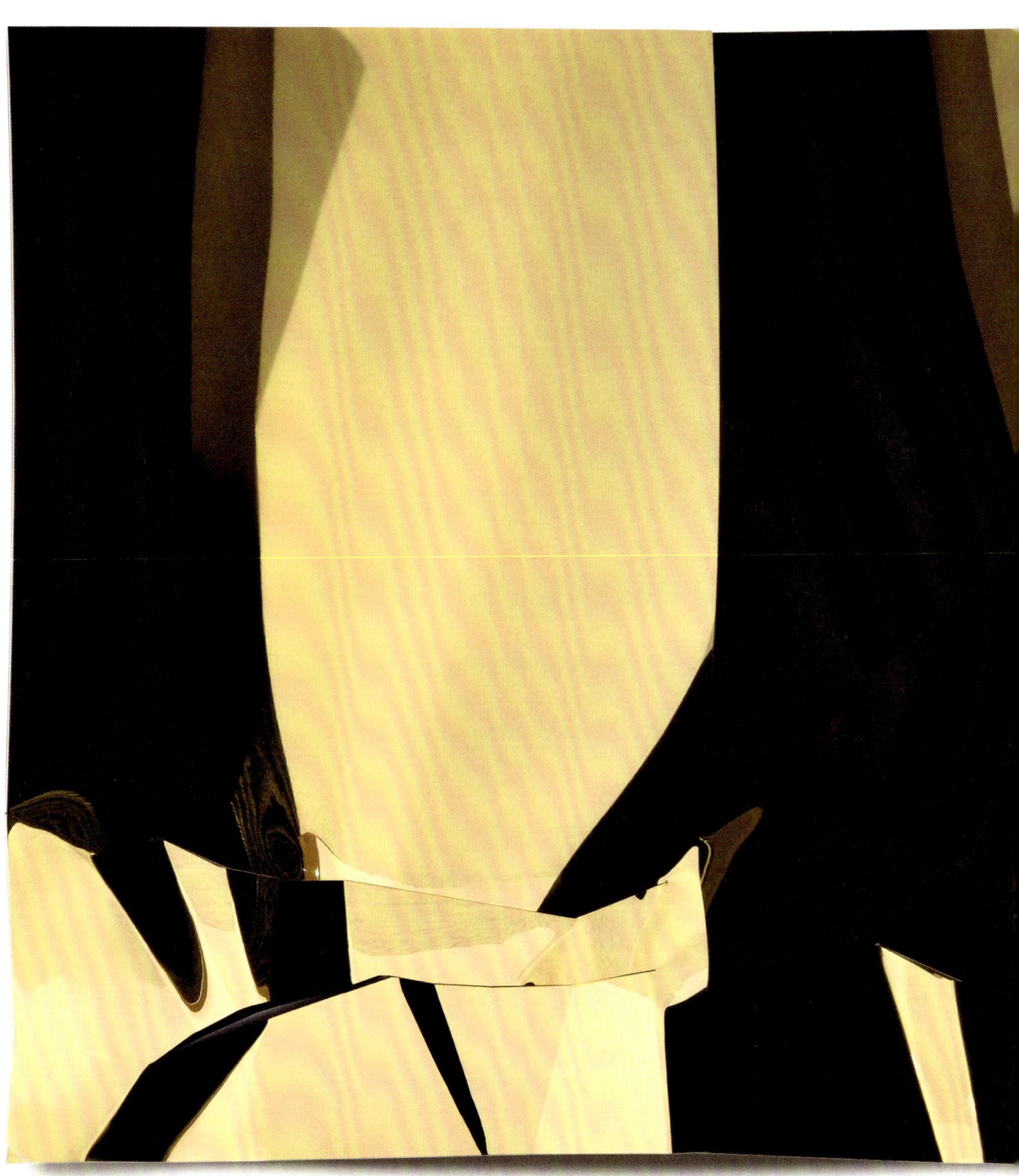

Zinne (2018), 70 x 147 x 3 cm

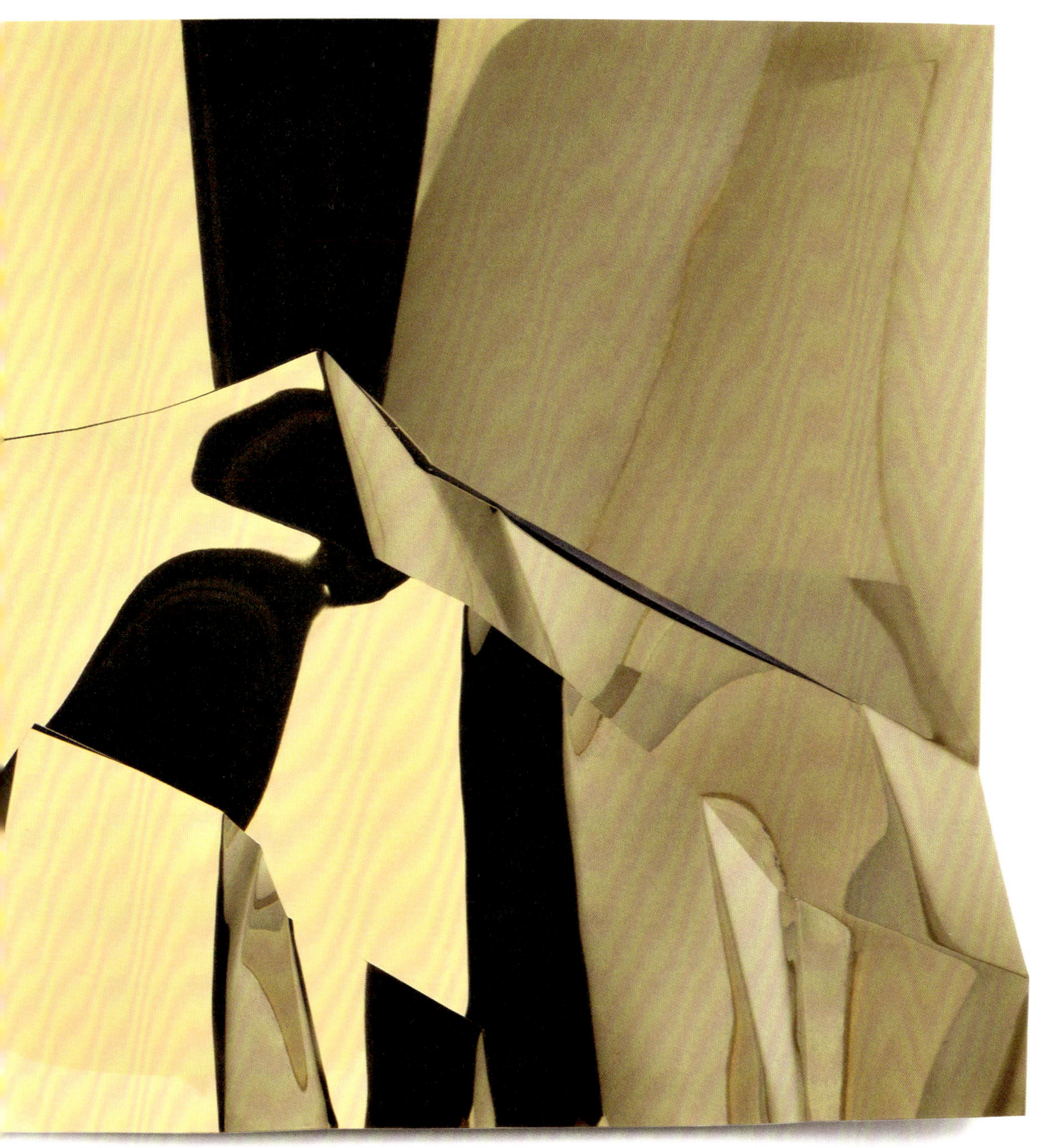

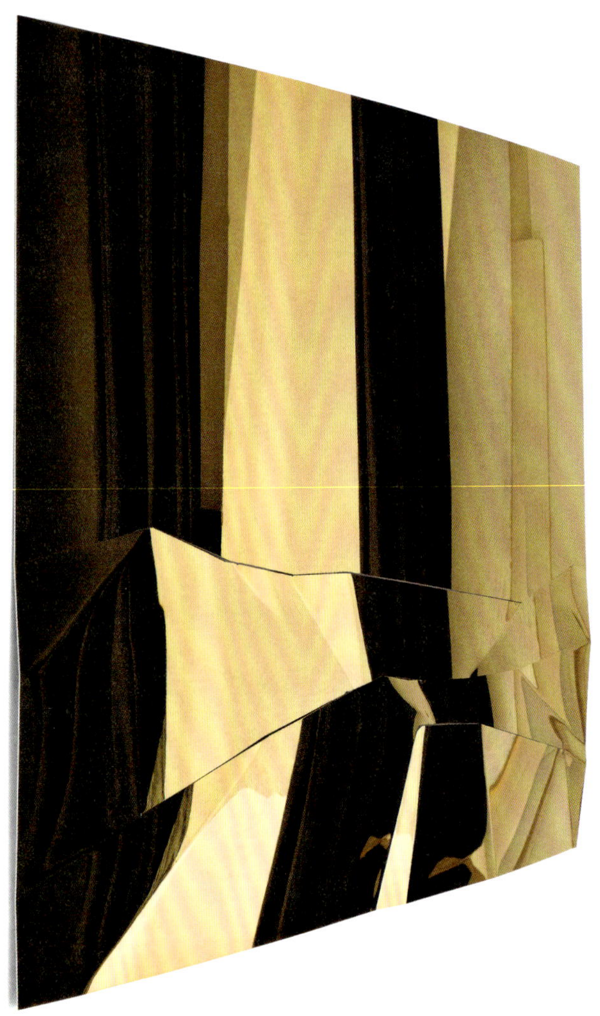

Stilles Land (2017), 63 x 95 x 2 cm

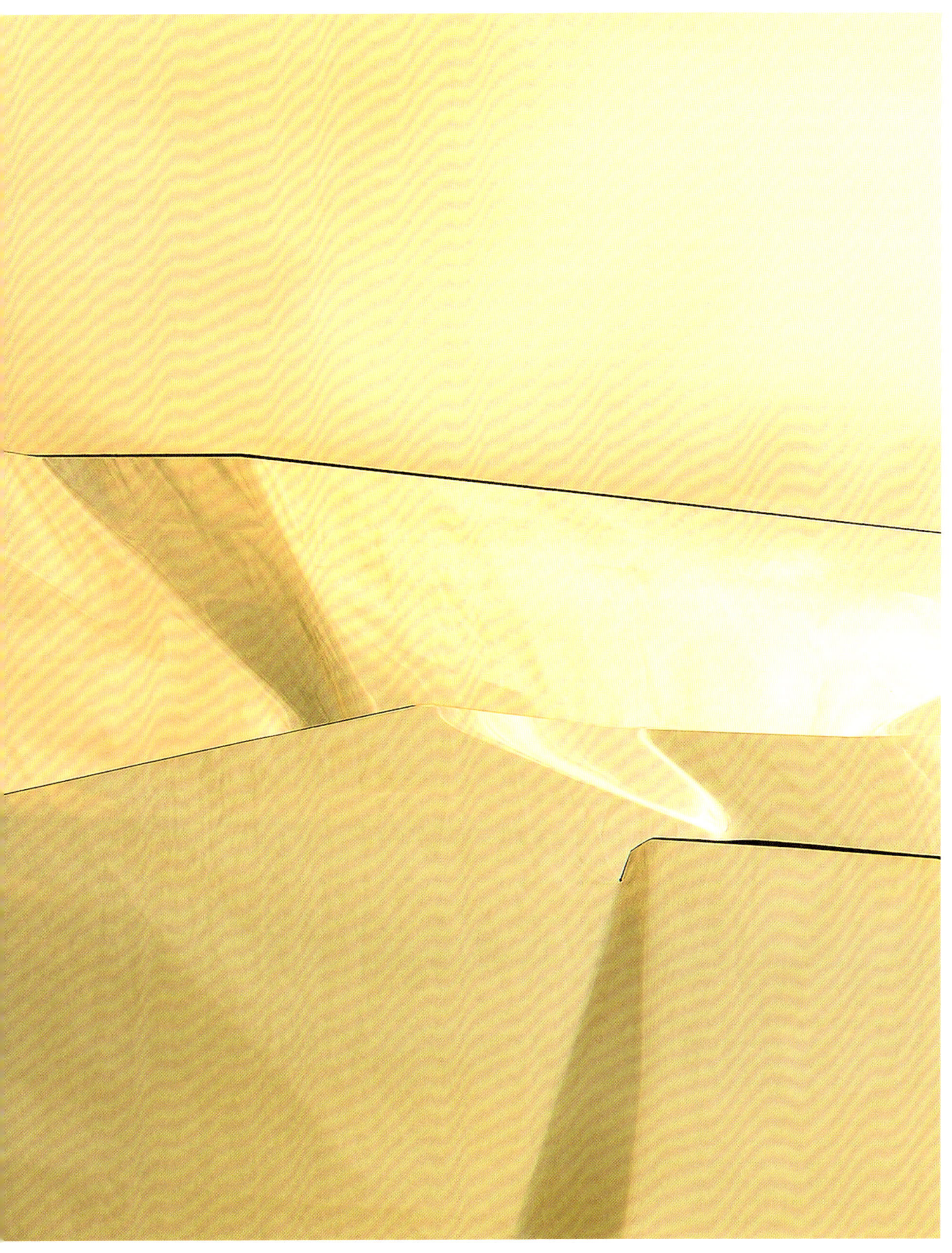

Detail

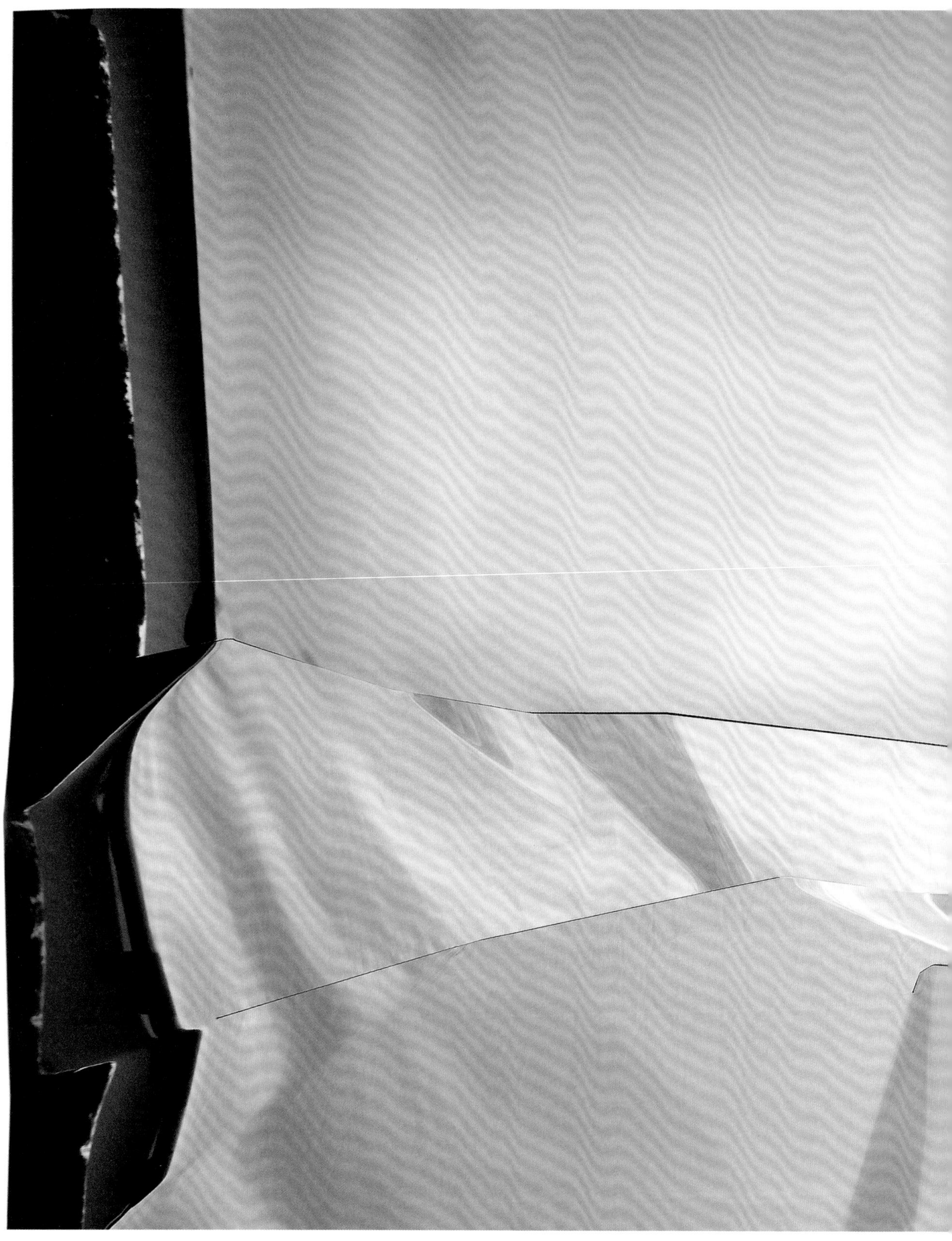

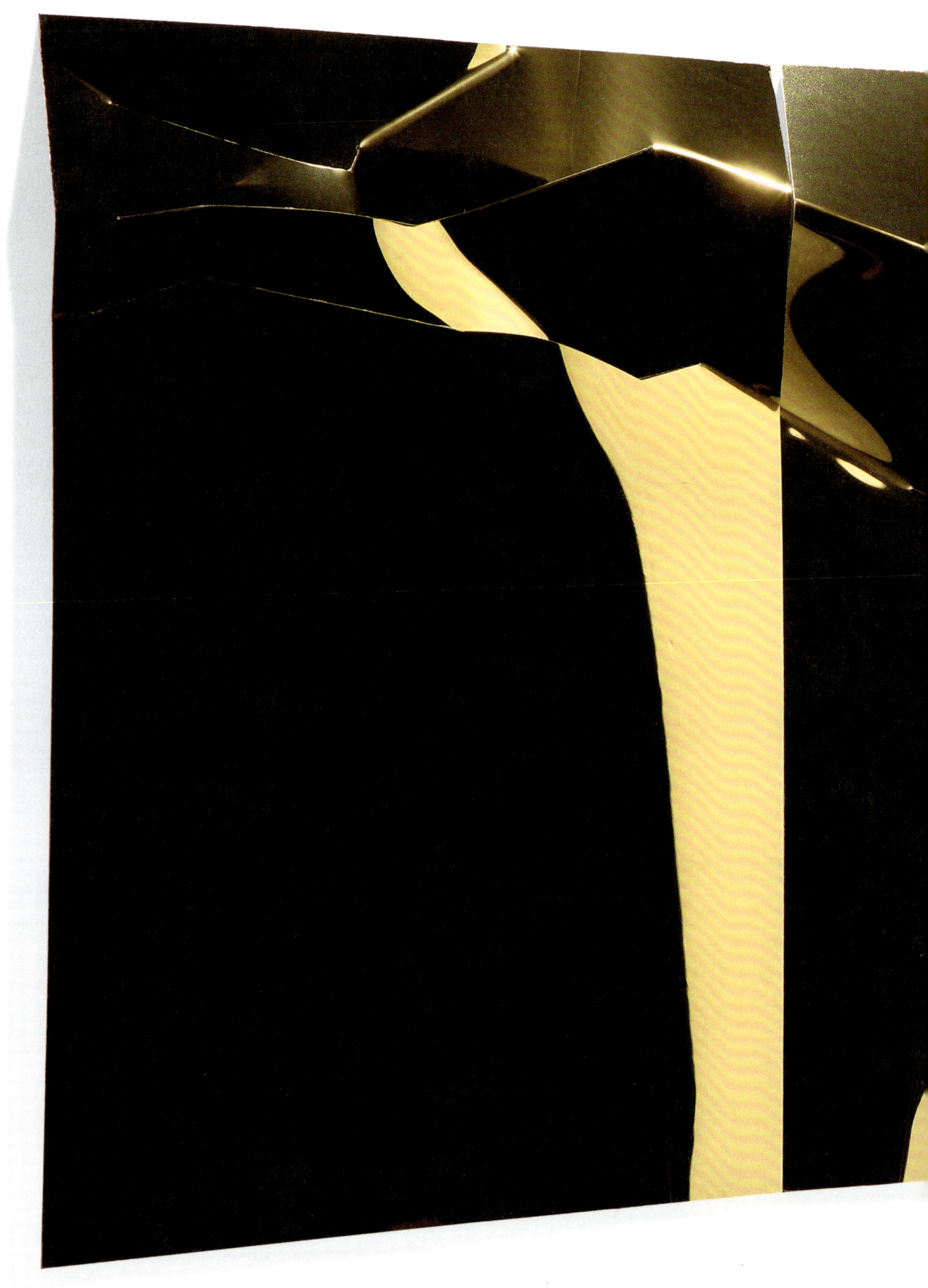

Schneeland (2017), 113 x 240 x 4 cm

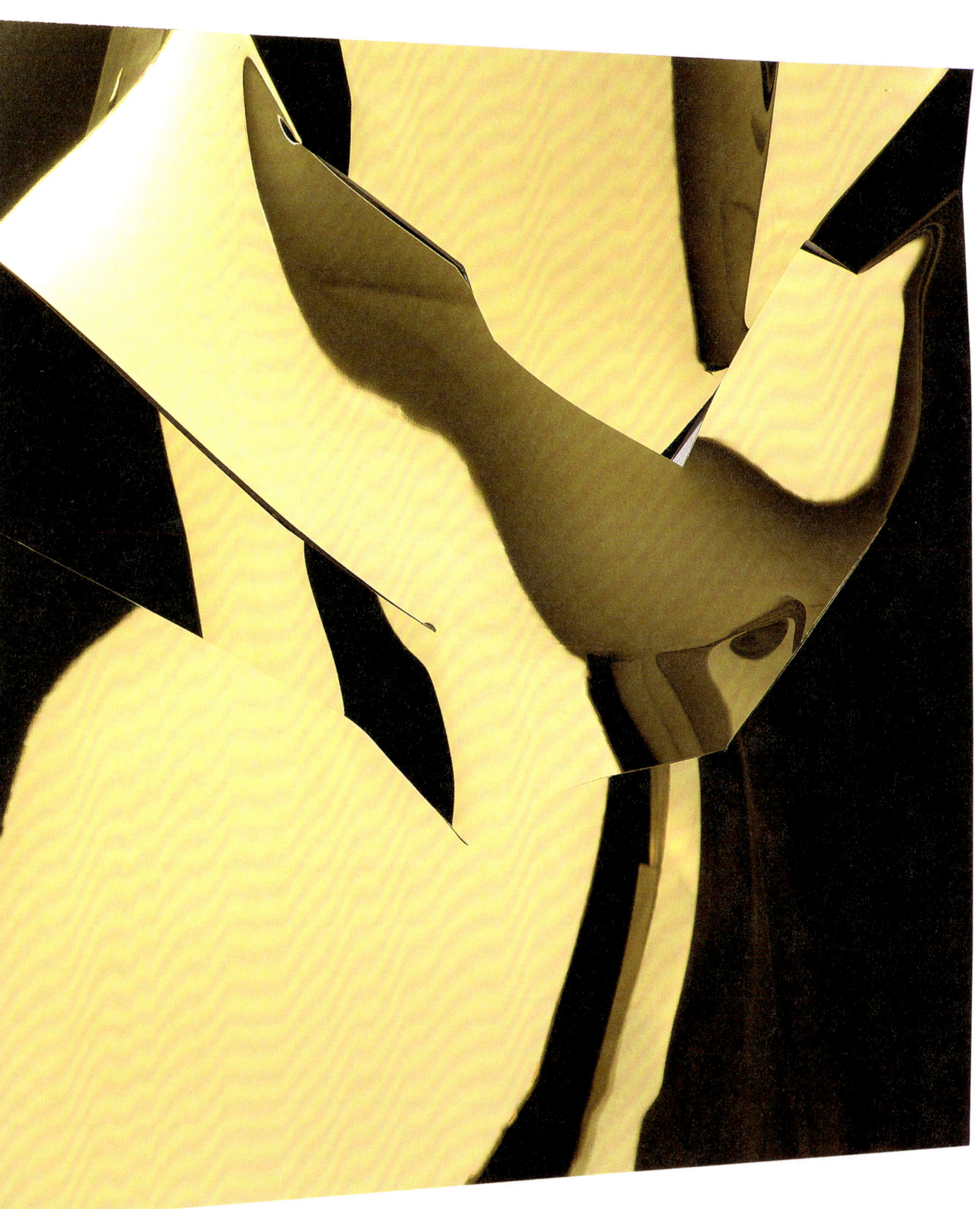

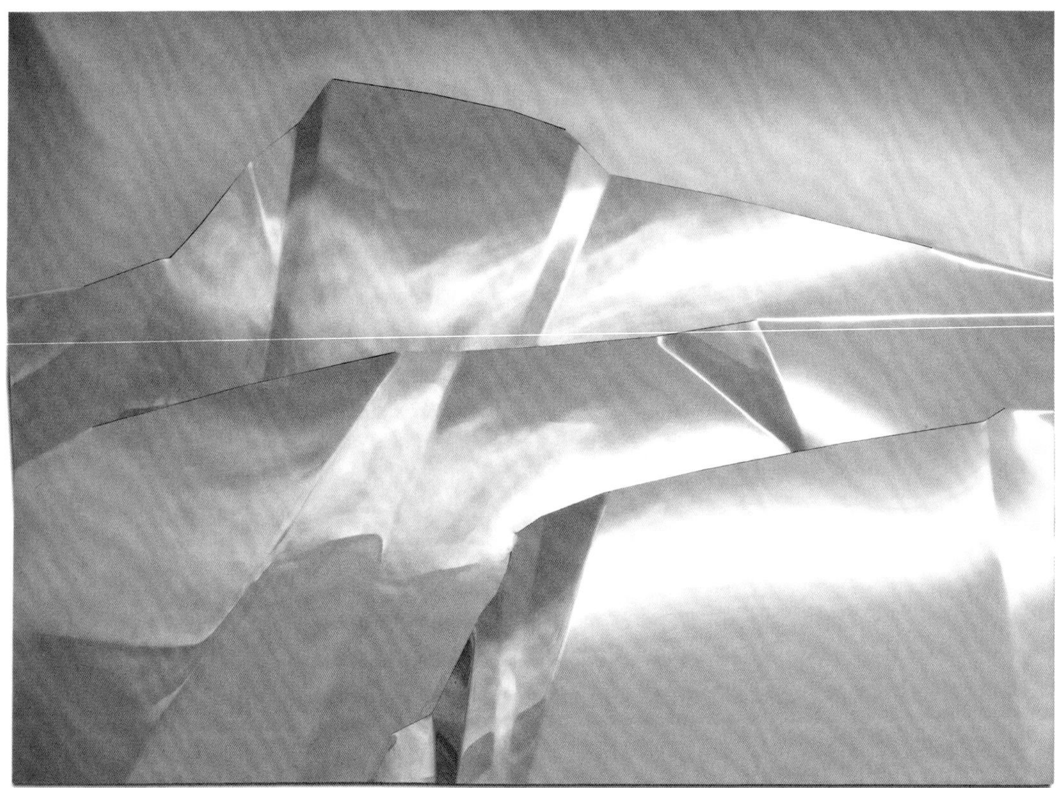

Massiv (2018), 60 x 85 x 2 cm

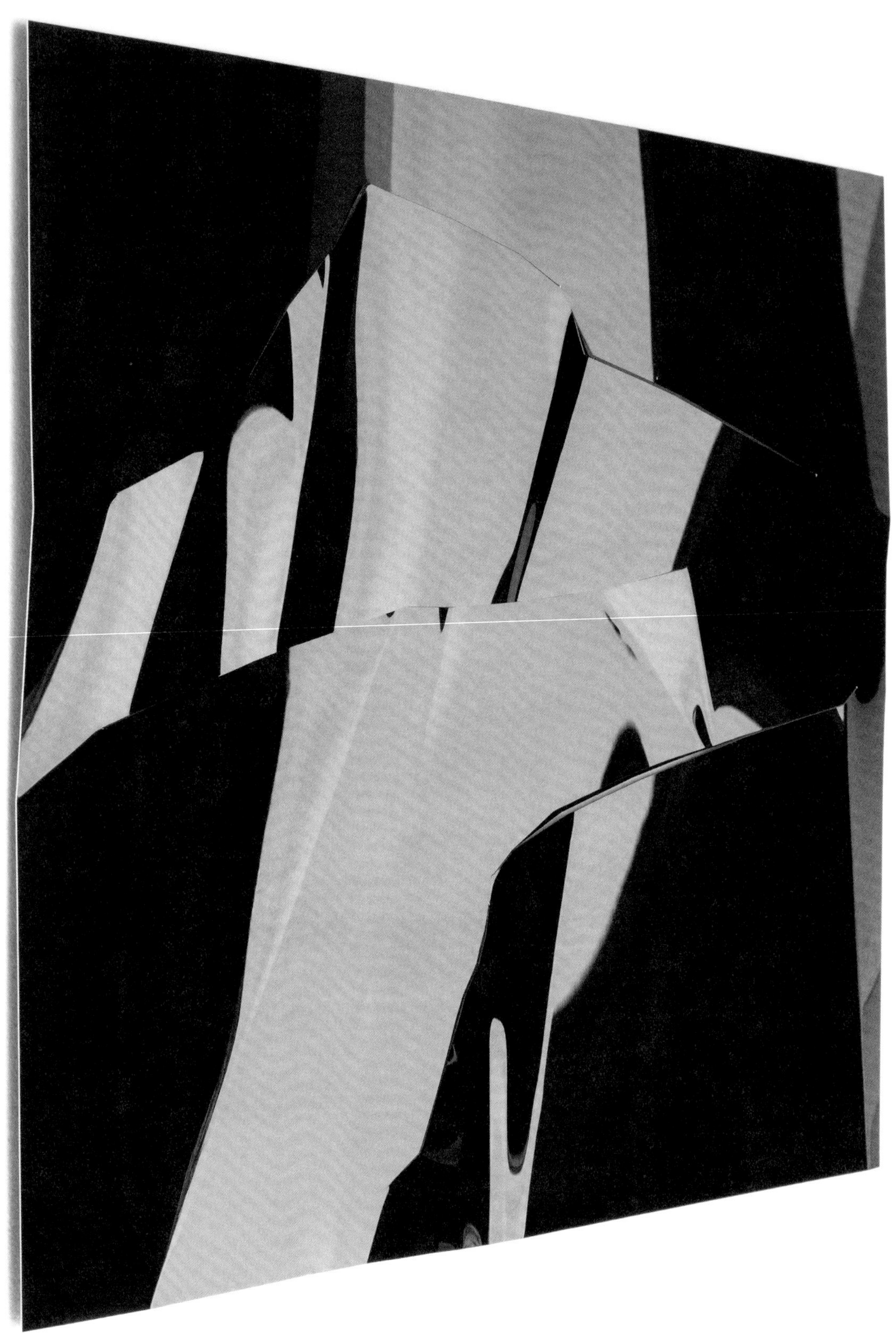

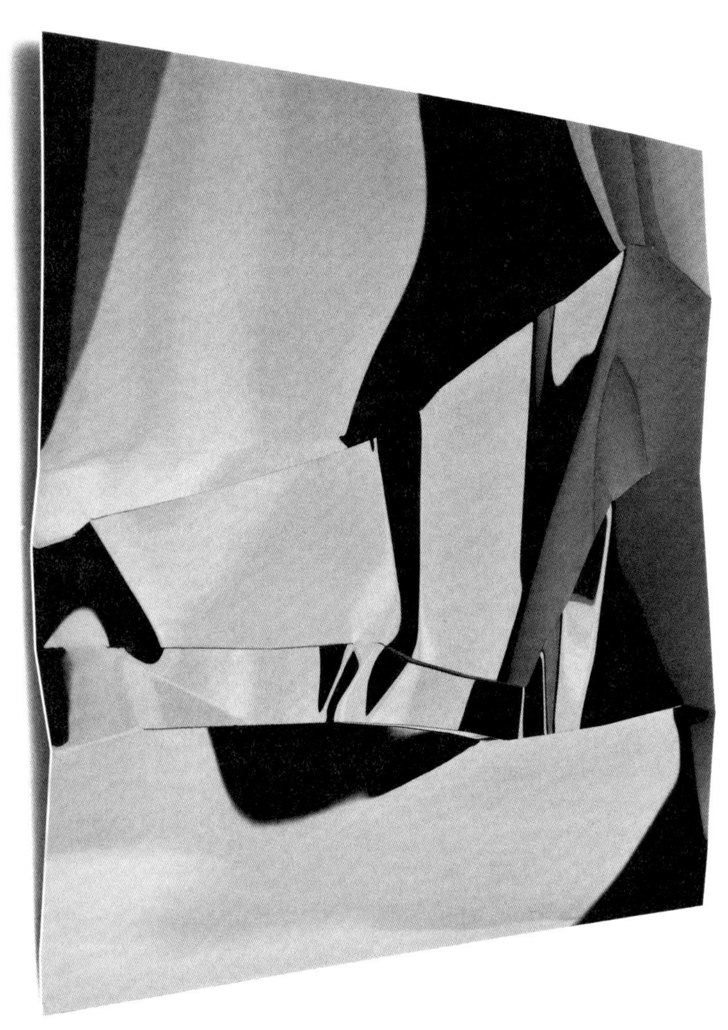

Massiv II (2017), 60 x 60 x 2 cm

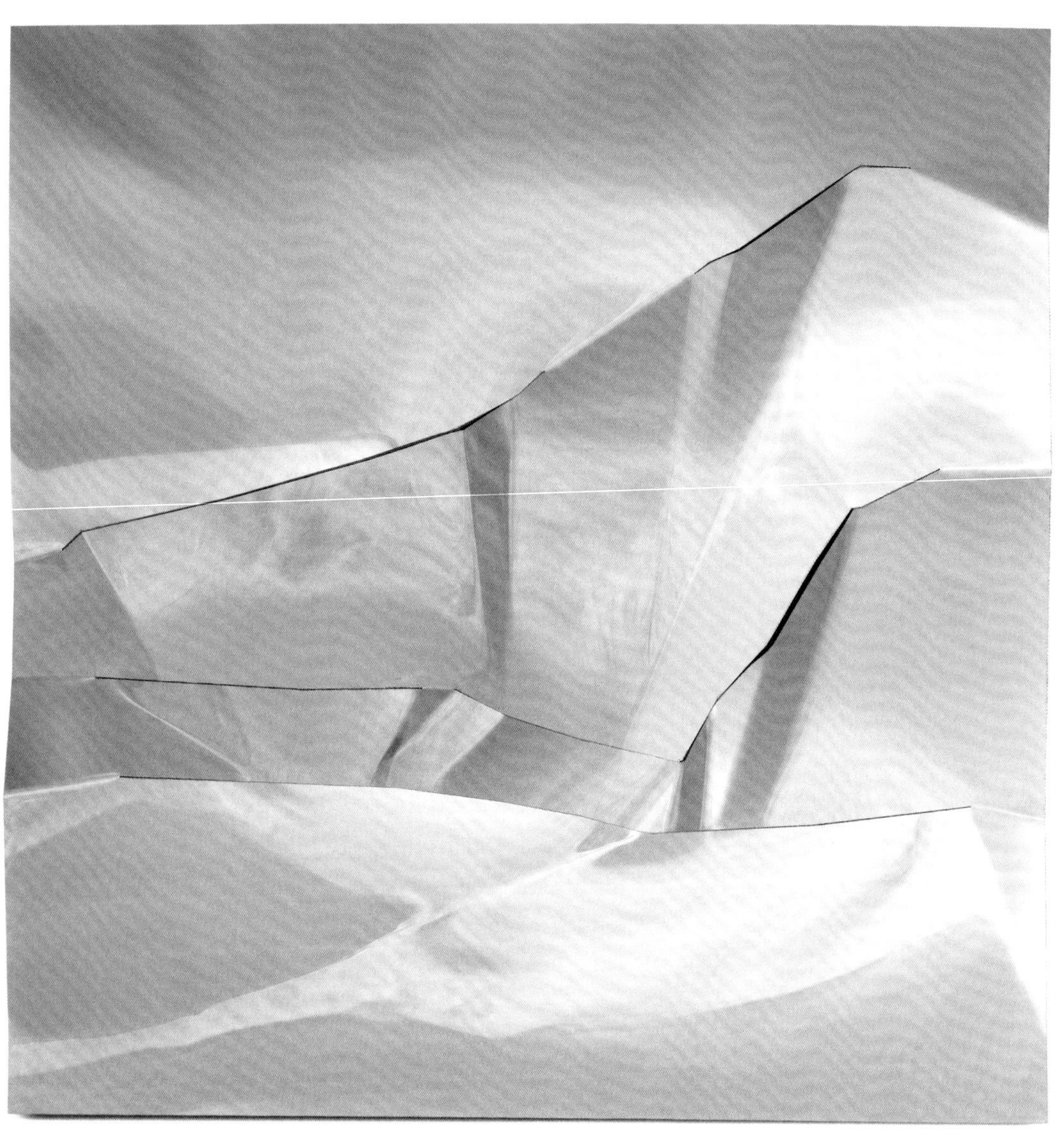

Massiv III (2018), 60 x 60 x 2 cm

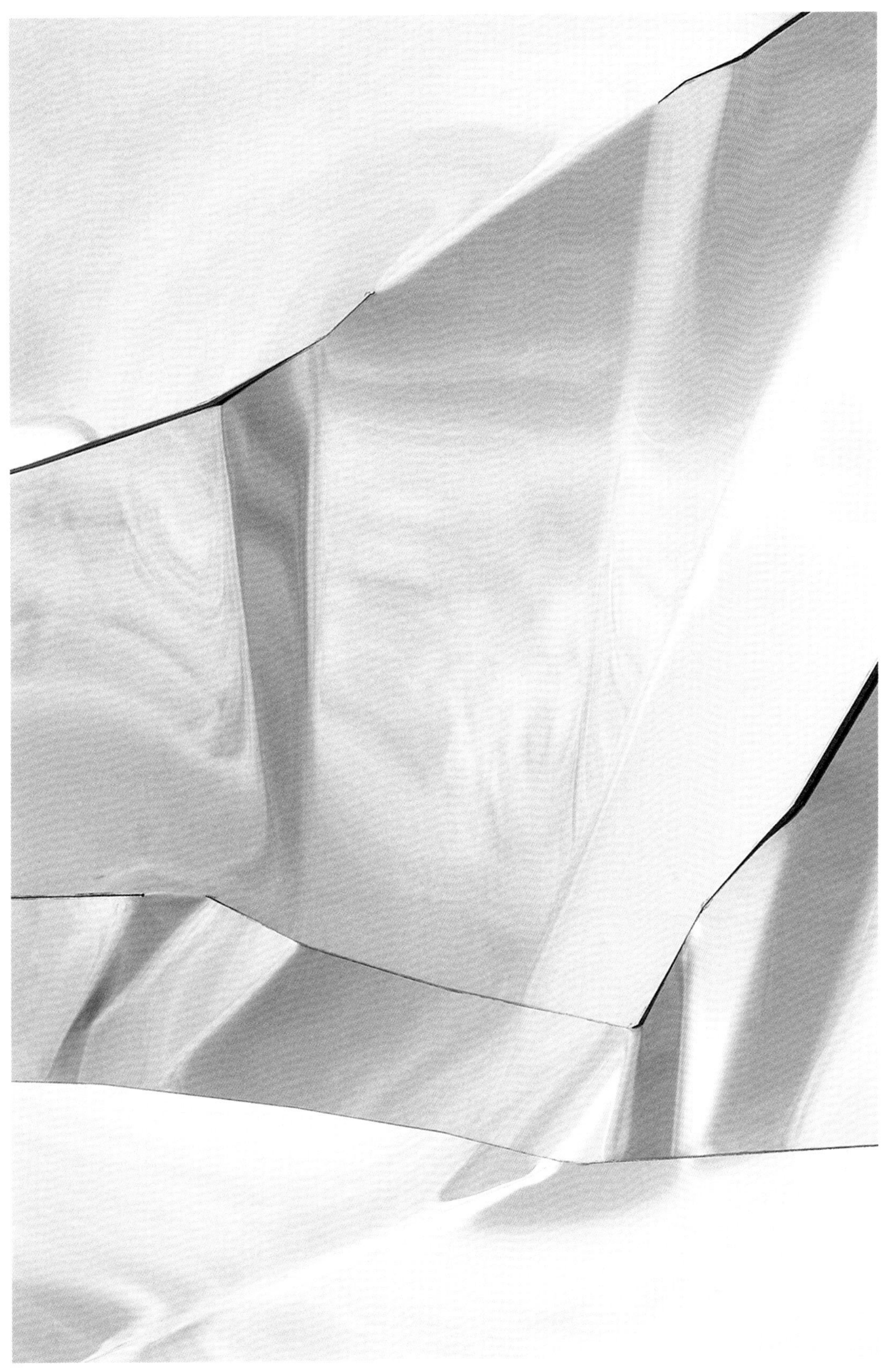

Detail

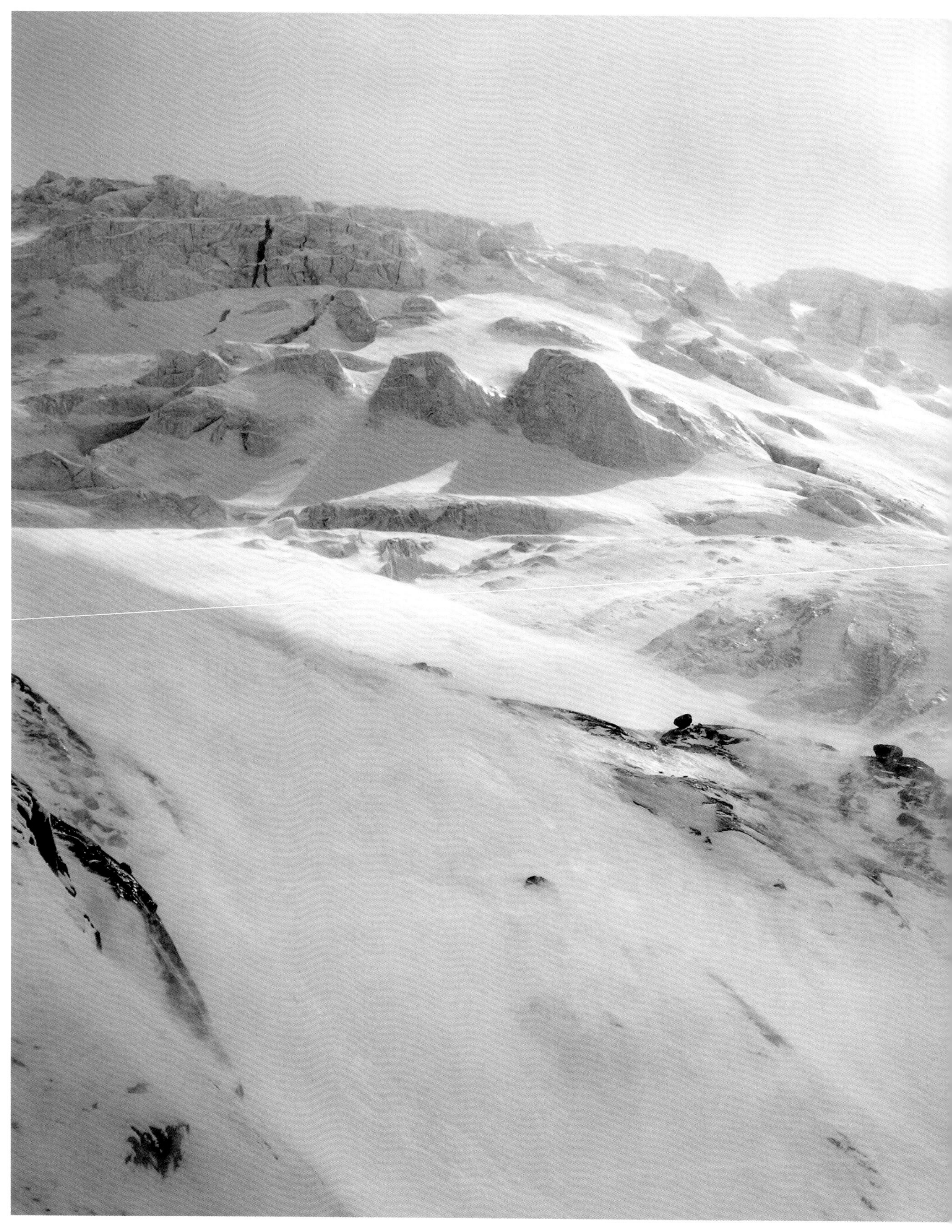

46°26'15.82"

N

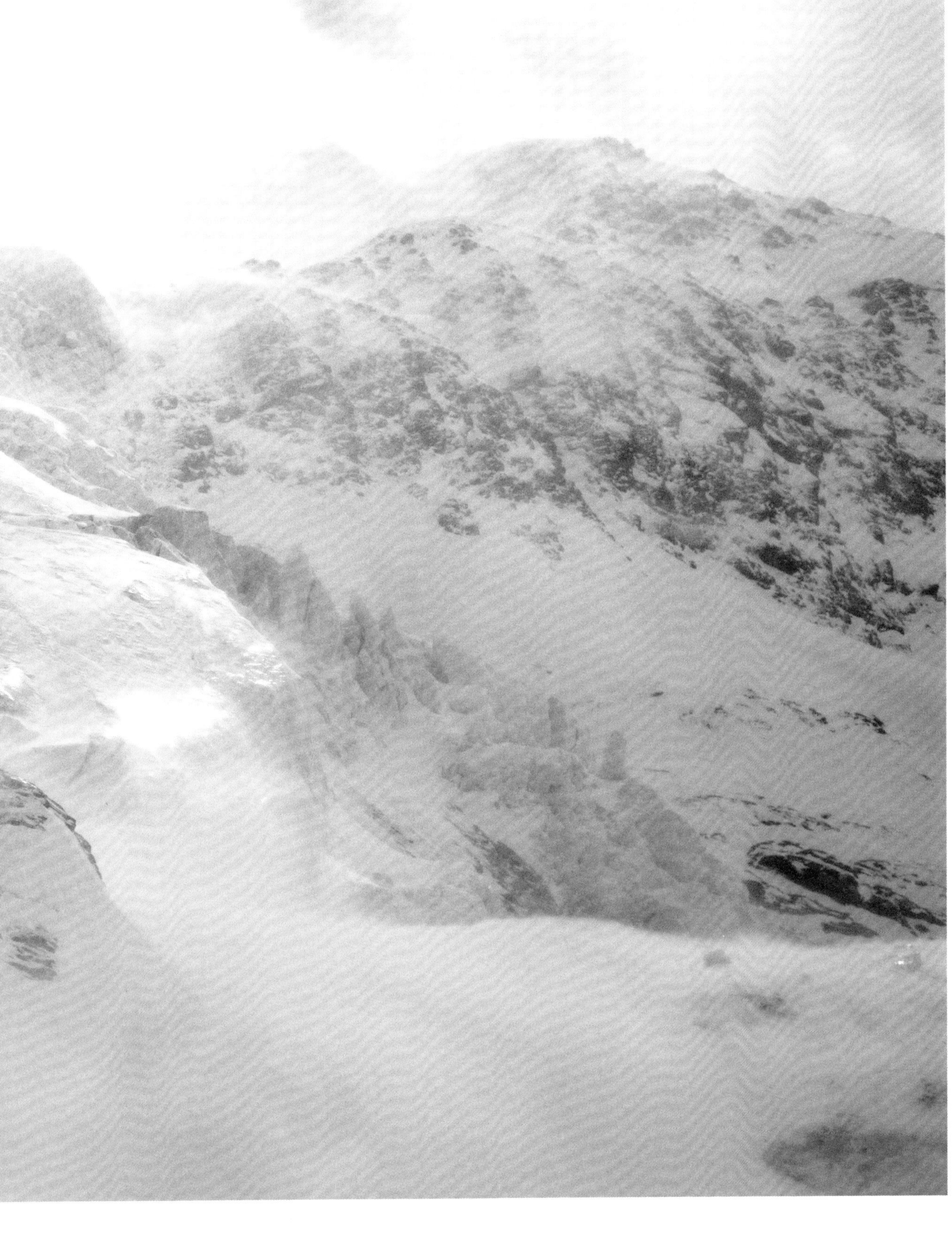

E

10°36‘28.21“

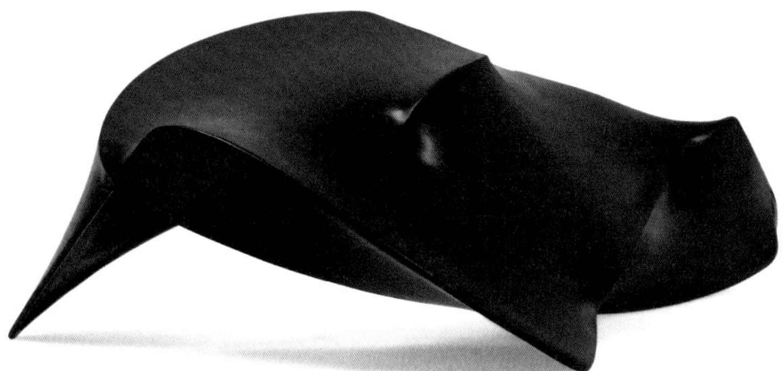

Kleine Wand (2016), 39 x 74 x 42 cm

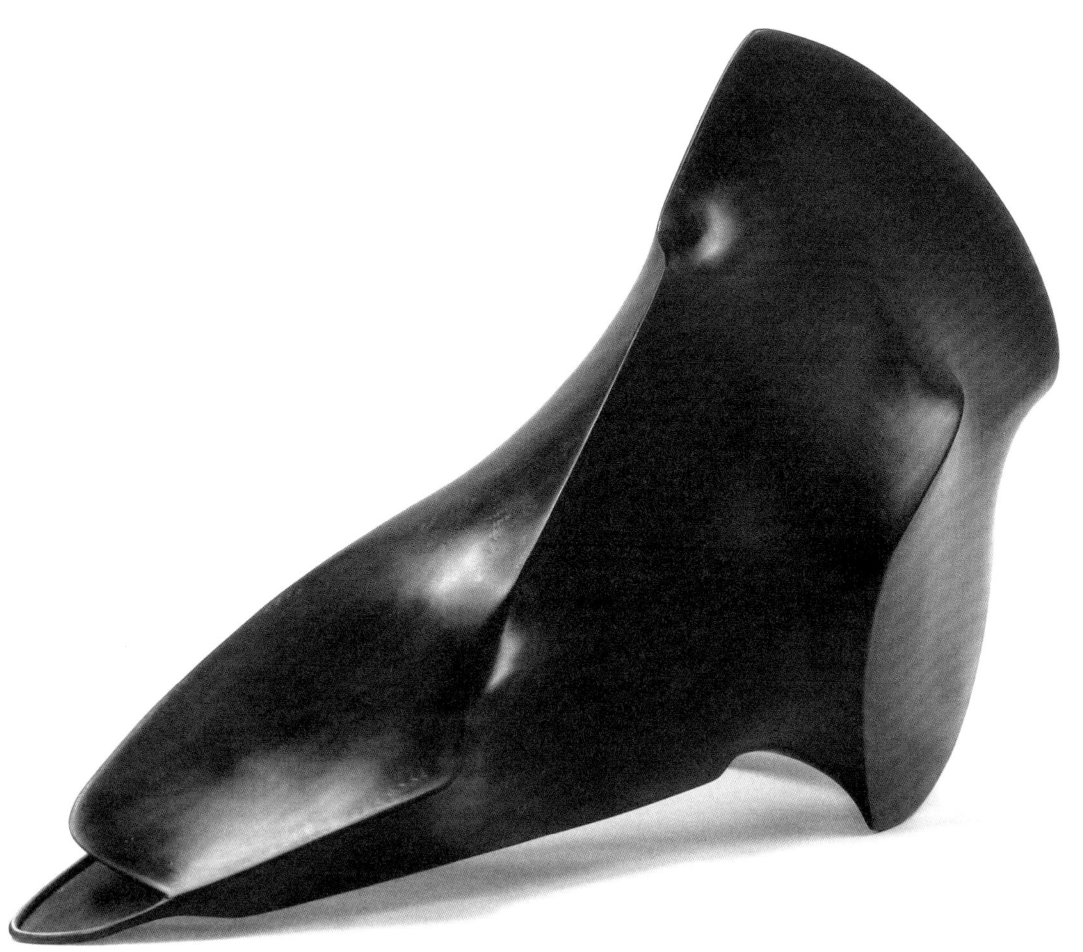

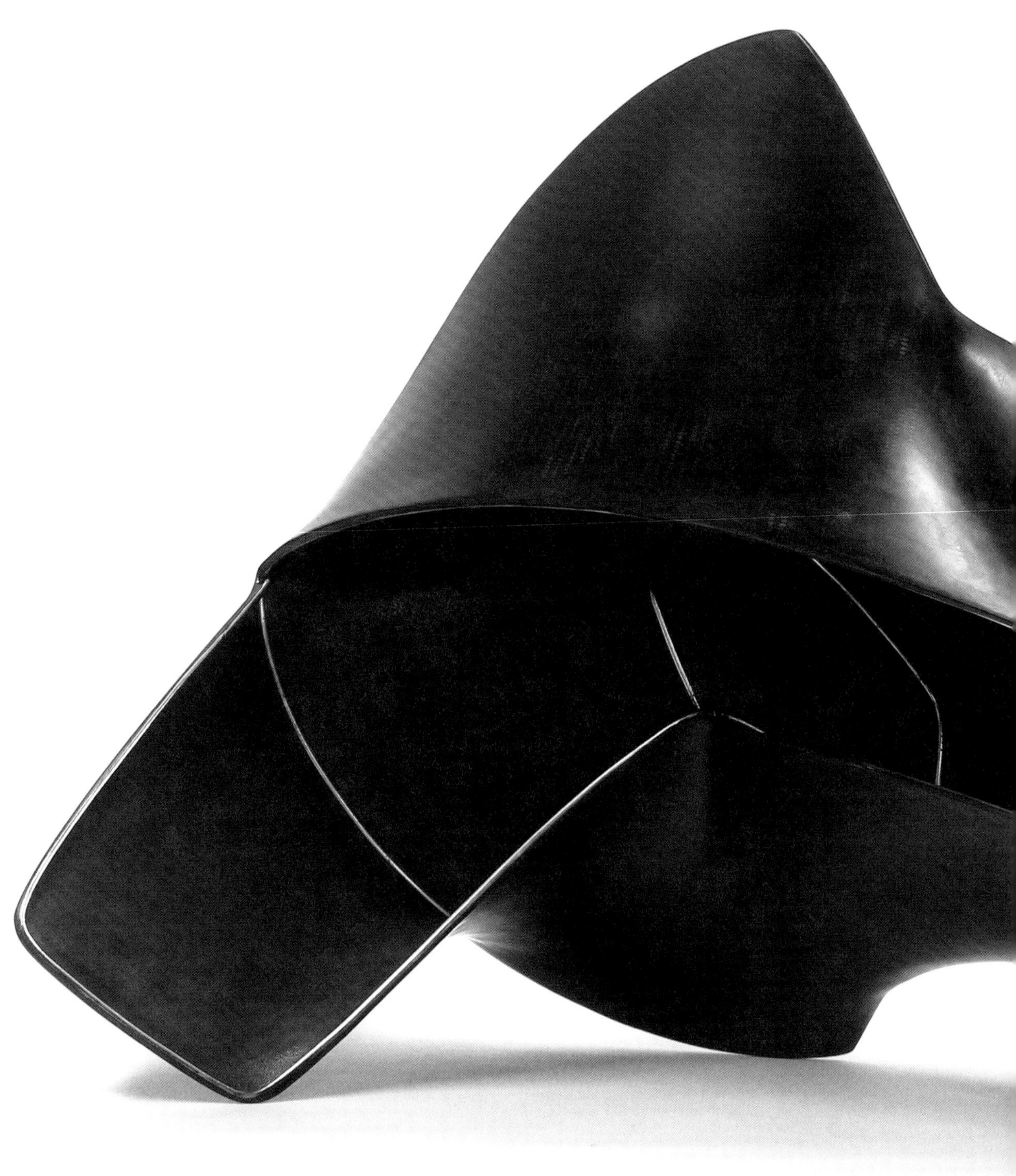

Kleine Wand

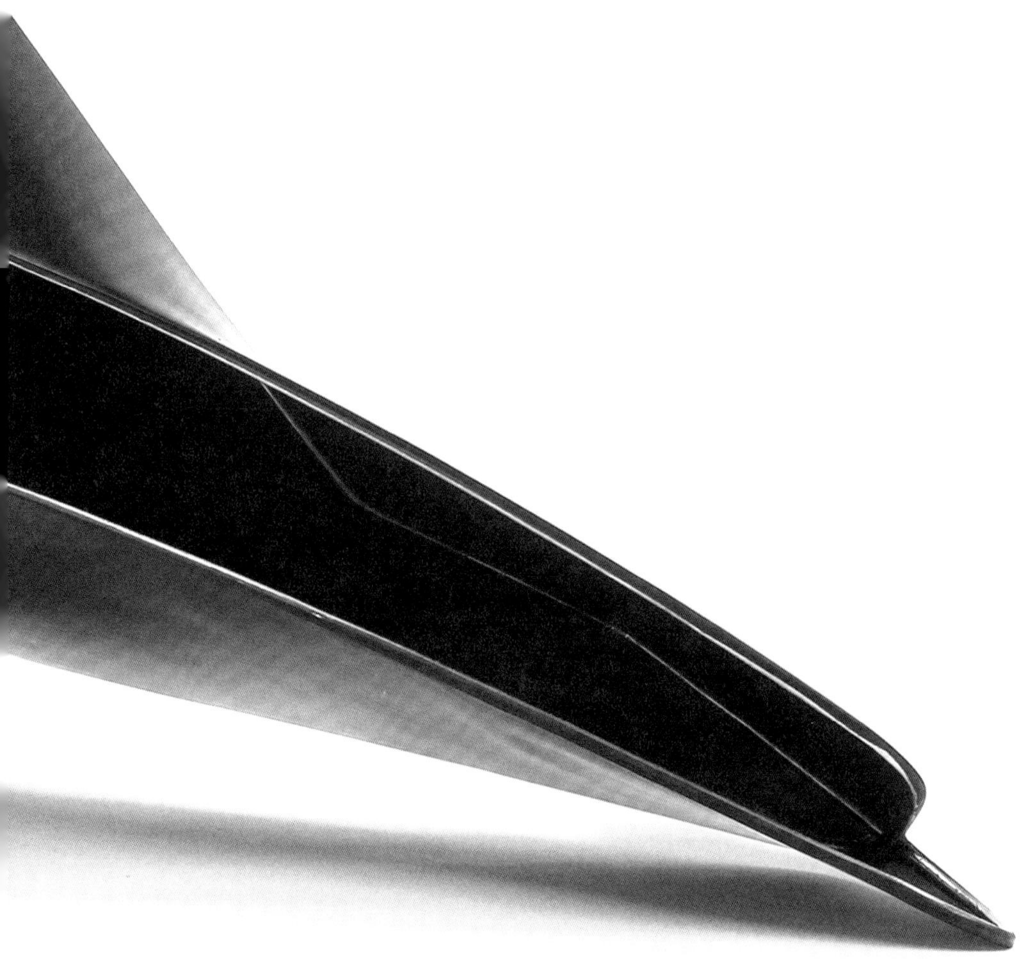

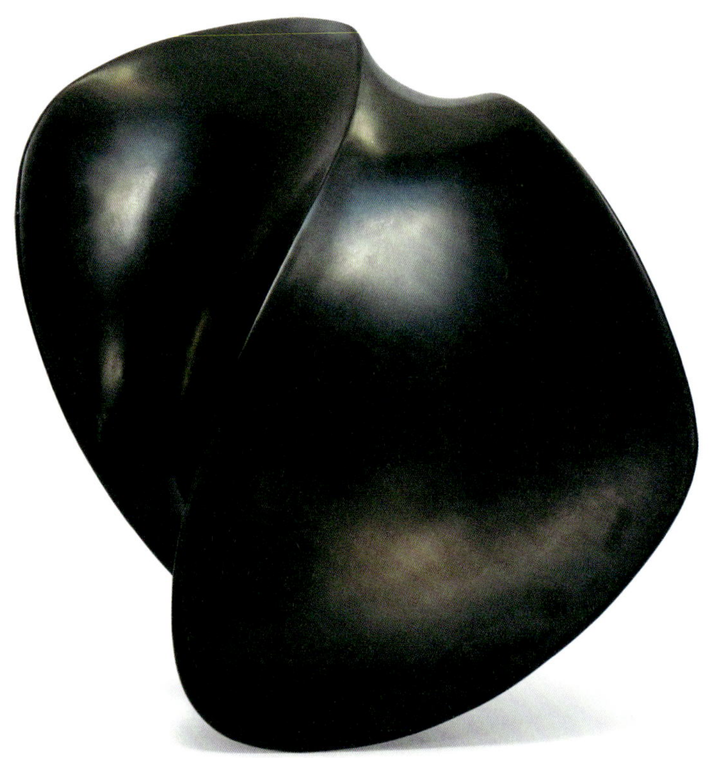

Line I (2015/2017), 34 x 33 x 37 cm

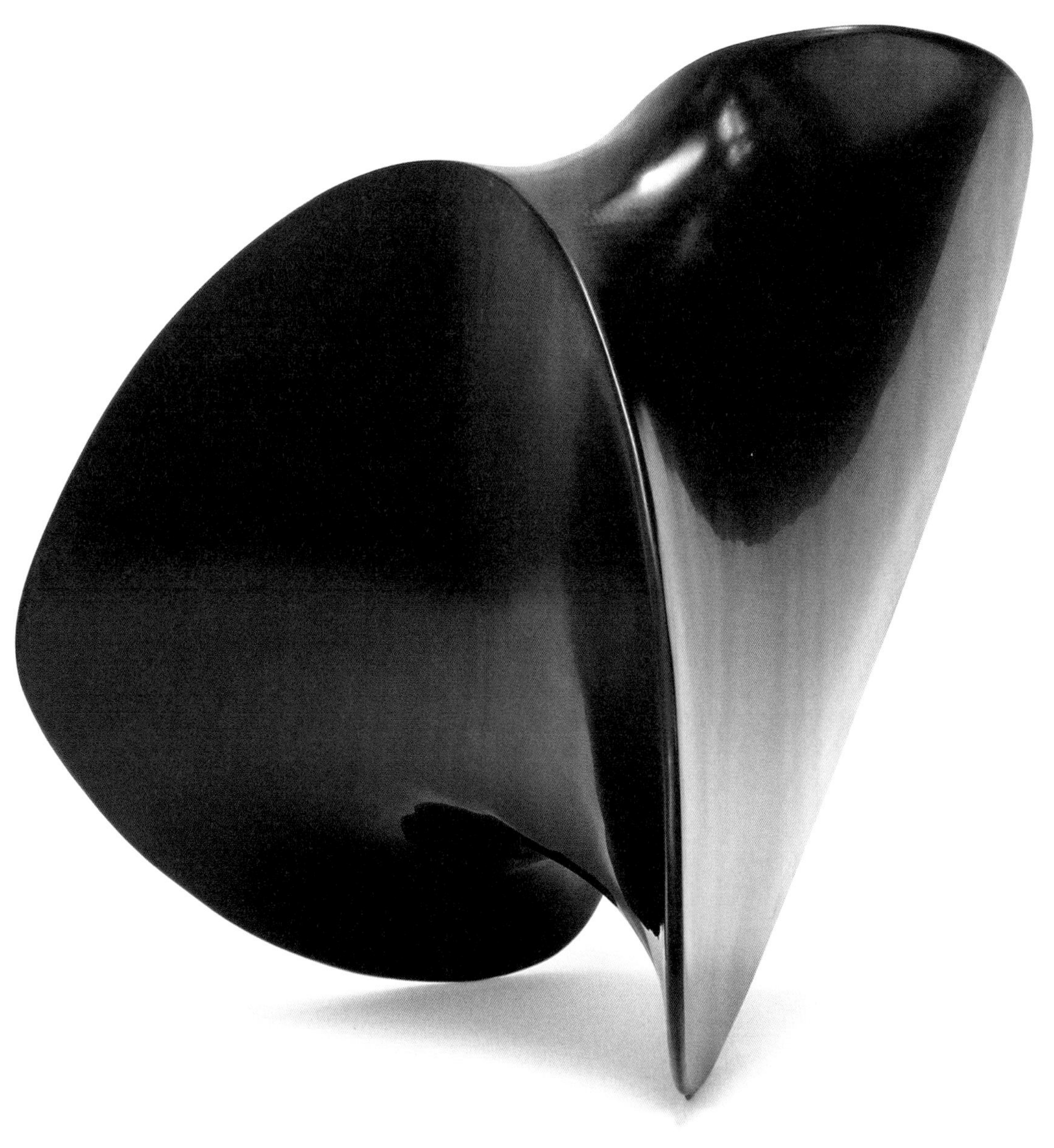

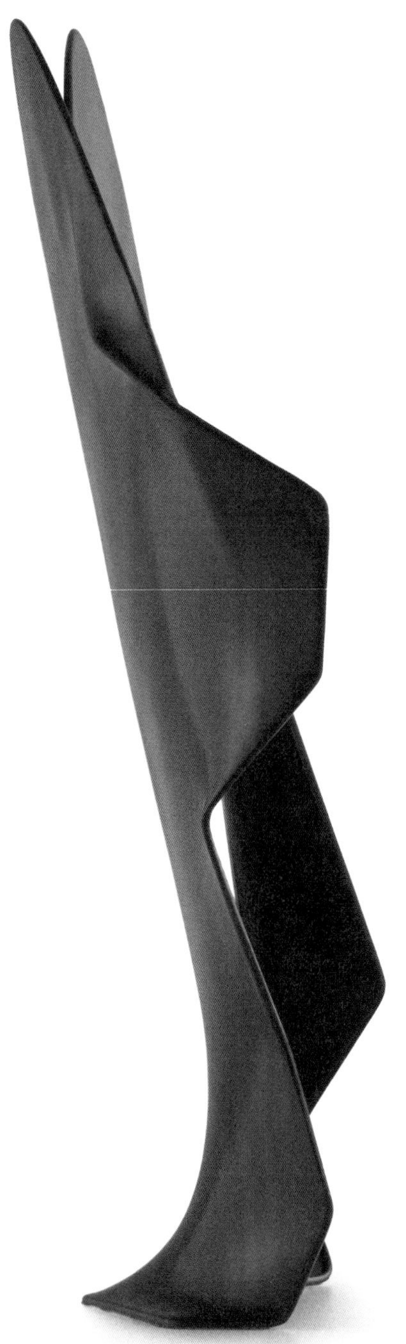

Mitra (2014), 90 x 74 x 25 cm

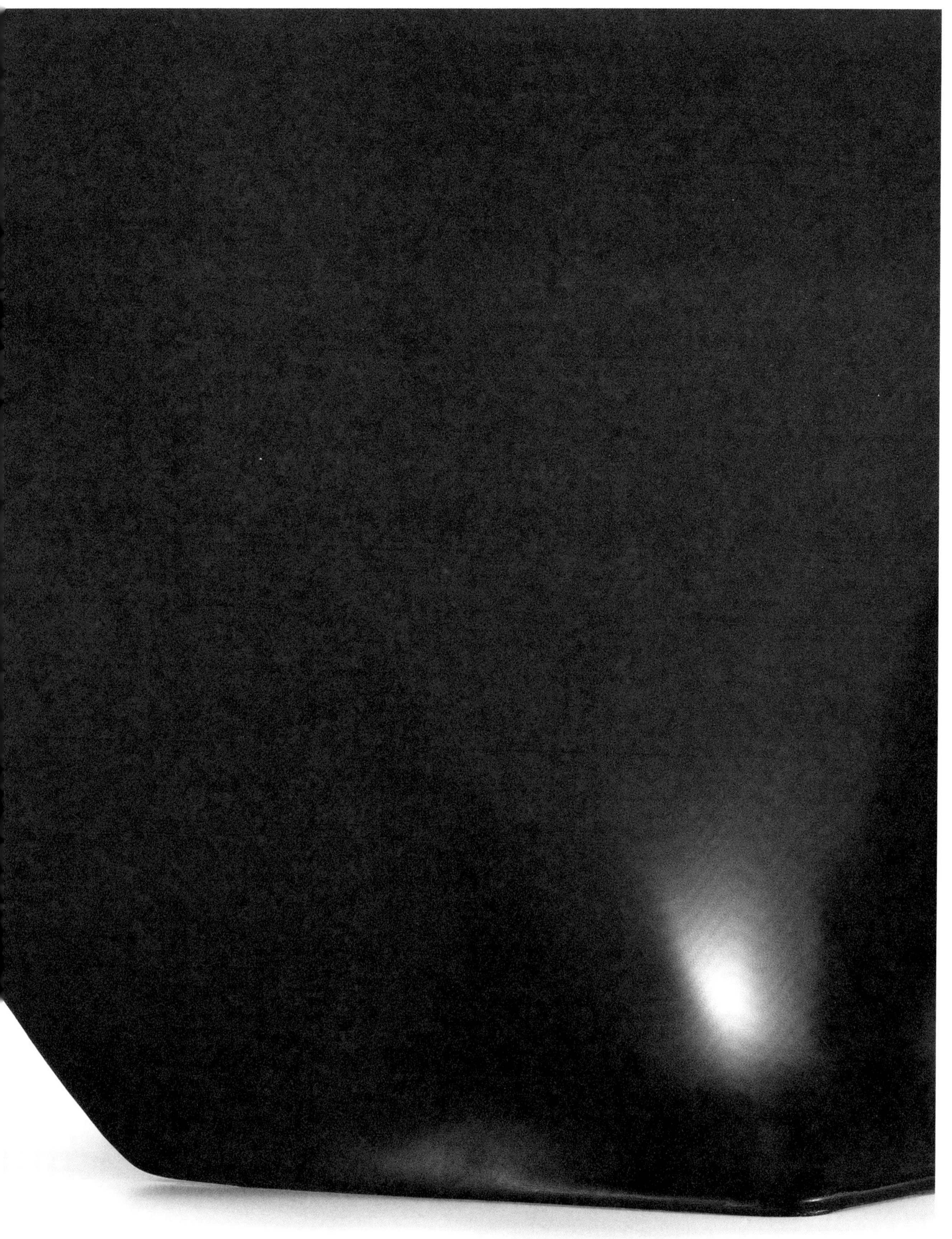

Detail

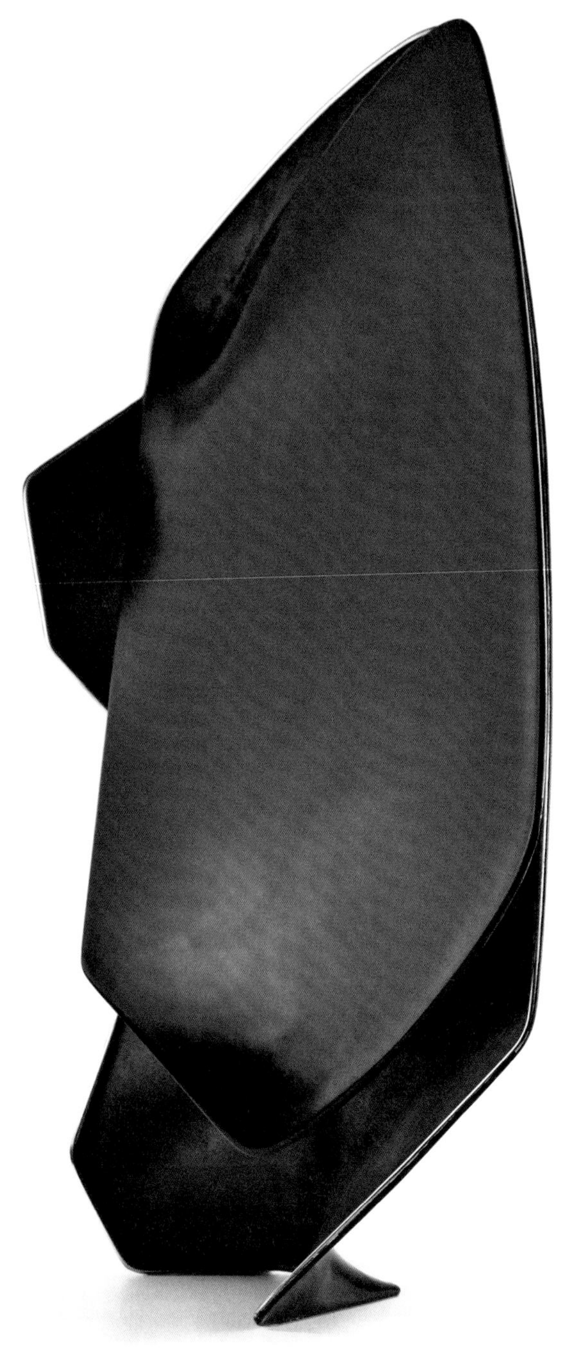

Mitra

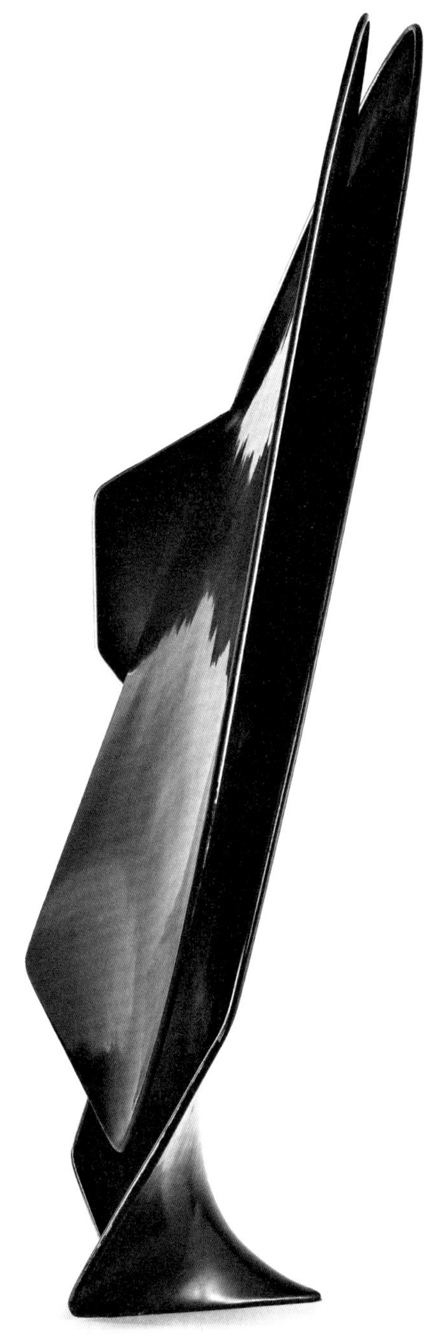

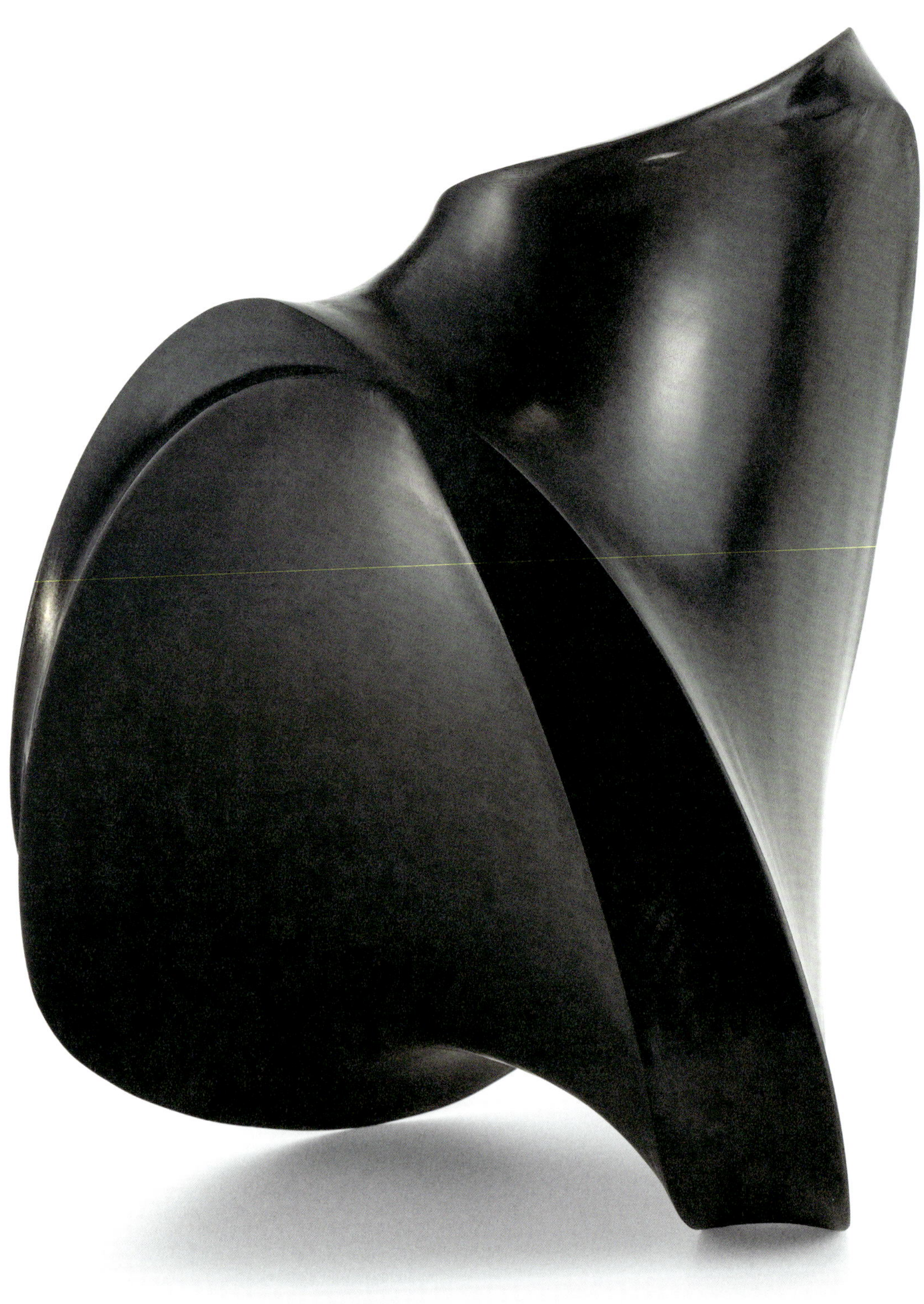

Double Line (2018), 35 x 30 x 38 cm

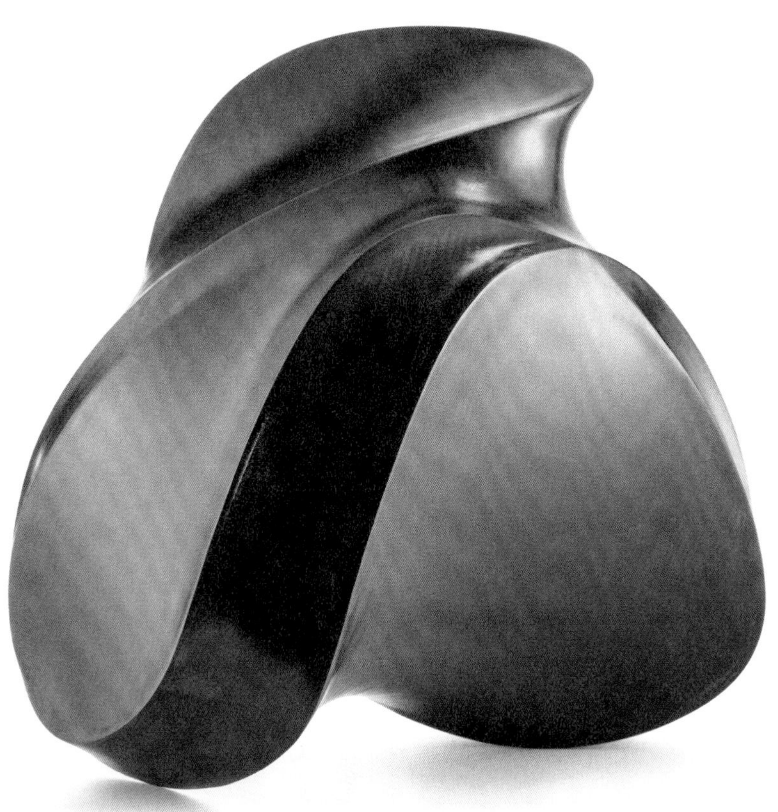

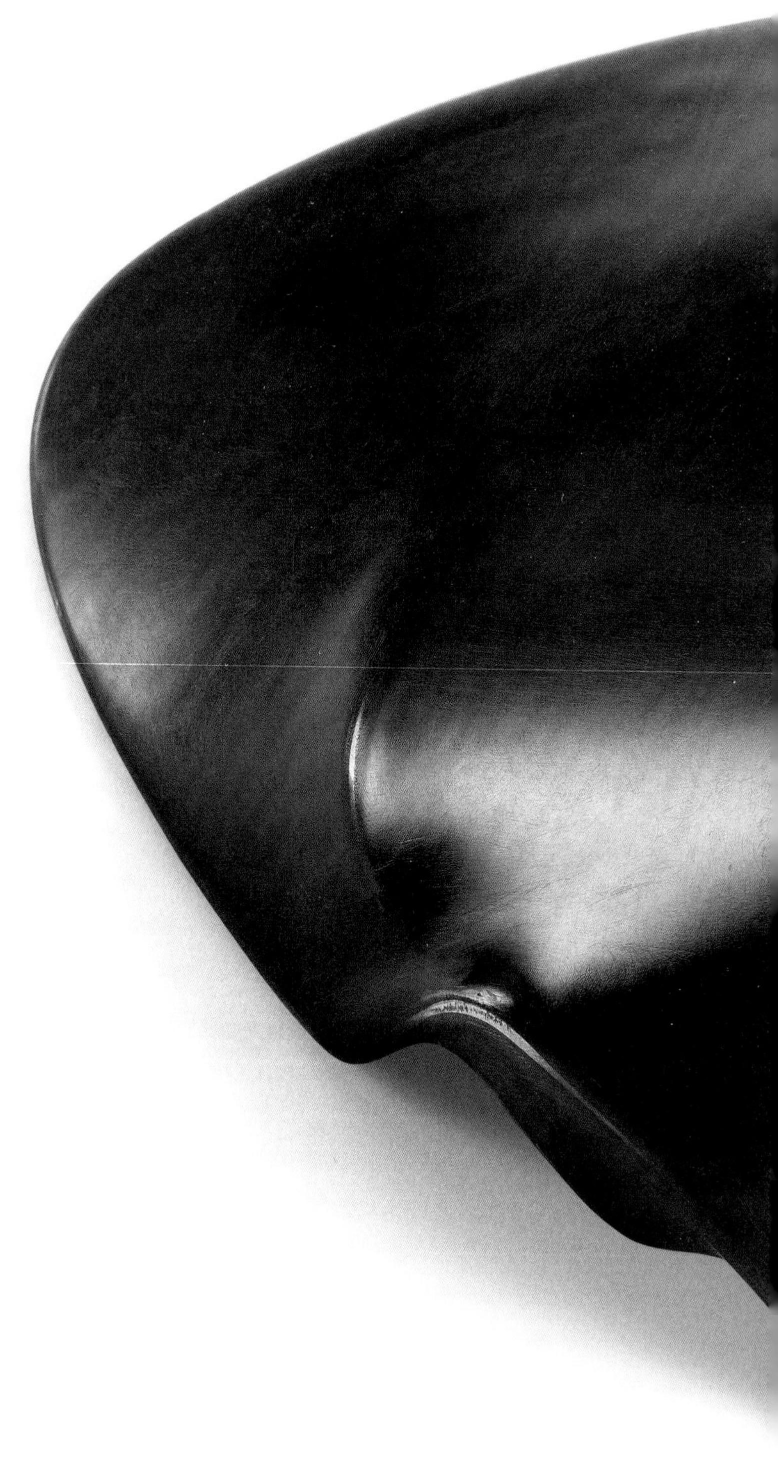

Black Mountain (2015), 24 x 31 x 12 cm

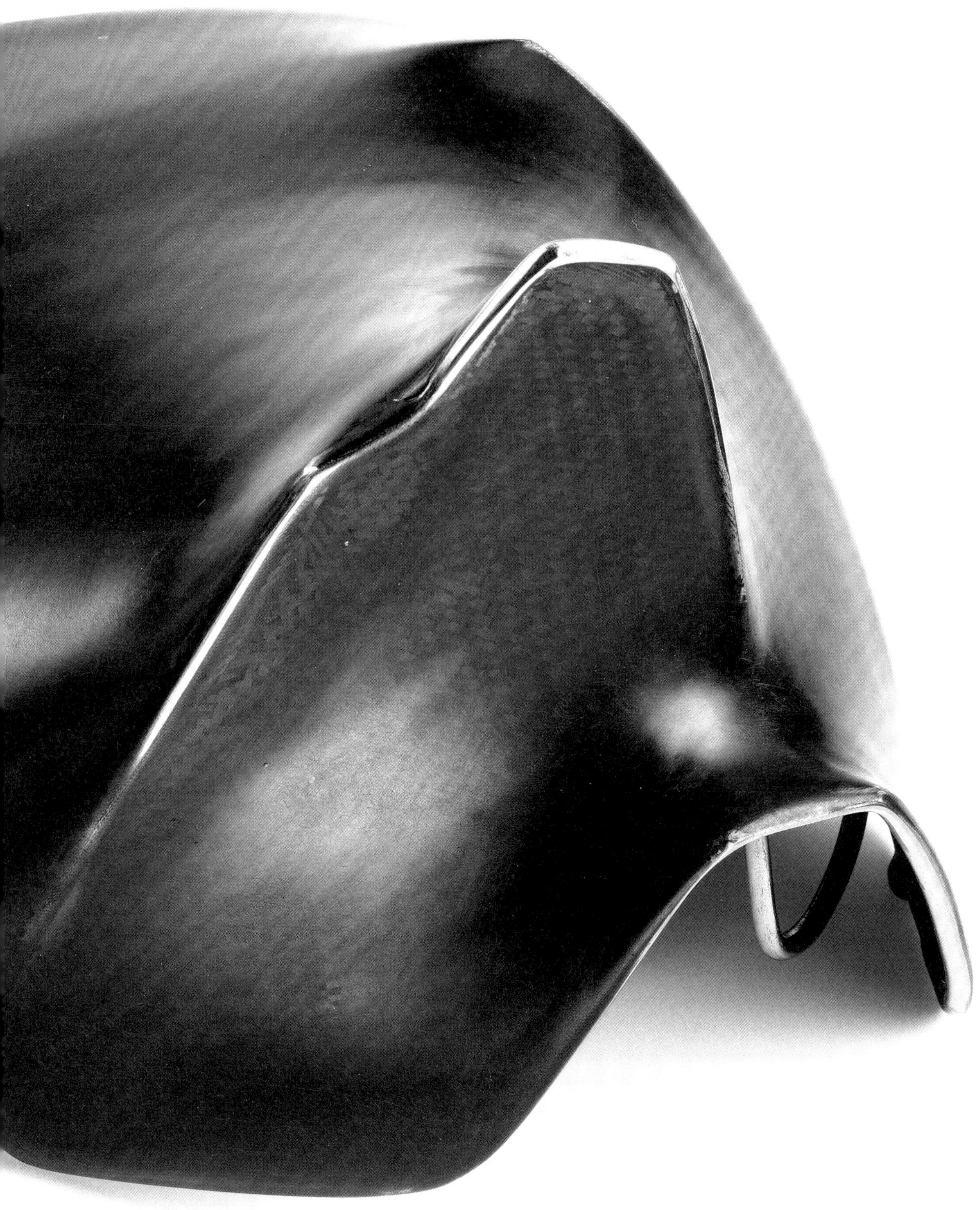

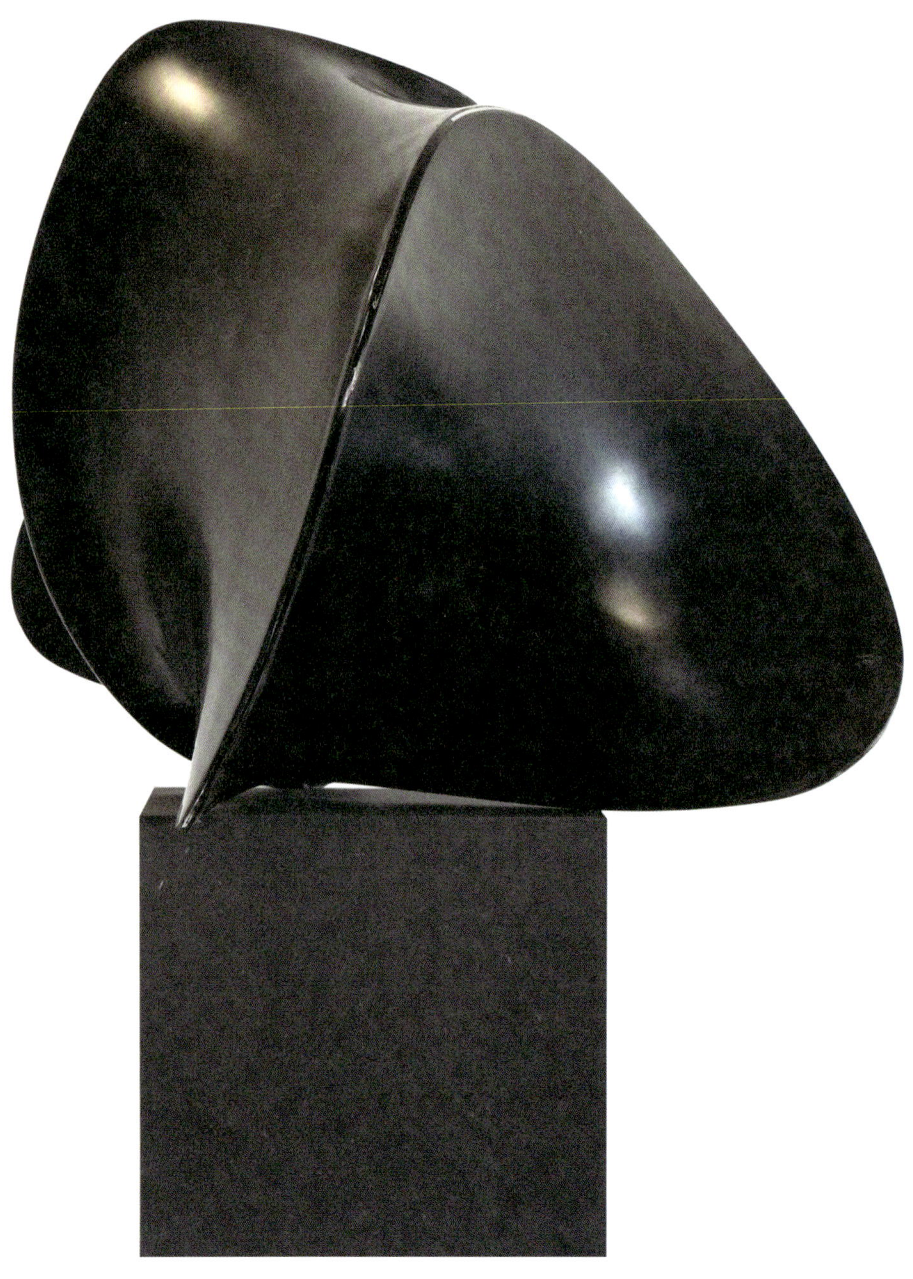

Line Up (2013), 45 x 71 x 33 cm

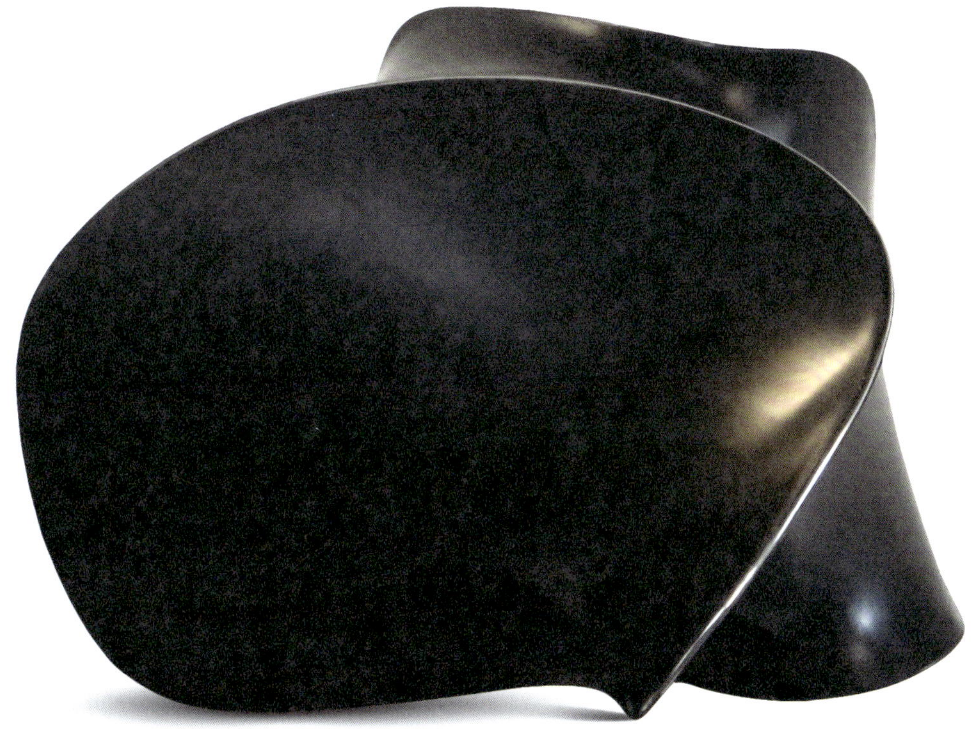

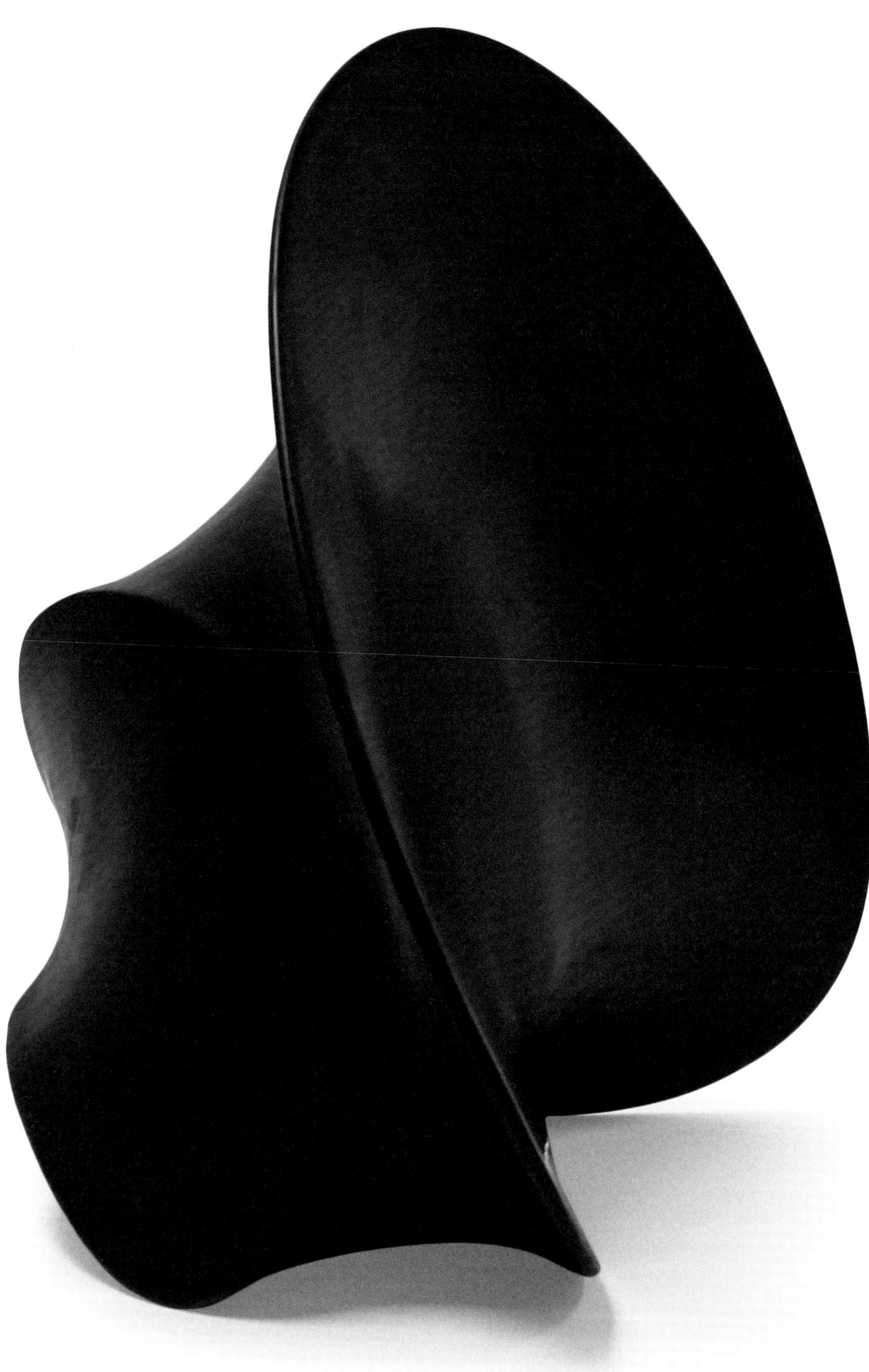

Line II (2016), 60 x 47 x 33 cm

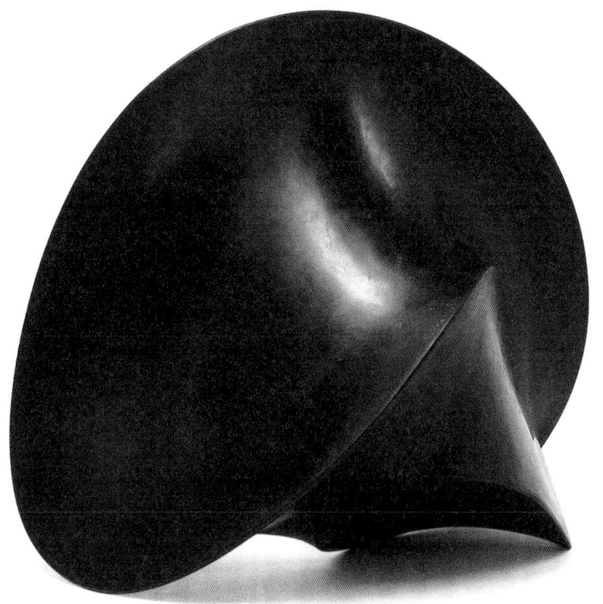

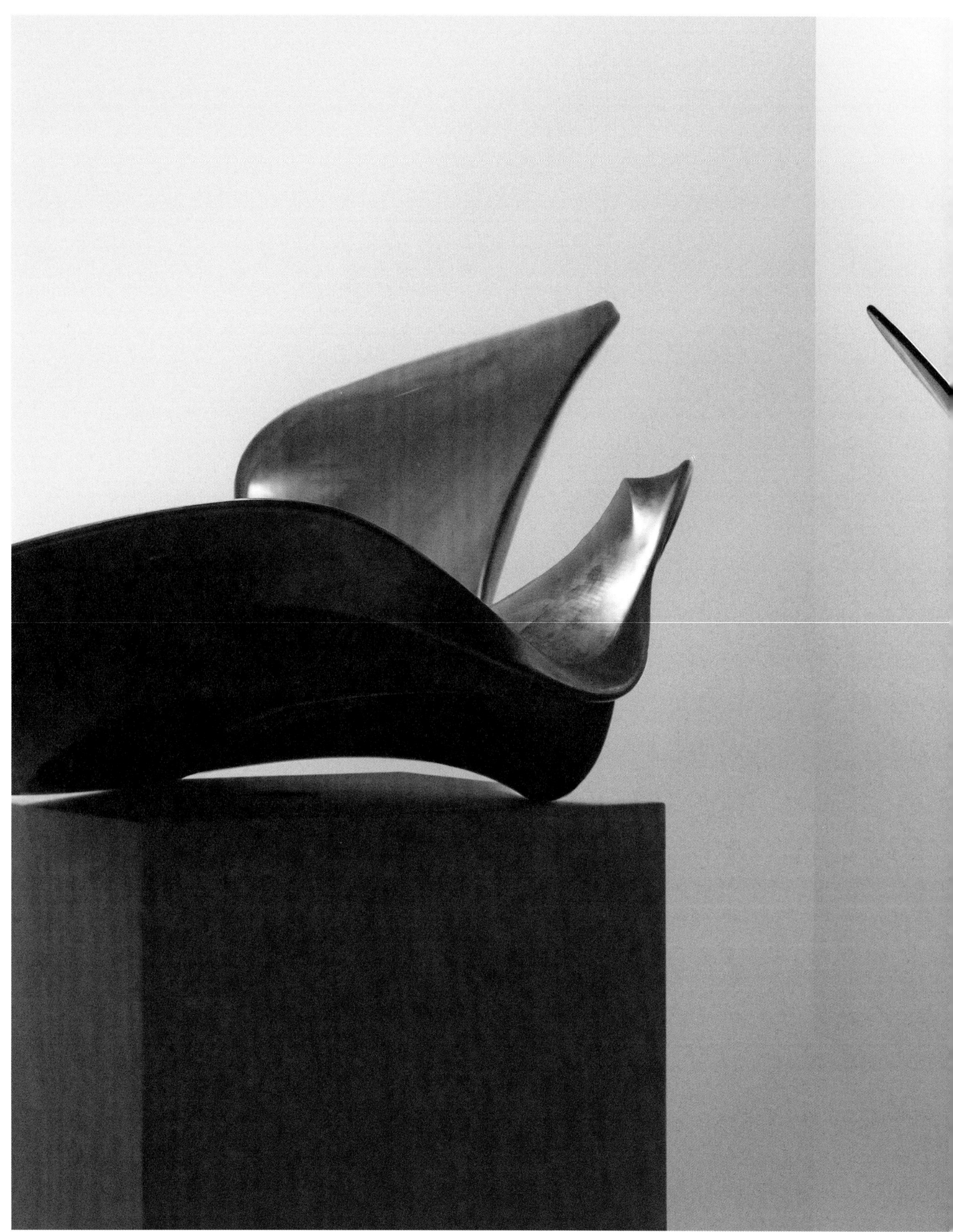

Melancholia (2016), 110 x 190 x 68 cm

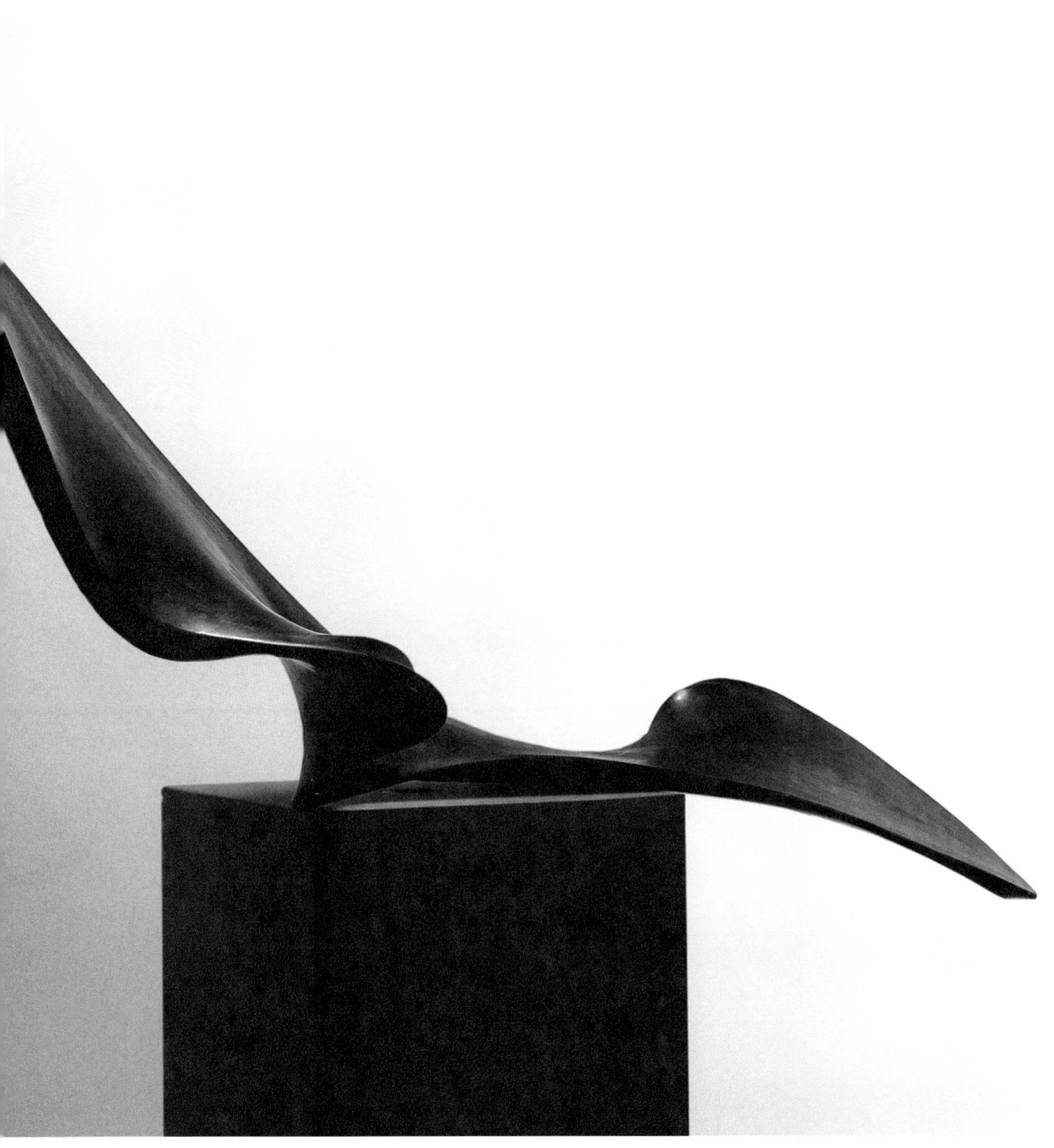

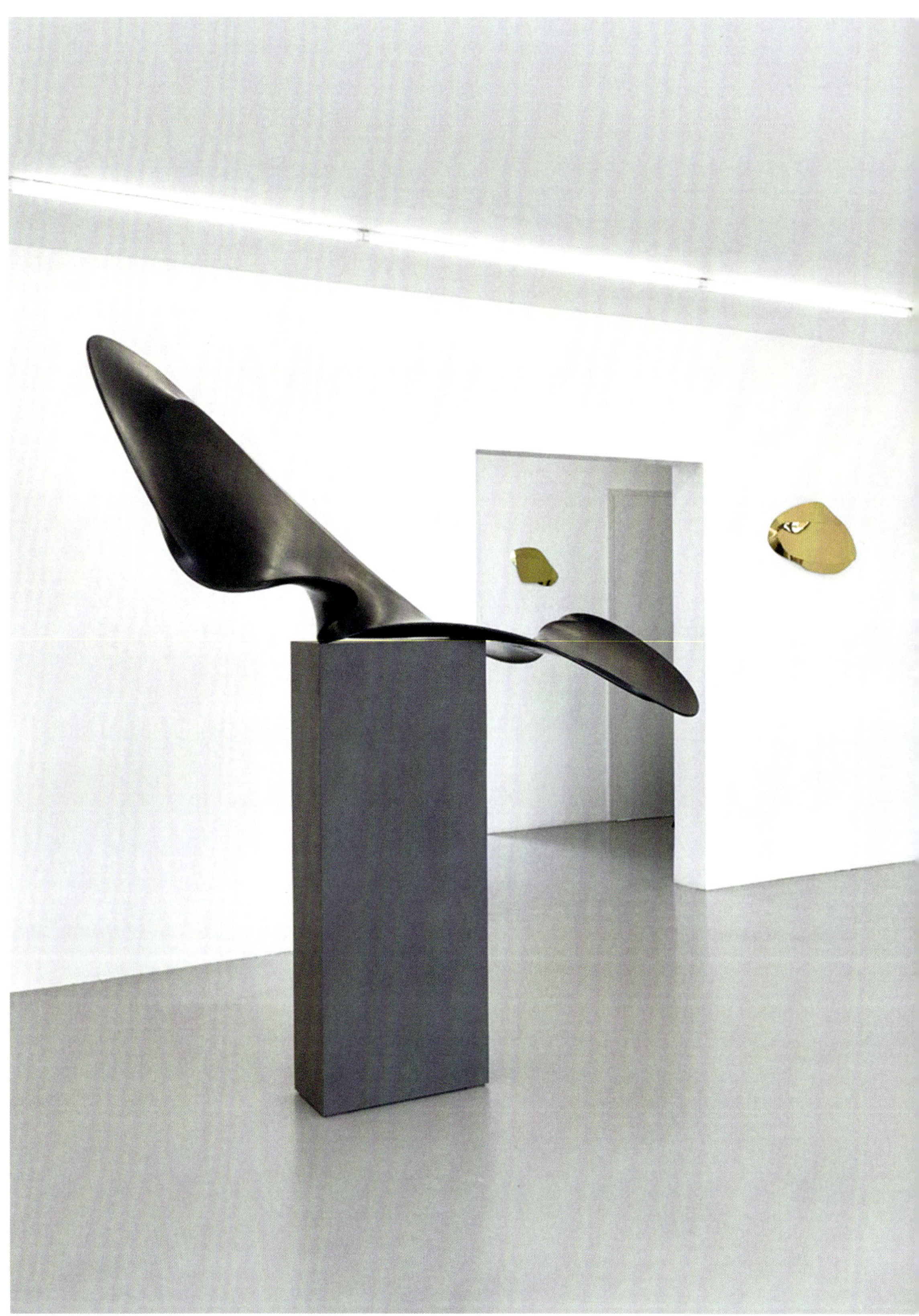

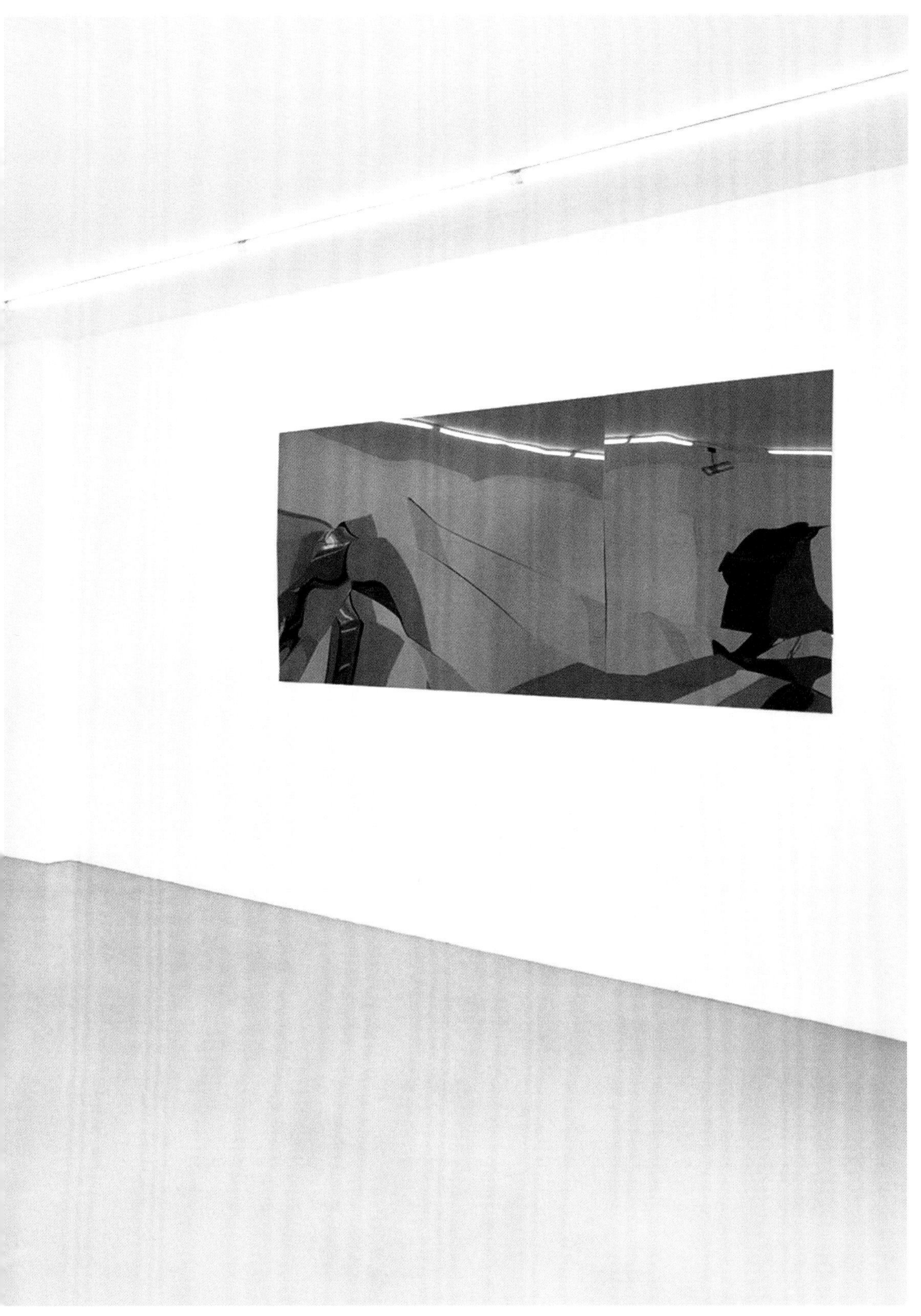

C & K Galerie, Berlin

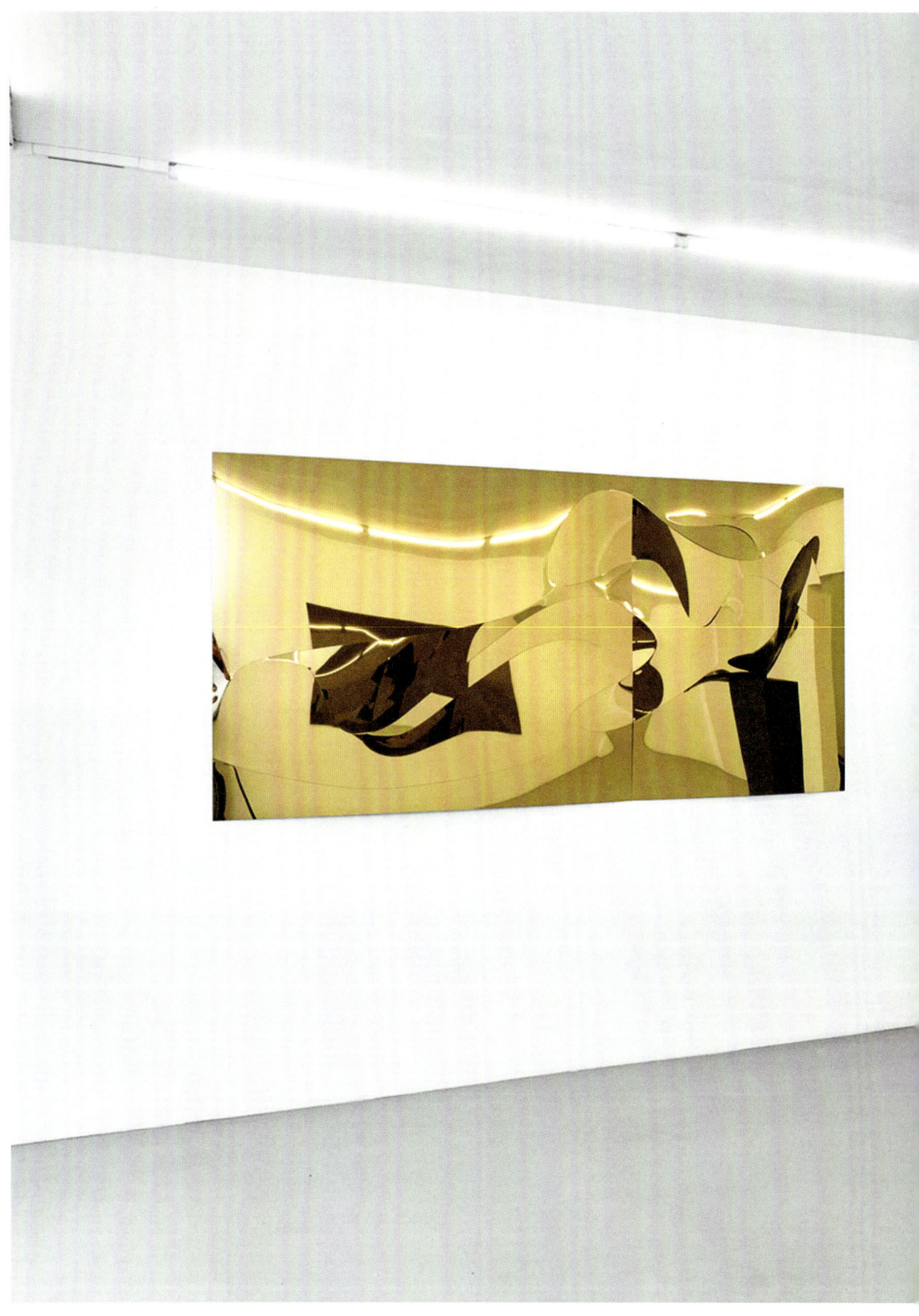

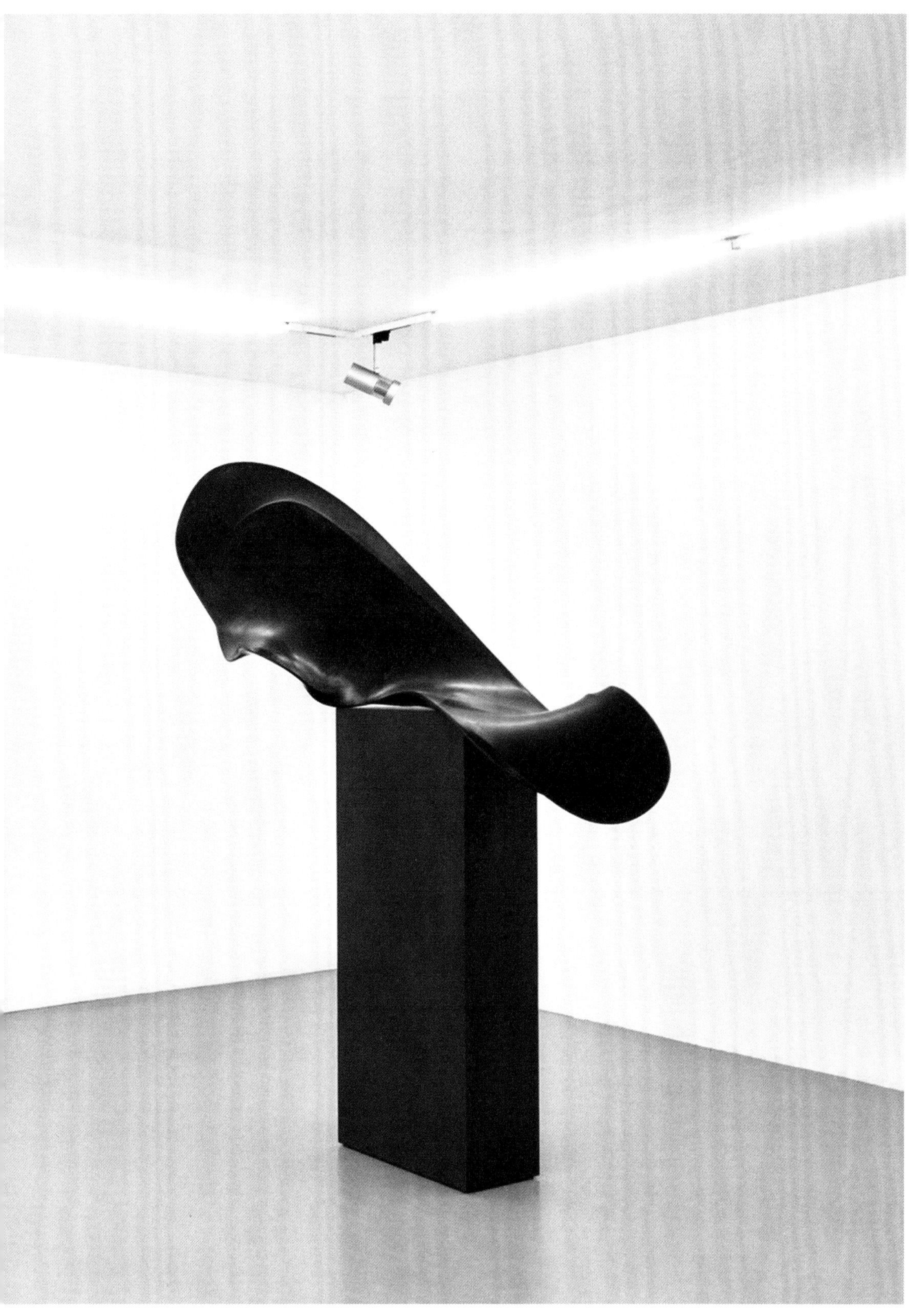

C & K Galerie, Berlin

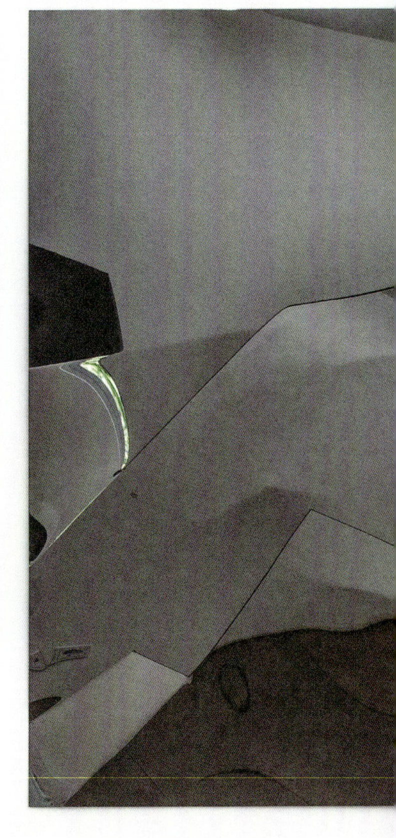

Schneeland Schwarz (2017), 113 x 240 x 4 cm

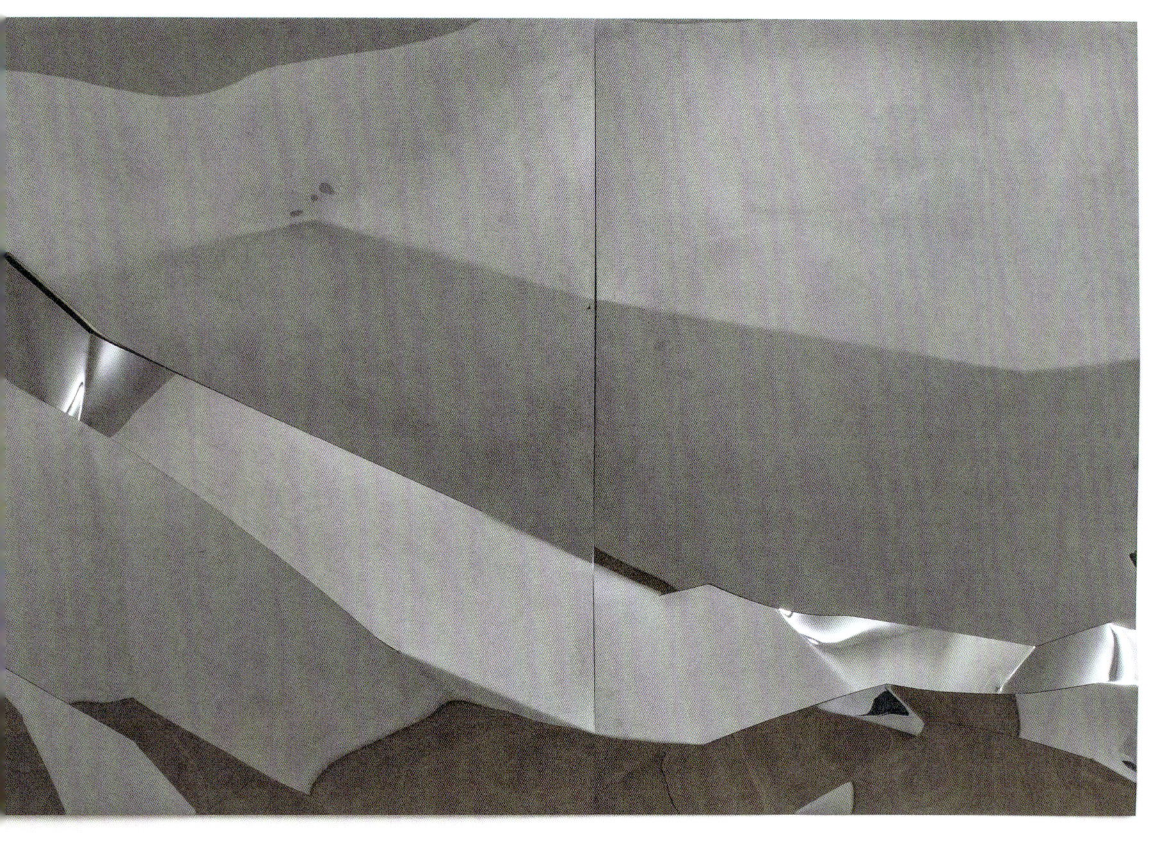

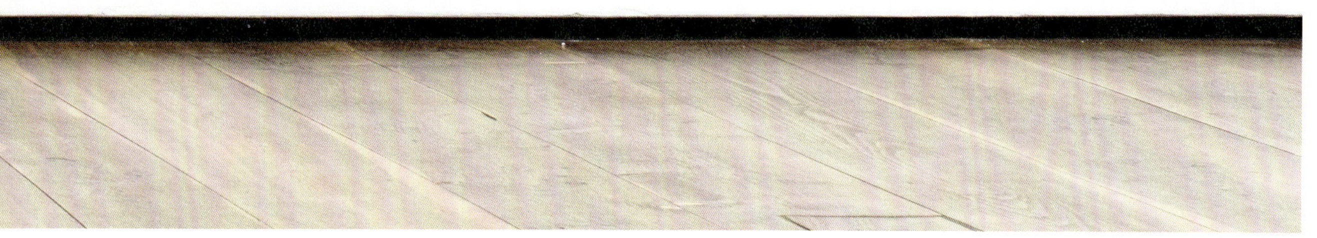

Schneeland lautet der Titel einer 2016 begonnenen Werkserie von Axel Anklam. Es sind faszinierende Wandarbeiten aus dünnen Edelstahlblechen, die der Künstler durch Abkanten, Biegen und Einschneiden des Materials zu bewegten Reliefs formt. Einer Beschichtung mit Titannitrid verdanken die schwarz- und goldglänzenden Arbeiten ihre makellose, spiegelnde Oberfläche. Sie verleiht den Metallarbeiten ein edles und zugleich kühles, ja fast technisches Erscheinungsbild. Darüber hinaus unterstreicht sie die Perfektion der handwerklichen Ausführung, durch die sich Axel Anklams bildhauerisches Schaffen seit jeher auszeichnet.

Unweigerlich ziehen die glänzenden Wandobjekte den Betrachter in ihren Bann. Ihre Erscheinung macht sie unnahbar und unwiderstehlich. Das Licht spielt mit den reflektierenden Oberflächen. Jeder Schritt des Betrachters versetzt sie in Bewegung und lässt neue Formbezüge und Wahrnehmungen entstehen. Schatten huschen von Fläche zu Fläche. Was eben noch gleißendes Licht ausströmte, liegt im nächsten Augenblick im Dunkeln.

Die abstrakten Formen aus konvexen und konkaven Wölbungen, Schnitten und Faltungen ergänzen sich zu Berglandschaften von einer intensiven und unerwarteten Tiefenwirkung. Sanft schwingenden Hügeln und flachen Anstiegen stehen hohe Gipfel, spitze Grate und steile Abhänge gegenüber. Die goldenen Reliefs erstrahlen wie schneebedeckte Gipfel im warmen Schein der Morgensonne. Ihr auratischer Glanz verleiht ihnen geradezu schwebende Leichtigkeit. Dagegen leben die schwarzglänzenden Arbeiten von den starken Kontrasten, die das Licht auf ihre Oberfläche zaubert. Das Wechselspiel von schwarzen und weißen Flächen macht das mondbeschienene nächtliche Schneeland lebendig.
Für Axel Anklam geht es in der Kunst um Poesie und Einfühlung. Er möchte dem Betrachter durch Abstraktion eine andere Welt eröffnen. Wie der Schnee die Landschaft mit einer weißen Haut überzieht und ihre Oberfläche abstrahiert, wirkt auch Anklams *Schneeland* wie von einer dünnen, glänzenden Haut überzogen. Landschaft, Licht und Haut, zentrale Aspekte in seinem Oeuvre, kommen hier in idealer Form zusammen. Besonders die von Schnee und Gletschereis in ihren vielfältigen Erscheinungsformen überzogenen Hochgebirge, die im Verlauf der Tages- und Jahreszeiten sich unaufhörlich wandelnde Seheindrücke bieten, faszinieren und beschäftigen ihn seit Langem. Die Inspiration für seine Arbeiten findet Anklam in der freien Natur. Immer wieder sucht der Künstler die Berge auf und durchstreift sie auf ausgedehnten Wanderungen. Hier findet er Ruhe und zu sich selbst. Stets offenen Auges die Welt erkundend, entdeckt er in der Natur die Formen und Strukturen, aus denen er seine Bildideen schöpft. Die Landschaftseindrücke übersetzt er in dreidimensionale Objekte. Dabei geht es ihm jedoch nicht um eine möglichst realistische Darstellung geologischer Strukturen und eines meteorologischen Naturphänomens, sondern um die Wiedergabe eines Gesamteindrucks, einer Atmosphäre, eines Augenblicks, eines bestimmten Lichts. Es ist die Essenz des Gesehenen, seine Harmonie, seine besondere Schönheit. Was den Impressionisten auf der Leinwand gelang, überführt Anklam in die Dreidimensionalität. Er zeigt, dass Schnee nicht einfach weiß ist, sondern sämtliche Farben des Farbspektrums annehmen kann. So erscheinen seine Plastiken und Reliefs nicht nur in opakem Weiß und kaltem, milchigem Blau, sondern auch in intensivem Orange und, wie in seinen Arbeiten aus Carbon, in tiefem Schwarz.

Doch Anklams Faszination für Schnee fußt neben den rein optischen Aspekten auch auf den mit ihm verbundenen Assoziationen. Schnee verändert, verhüllt und verbirgt alles unter einem dicken, weichen Mantel. Er steht für Ruhe und Leere, ist gleichsam Schutz und tödliche Gefahr, Lebensspender und Todesbote. Nicht zuletzt steht er für den Neubeginn. Alles geht auf Anfang. Wie ein weißes Blatt Papier bietet er dem Künstler den Grundstock für einen schöpferischen Prozess, der in *Schneeland* seinen Ausdruck findet.

Axel Anklam ließ sich hier entgegen seinen bisherigen Entwürfen nicht von einer landschaftlichen Stimmung inspirieren, sondern von dem gleichnamigen Roman des japanischen Literatur-Nobelpreisträgers Yasunari Kawabata (1899–1972). Die Arbeiten, die eine geradezu meditative Stille verströmen, sind eine Reise in Anklams eigenes Innerstes. Kawabata erzählt die Geschichte eines Mannes, der, wie Anklam, ein Suchender ist. Auf der Flucht vor seinem eigenen, ungeliebten Selbst hofft der Lebemann und Ästhet Shimamura, beim Wandern in der schneebedeckten Einsamkeit der japanischen Alpen, einer Landschaft von archaischer Schönheit, in der sich im Winter eisige Winde aus den sibirischen Weiten fangen und Unmengen von Schnee vom Himmel fallen lassen, wieder zu sich selbst zu finden. Es ist das Verlangen nach Reinheit und Vollkommenheit, das ihn ins Hochland treibt. Doch was er sucht, bleibt ihm verwehrt. Das Schneeland bleibt ein Traumland, fernab jeder Realität.

Während der nächtlichen Zugfahrt beobachtet er im spiegelnden Zugfenster verstohlen eine ihm gegenübersitzende junge Frau und ist ganz verzückt, als sich ihr Antlitz mit der draußen vorbeiziehenden, mondbeschienenen Schneelandschaft überlagert. »Auf dem Grund des Spiegels zog die Abendlandschaft vorbei. Die gespiegelten Gegenstände und die spiegelnde Fläche bewegten sich dabei wie aufeinanderliegende Schichten zweier Filme; die auftretenden Personen und der Hintergrund standen in keiner Beziehung zueinander. Beide Ebenen verschmolzen zu einer symbolischen Welt, die nicht von dieser war.«[1]

Die Schönheit der Landschaft und die menschliche Schönheit verschmelzen und werden eins in diesem Moment. Diese Überlagerung findet auch in Anklams *Schneeland* statt. Wer die glänzenden Reliefs betrachtet, wird selbst Teil von ihnen und sieht sich in den unterschiedlich gebogenen Ebenen mal mehr, mal weniger verzerrt konfrontiert mit dem eigenen Ich. In einem beinahe romantischen Sinne wünscht sich Anklam, dass die Betrachter über die ästhetische Erfahrung auch sich selbst bewusster wahrnehmen. Wer sich darauf einlässt, dem bieten die Arbeiten die Möglichkeit, den Blickwinkel zu ändern und die eigene Rolle in der Welt zu überdenken.

Jenseits des langen Tunnels erschien das Schneeland. Der Nacht Tiefe wurde weiß.

Yasunari Kawabata

1 ——— Yasunari Kawabata, *Schneeland*, Suhrkamp, Frankfurt/Main 2004, S. 14.

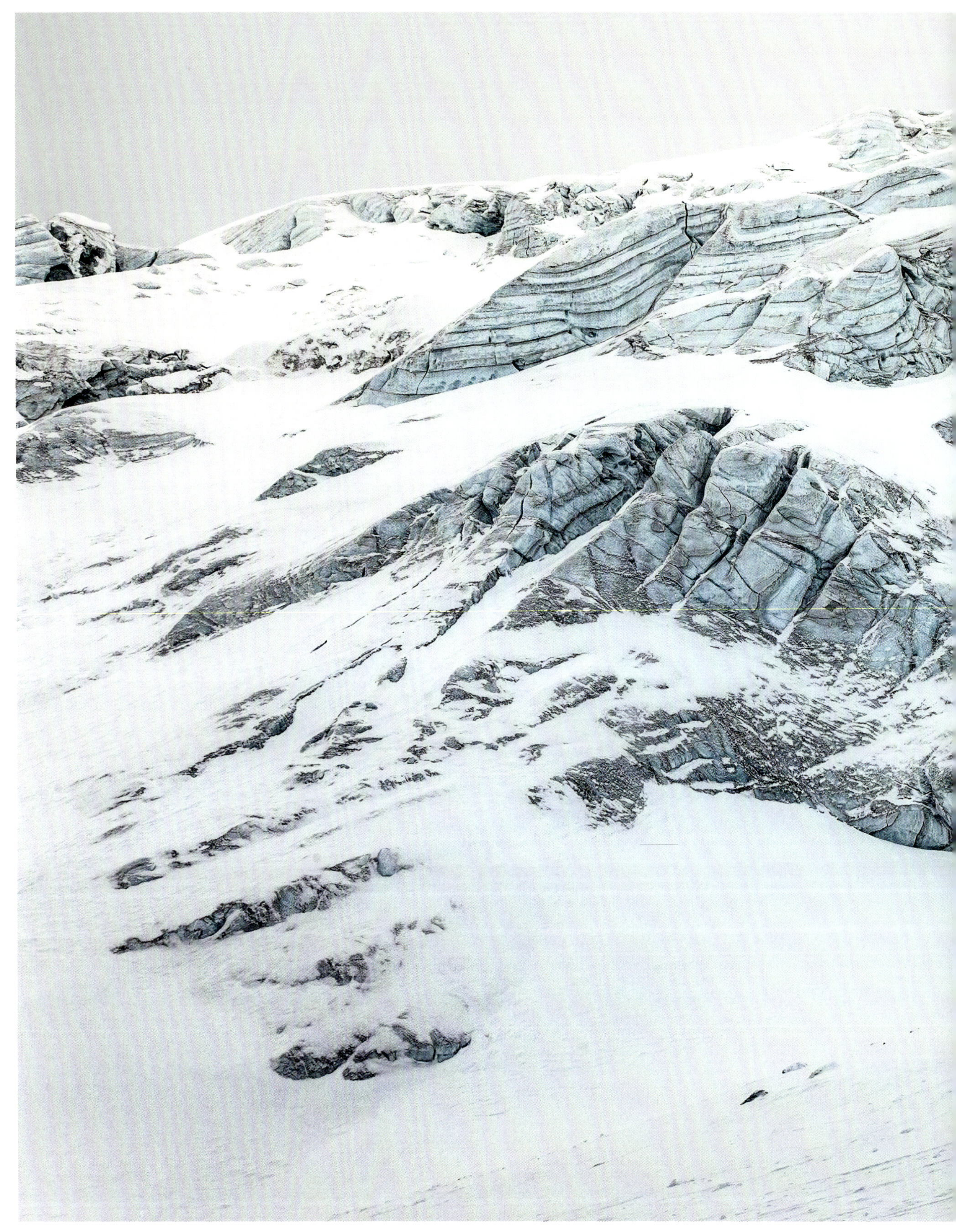

46°25'36.90"

N

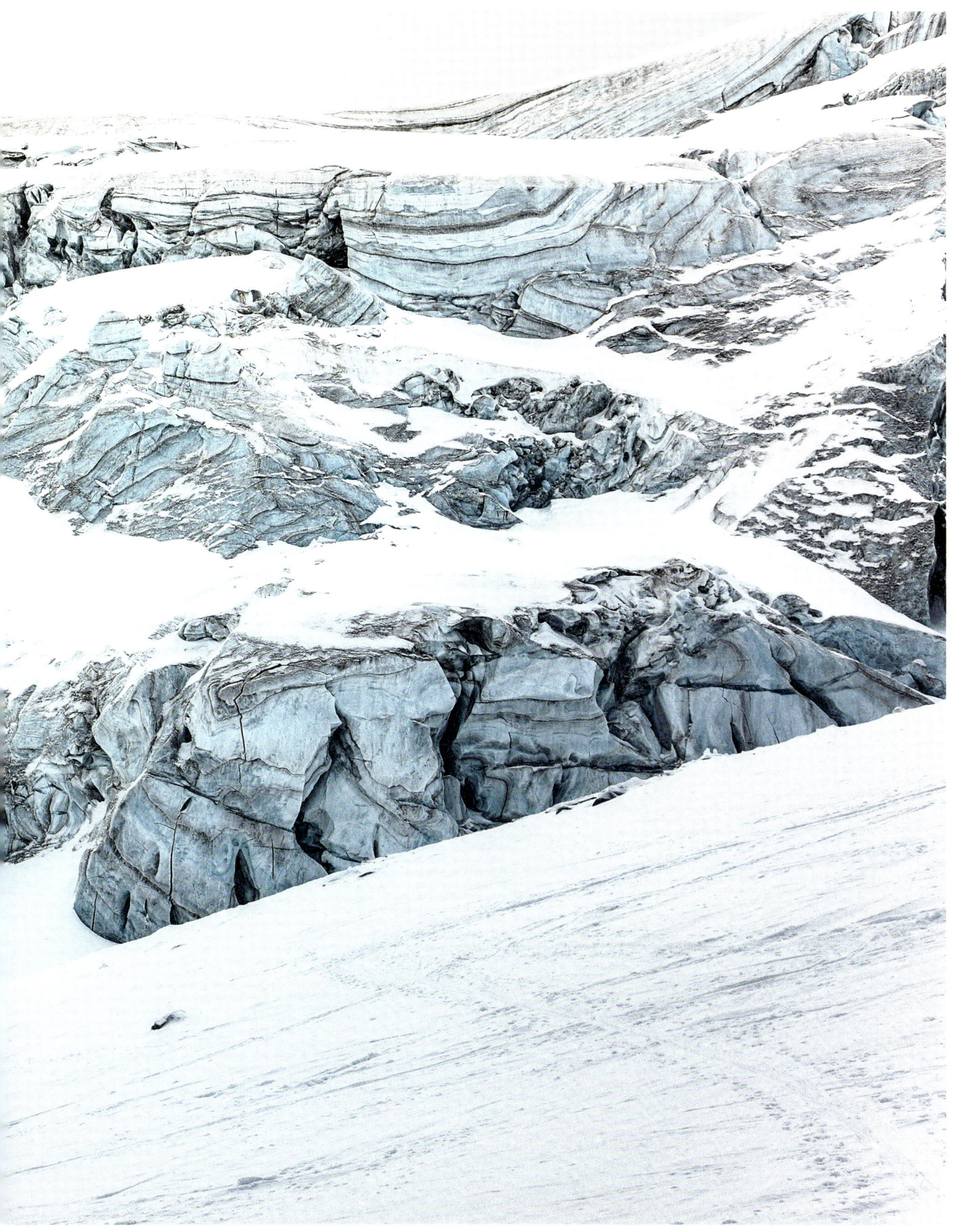

E

10°36'13.56"

Prägnanz und Grazie

Skelett und Haut sind normalerweise Begriffe, die an organische Lebewesen denken lassen. Die Skulpturen von Axel Anklam haben jedoch kein direktes Vorbild in der Natur. Das Gestänge aus Edelstahl, das sie trägt und spannt, gehorcht allein musikalisch-rhythmischen Proportionen – und die darüber gezogenen Häute bestehen vorwiegend aus lichtdurchlässigen elastischen Kunststoffen.

Die so entstehenden Körper verbergen kein Inneres, sondern geben Licht und Farbe ein plastisches, schwereloses, aber fest umrissenes Volumen. Von-der-Decke-Schweben ist daher eine naheliegende Alternative zur Aufstellung auf dem Boden.

Waren es zu Anfang Gebilde, deren kreis- und rippenförmiger Aufbau entfernt an Wesen erinnerte, die sich in einem flüssigen Element bewegen, wie Schalen- oder Krustentiere, so ist im vergangenen Jahrzehnt die Assoziation von Landschaftsräumen hinzugetreten. Doch niemals beschreiben Anklams Skulpturen lediglich vorhandene Phänomene oder Objekte. Sie rufen vielmehr die unmittelbare Empfindung einer uns berührenden Existenzweise hervor, wie die Dynamik vom Wind gewirbelter Wolkenformationen, das Sich-Winden des Drangs nach Höhe oder die tektonische Spannung eines landschaftlichen Profils.

Radikal artifiziell im Aufbau, warten sie mit einer Natürlichkeit auf, die sich der gegenständlichen Nachrechnung entzieht. Dank der konzisen Form und einer selten gewordenen handwerklichen Perfektion bleibt bei allem Anspielungsreichtum die dingliche Genügsamkeit gleichwohl bewahrt.

Axel Anklam hat der Bildhauerei, dieser Kunst der Massen und Gewichte, die musikalische Prägnanz und Grazie der Lyrik erschlossen.

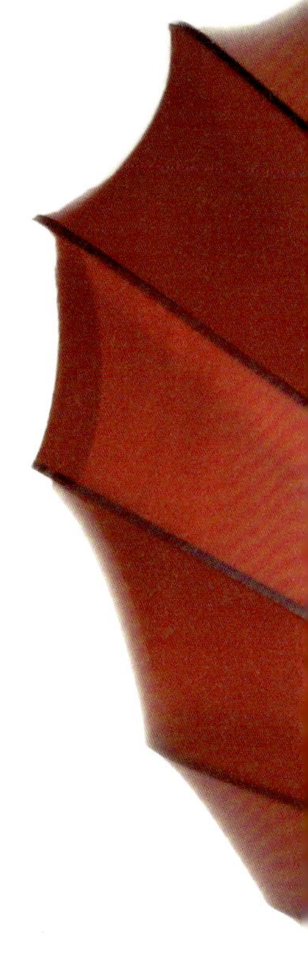

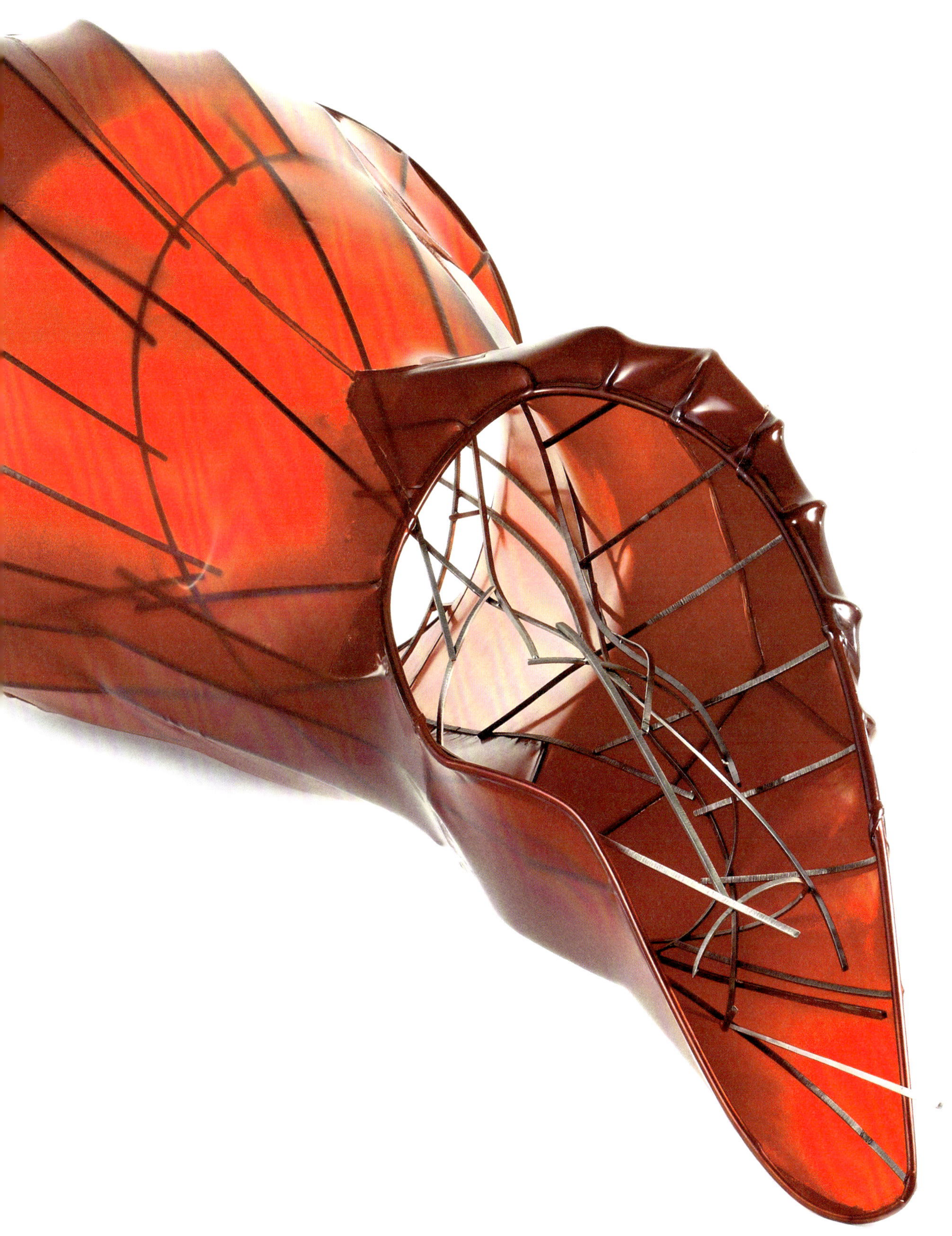

Muleta (2006/2012), 90 x 80 x 240 cm

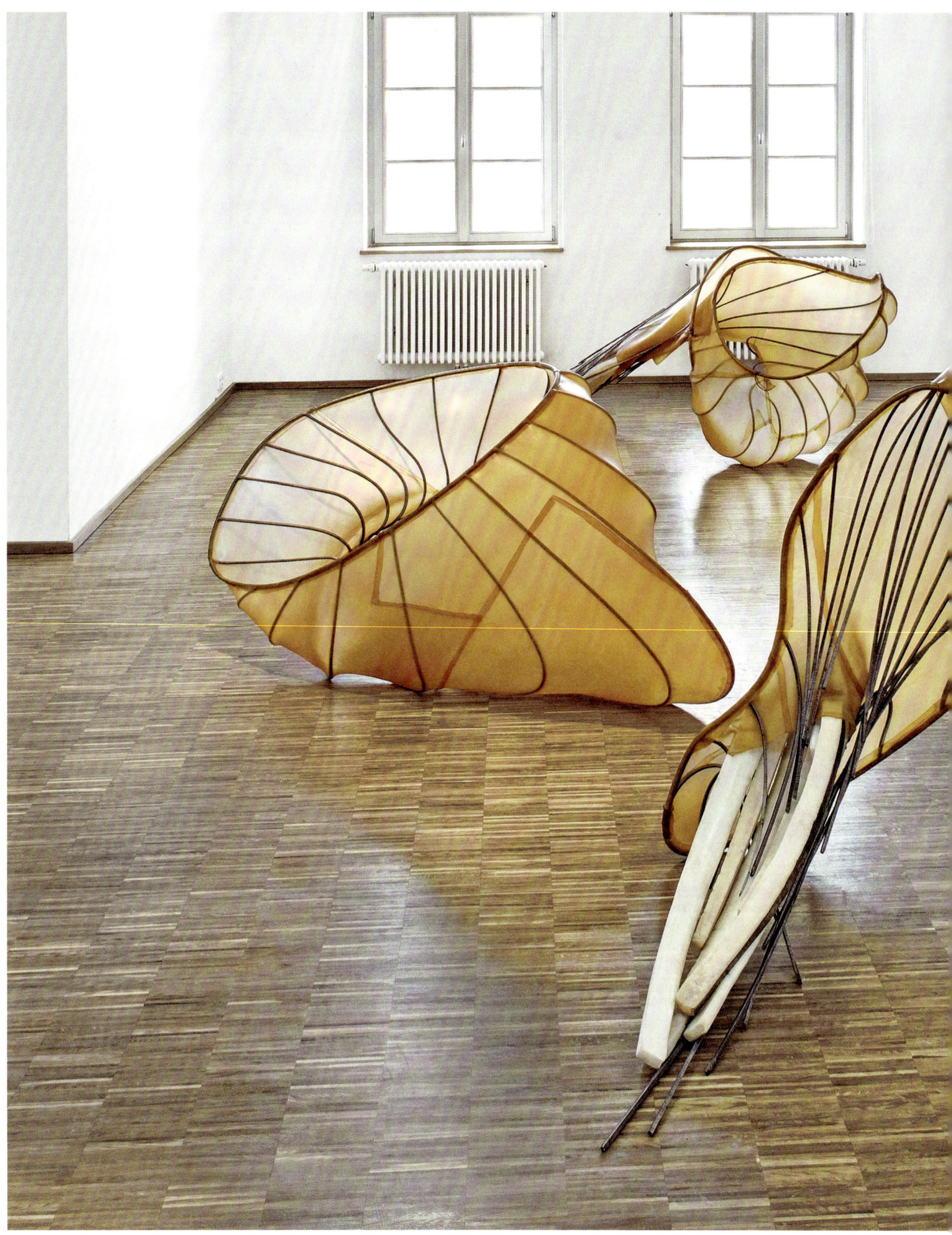

Approximate (2005), 160 x 400 x 500 cm

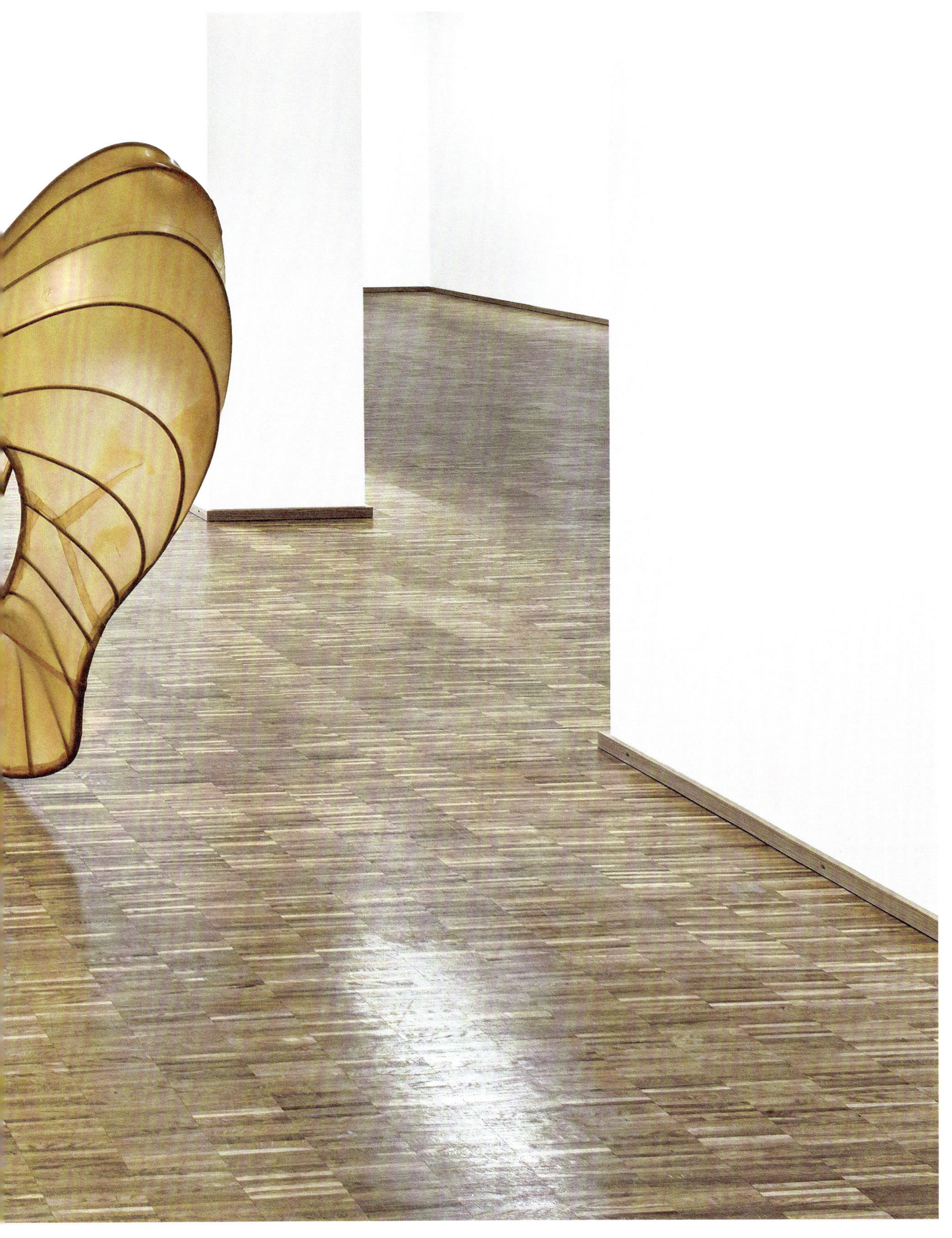

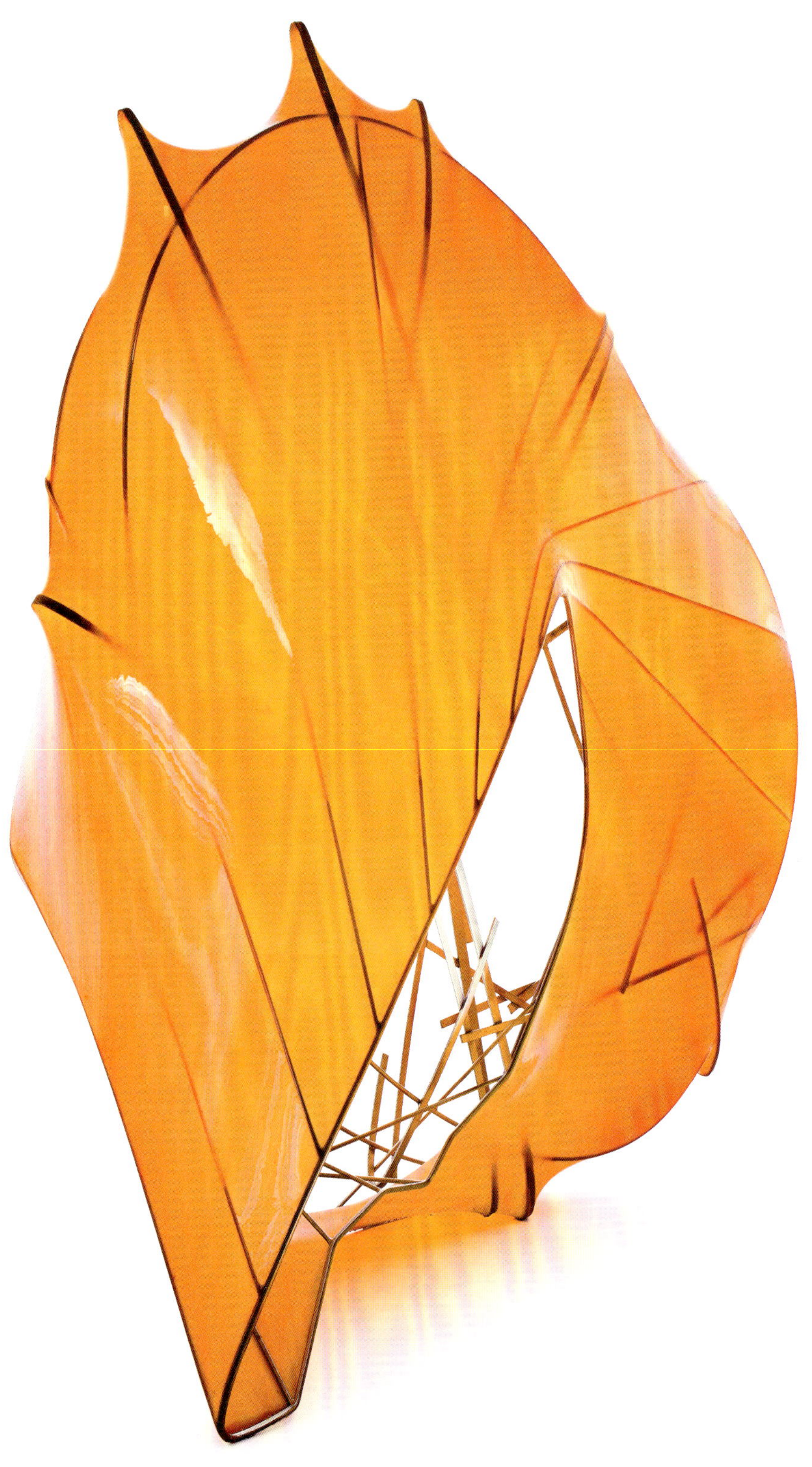

Honey Spoon (2009/2013), 295 x 250 x 150 cm

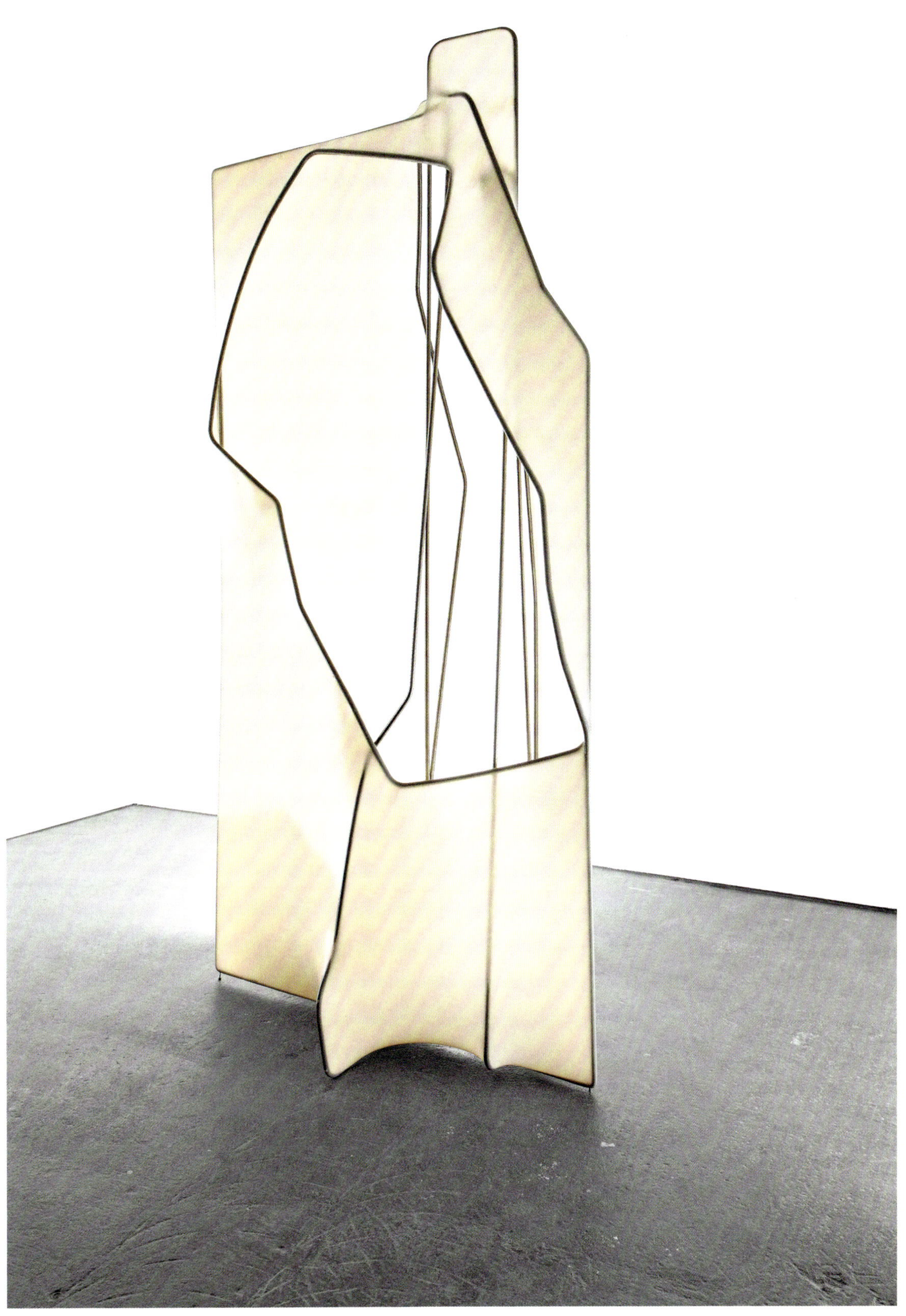

Odyssee (2009), 190 x 120 x 40 cm

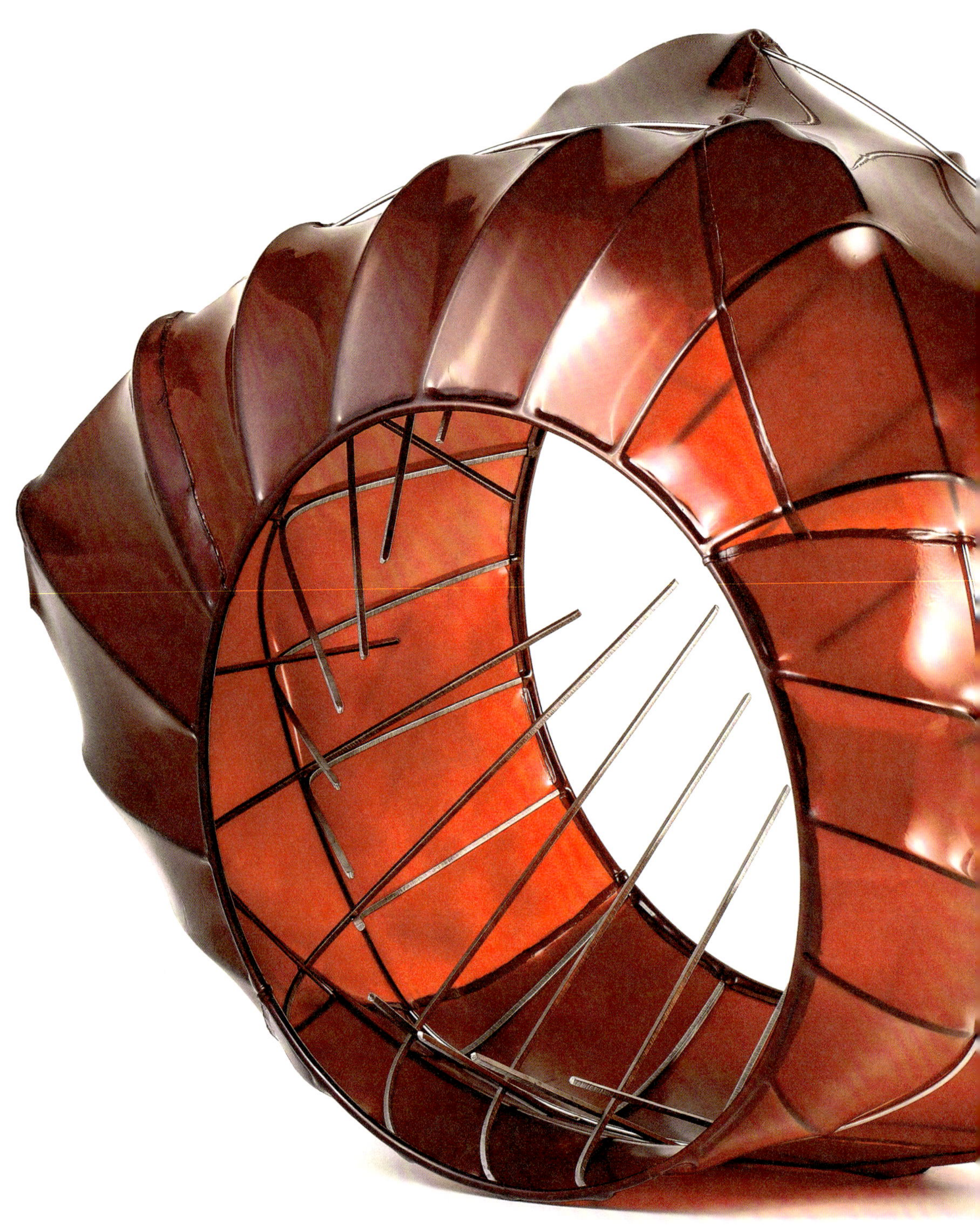

Shine (2006), 130 x 145 x 90 cm

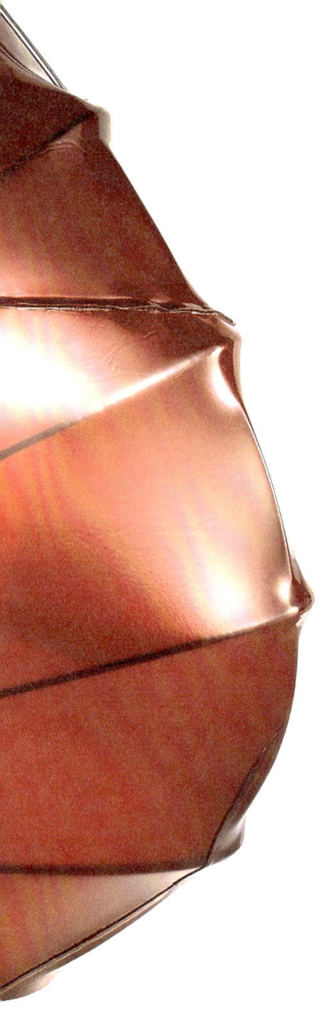

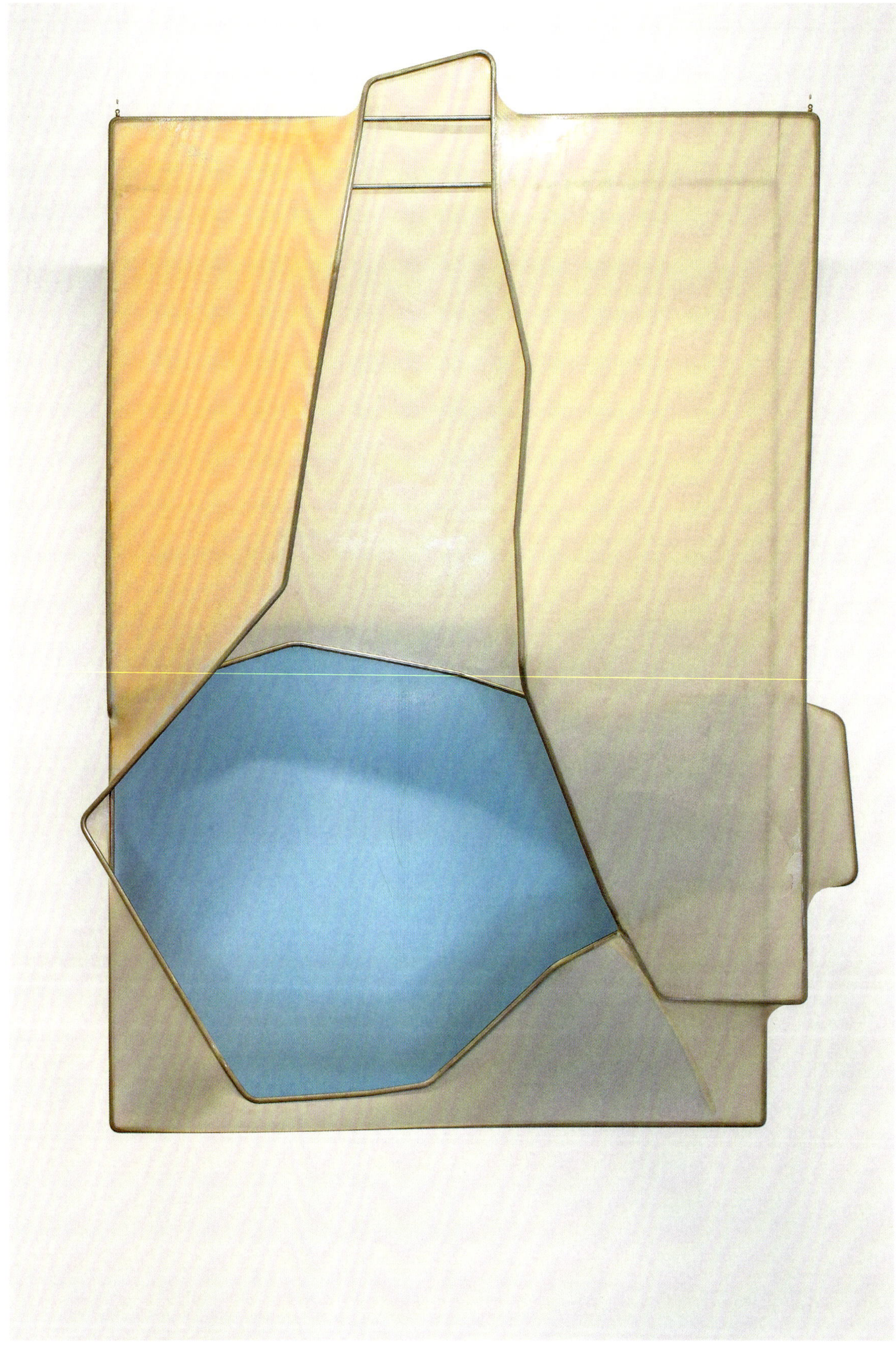

Early Dew (2008), 180 x 110 x 35 cm

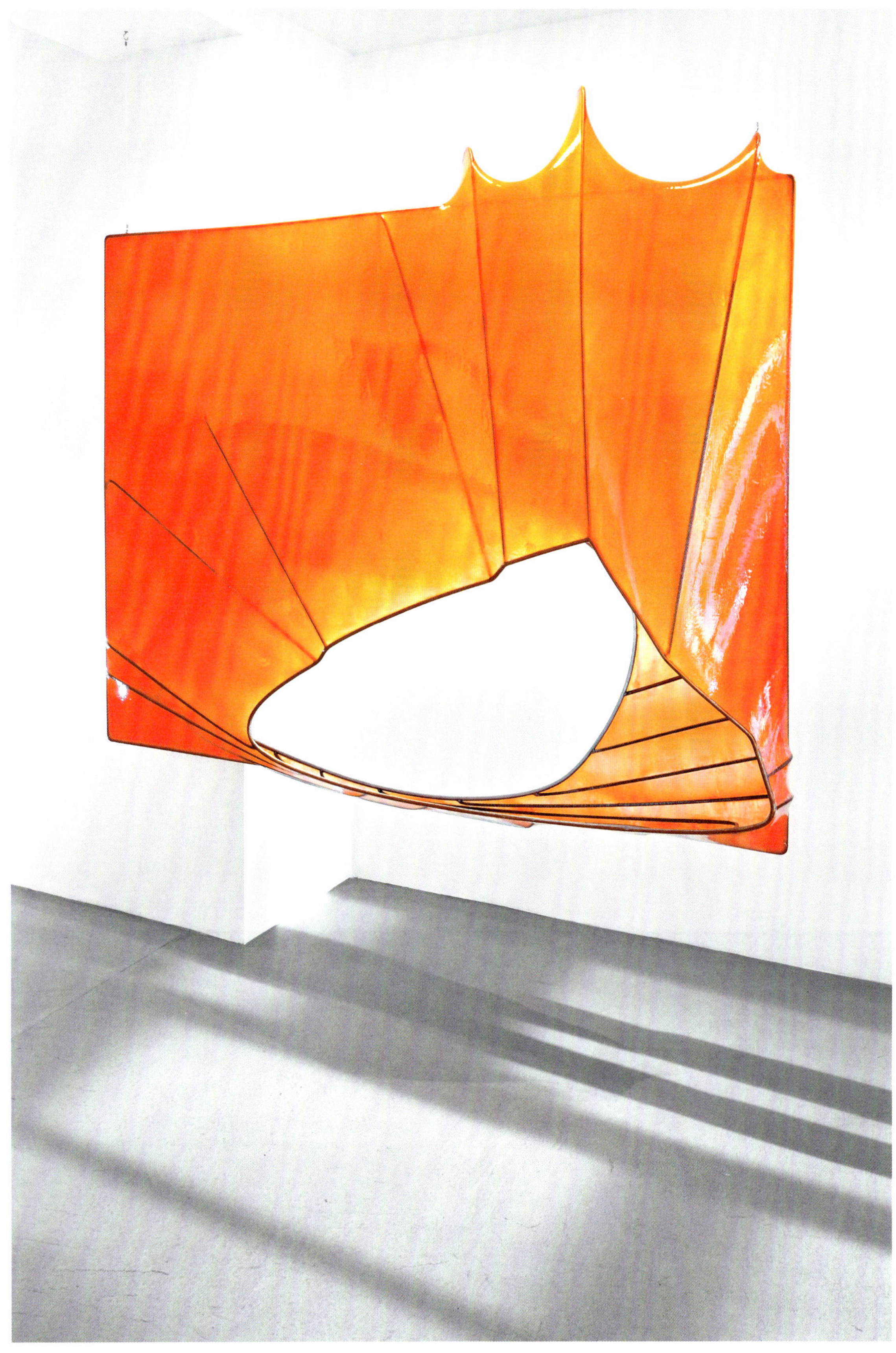

Honey Hills (2008), 180 x 210 x 60 cm

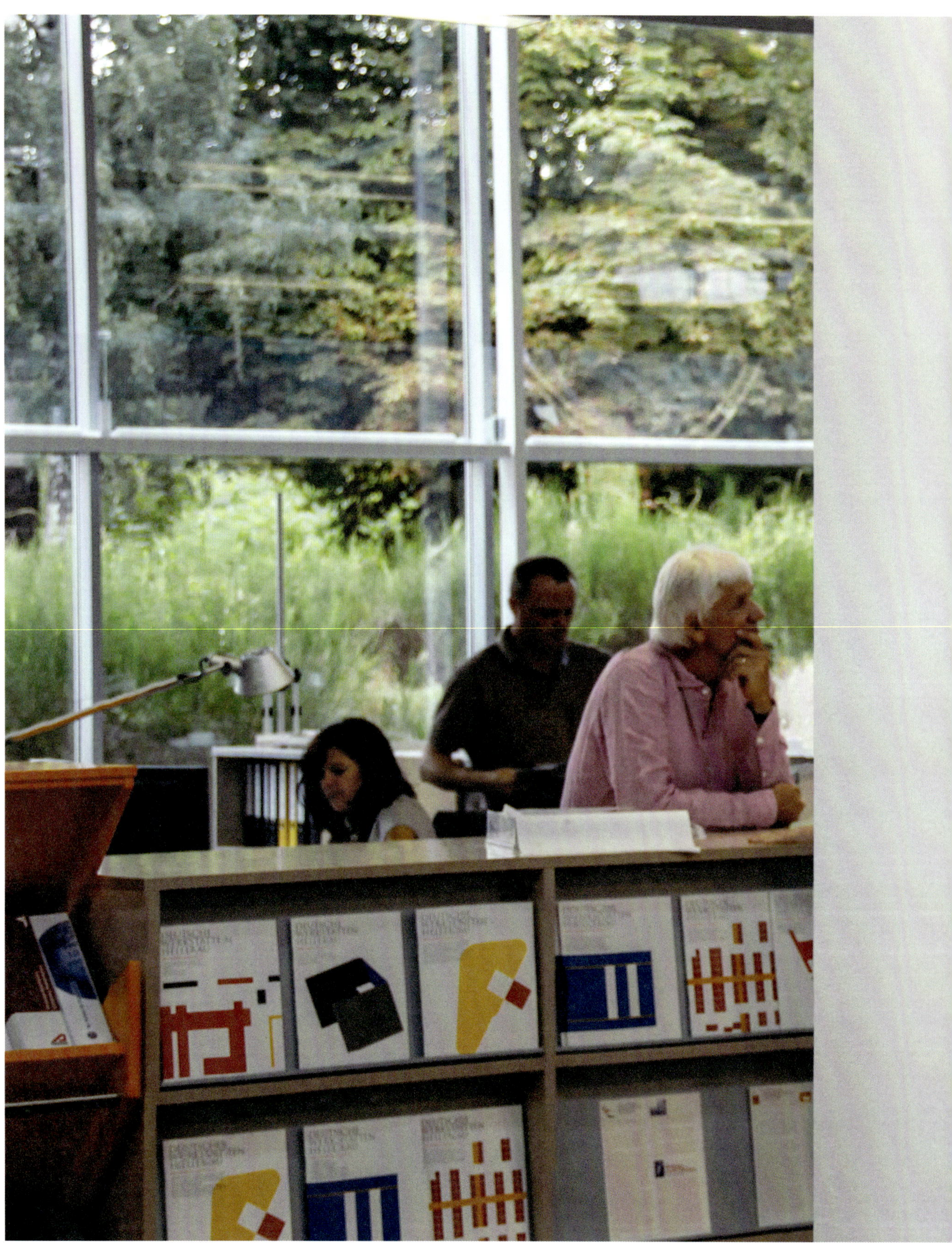

Mons (2010), 104 x 127 x 29 cm

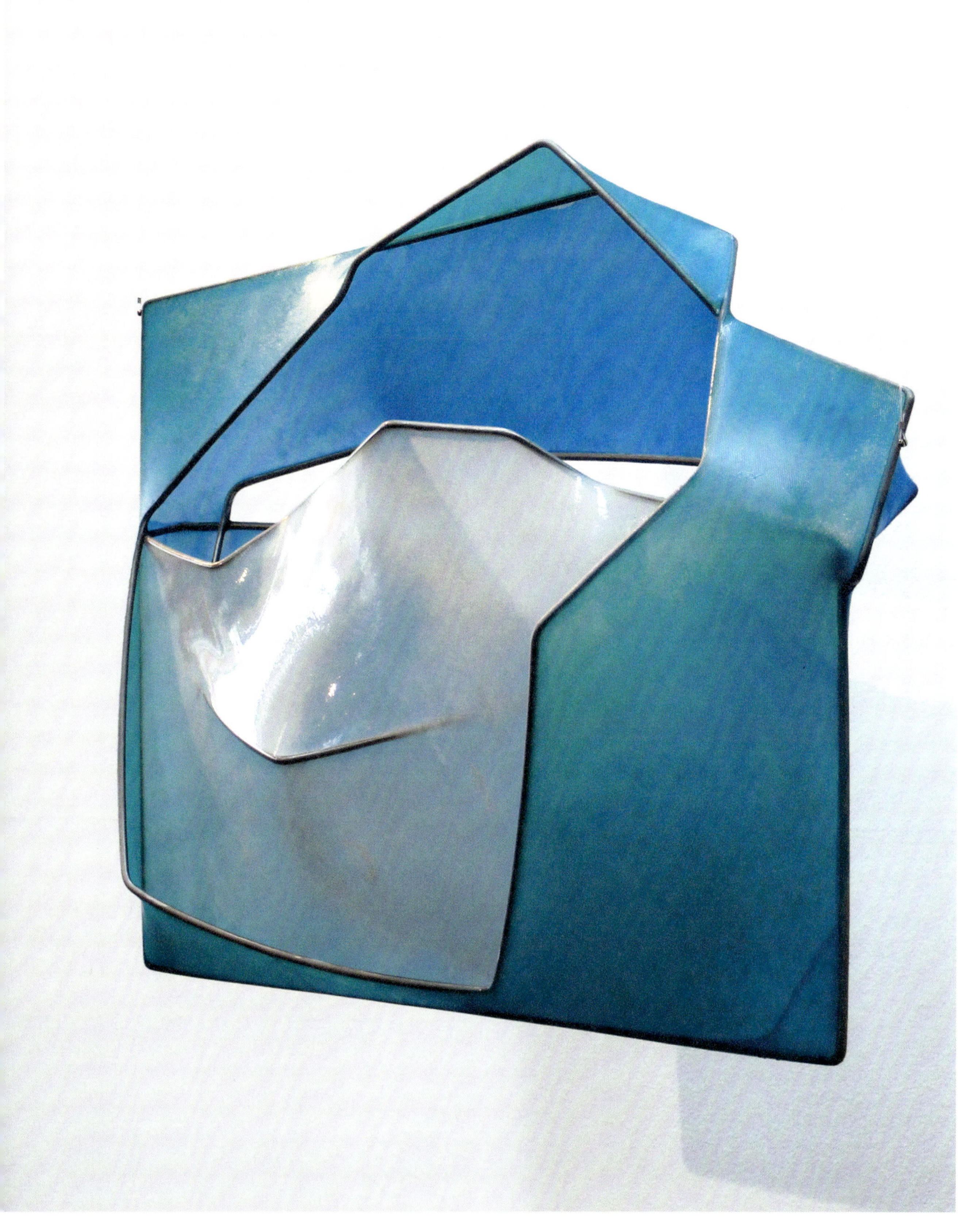

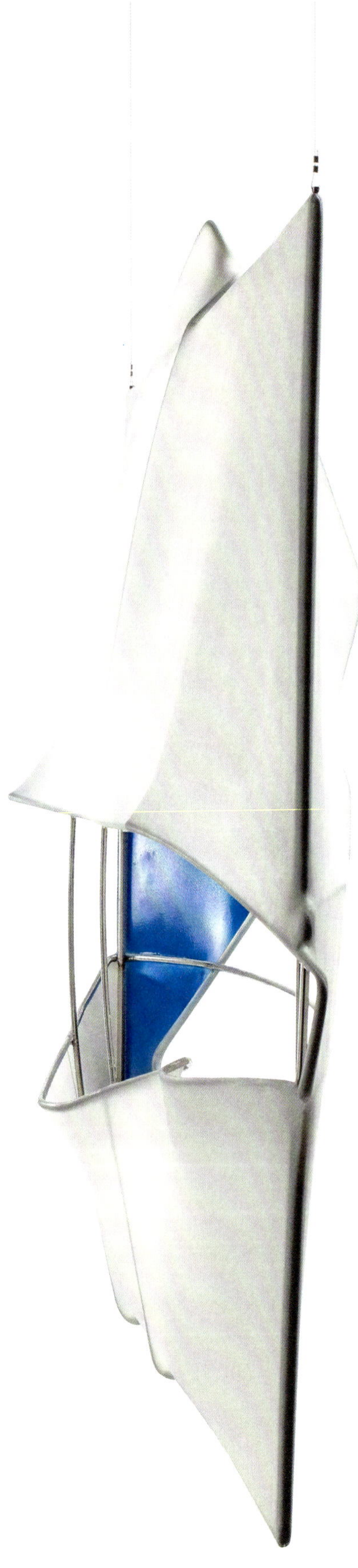

Tour (2009/2012), 126 x 191 x 40 cm

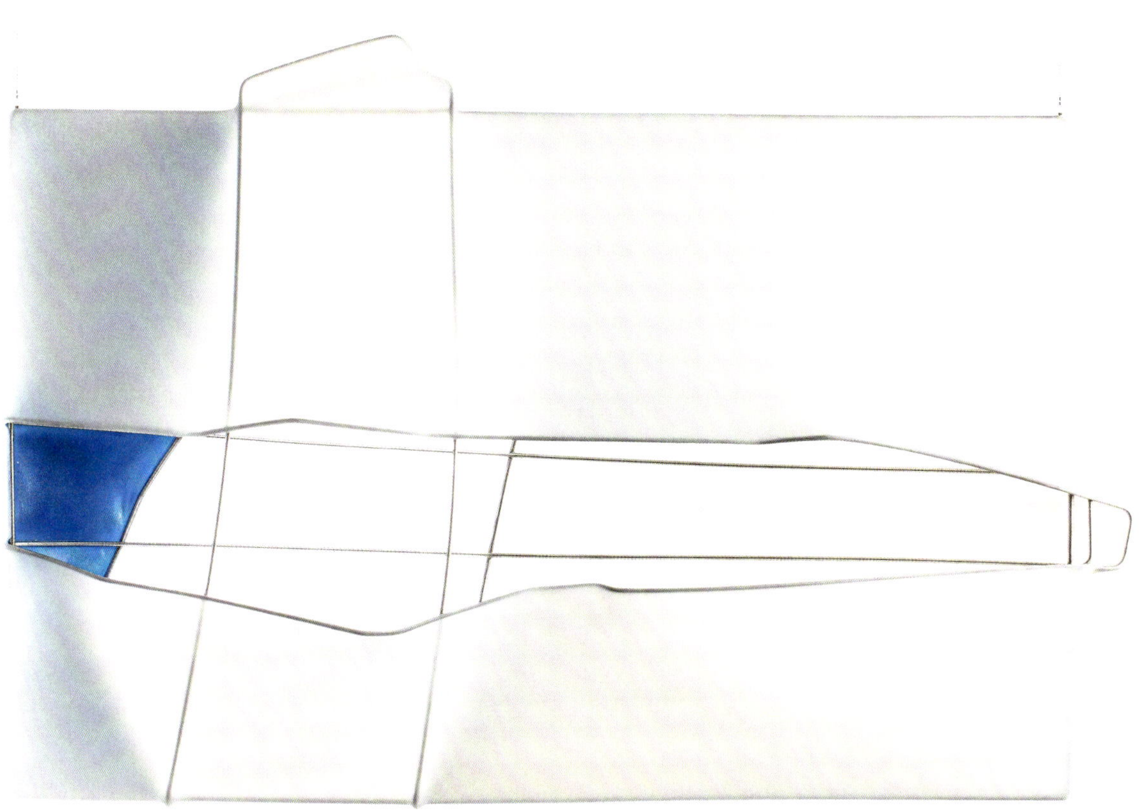

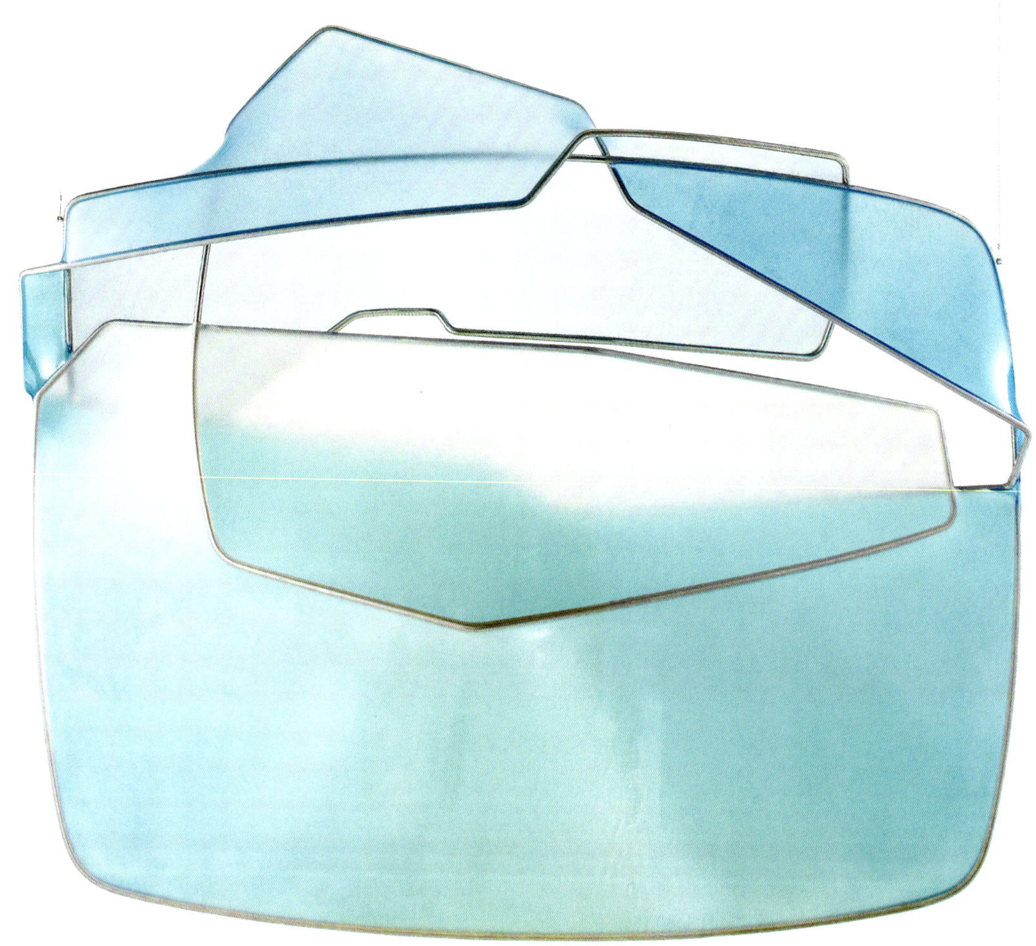

Glacier (2010), 110 x 142 x 29 cm

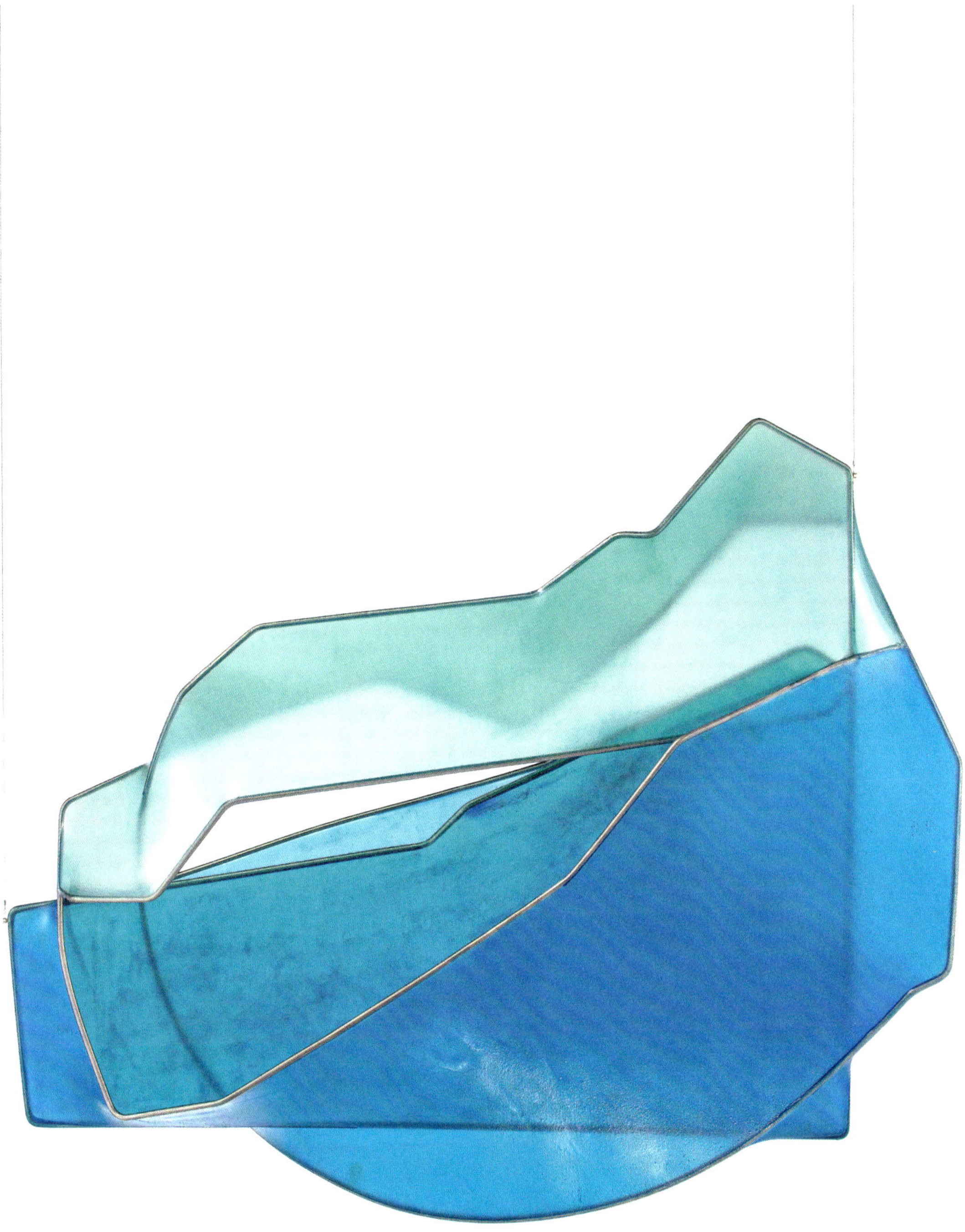

Peaks (2010), 104 x 127 x 29 cm

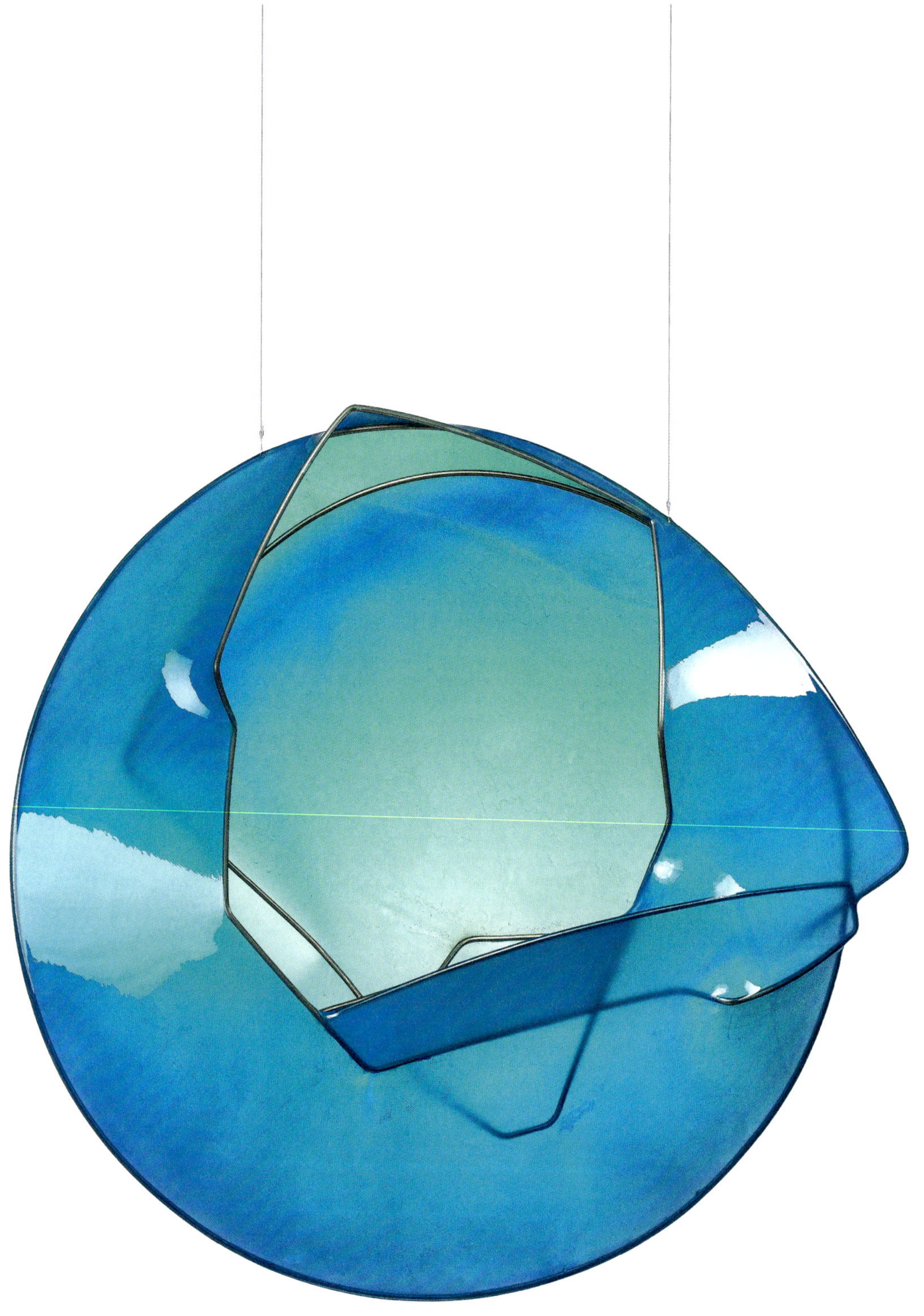

Primal Landscape (2010), 113 x 110 x 25 cm

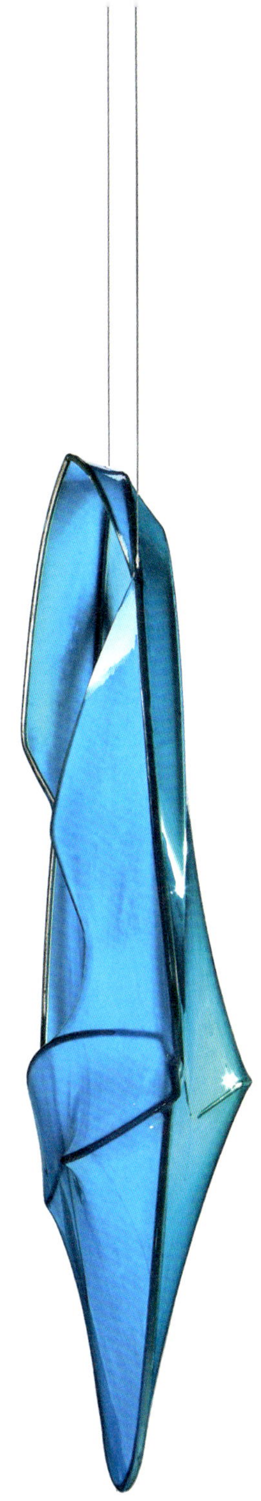

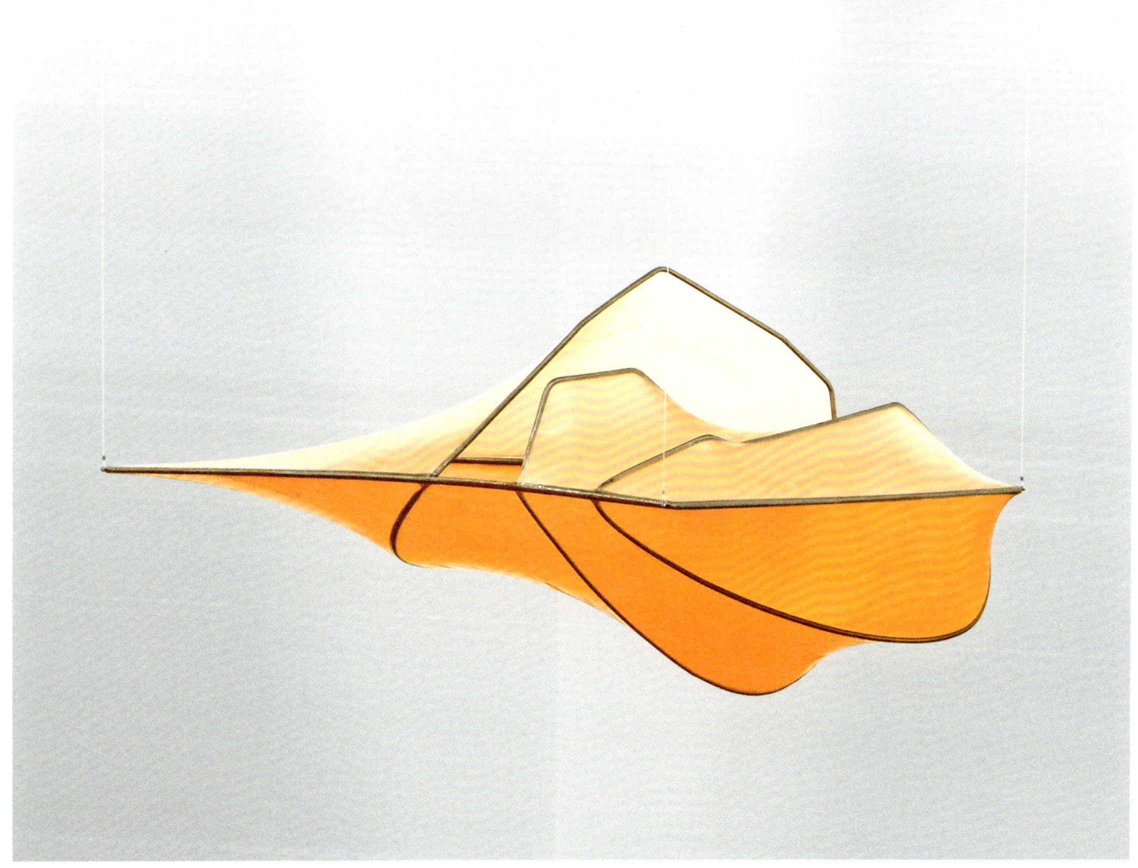

Eukaryontische Landschaft (2009), 65 x 74 x 128 cm

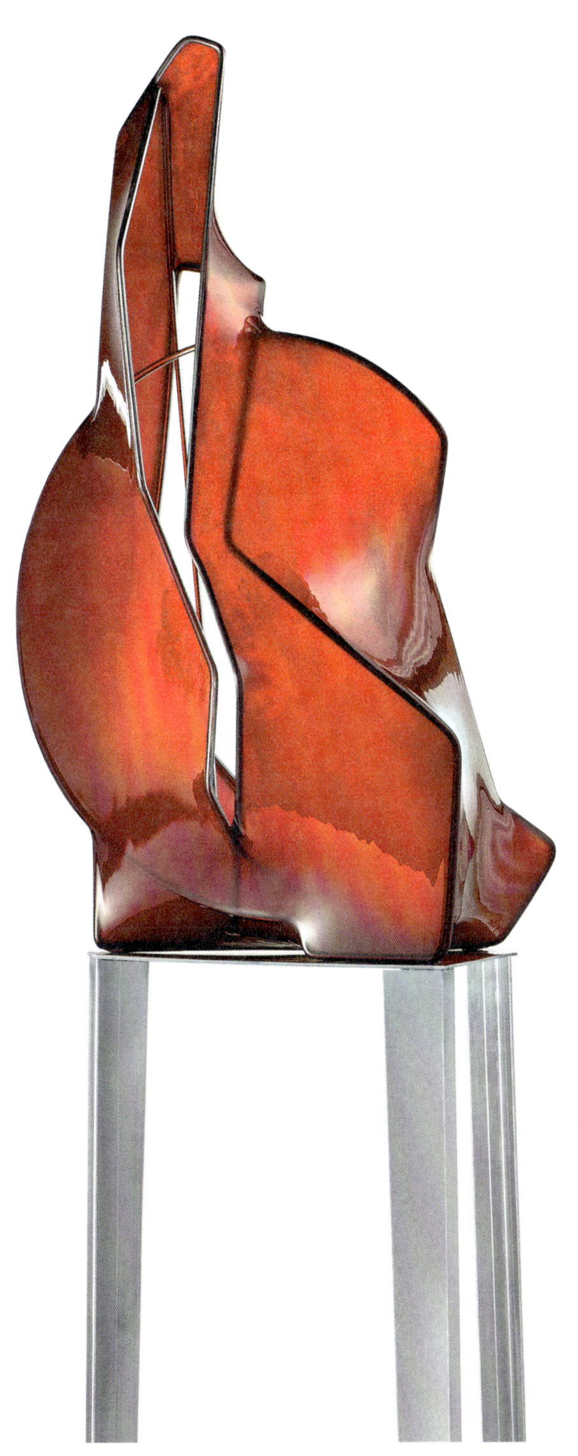

Mount Rough (2012), 60 x 20 x 30 cm

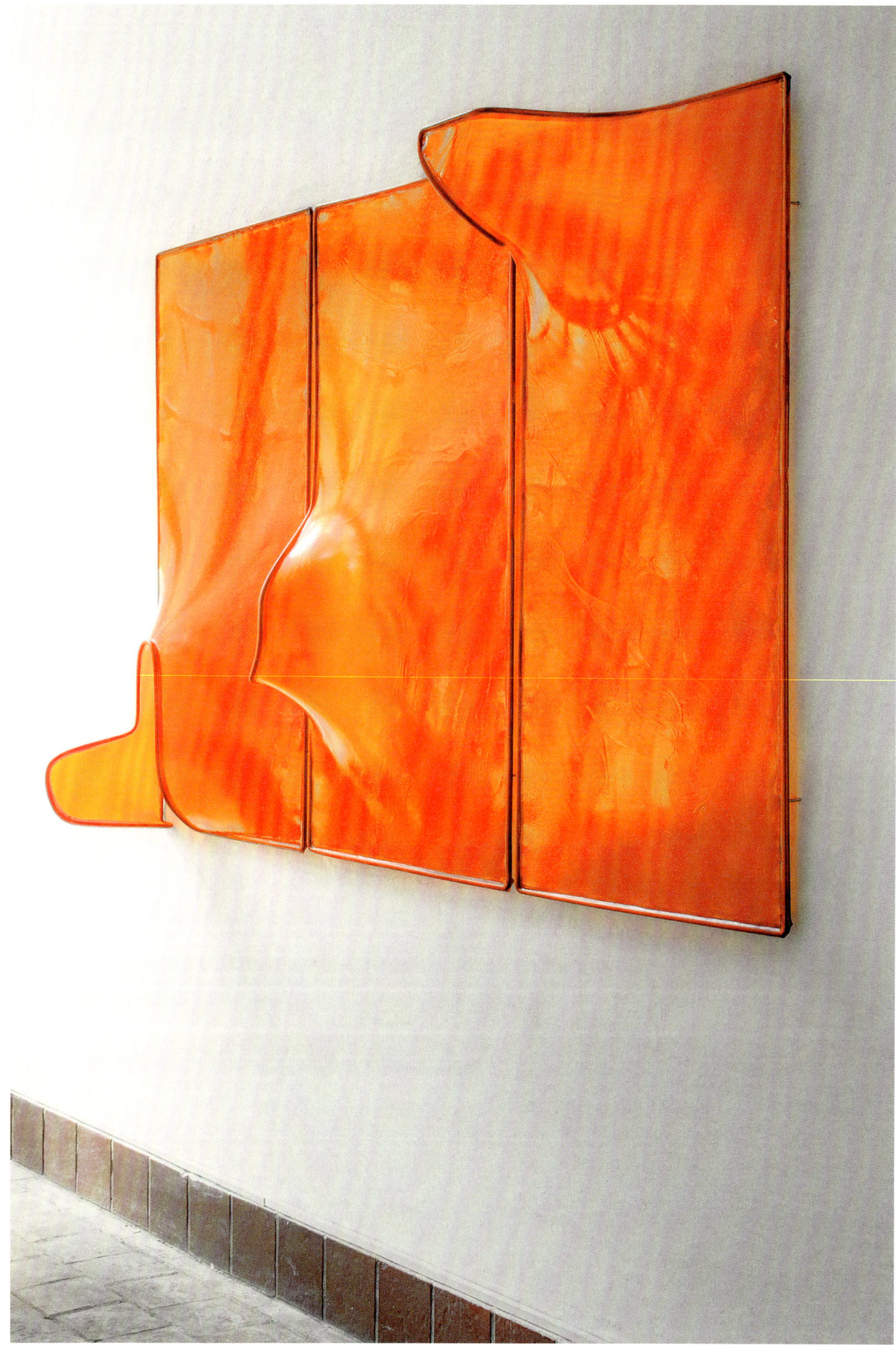

Drei Farben Orange (2017), 150 x 227 x 39 cm

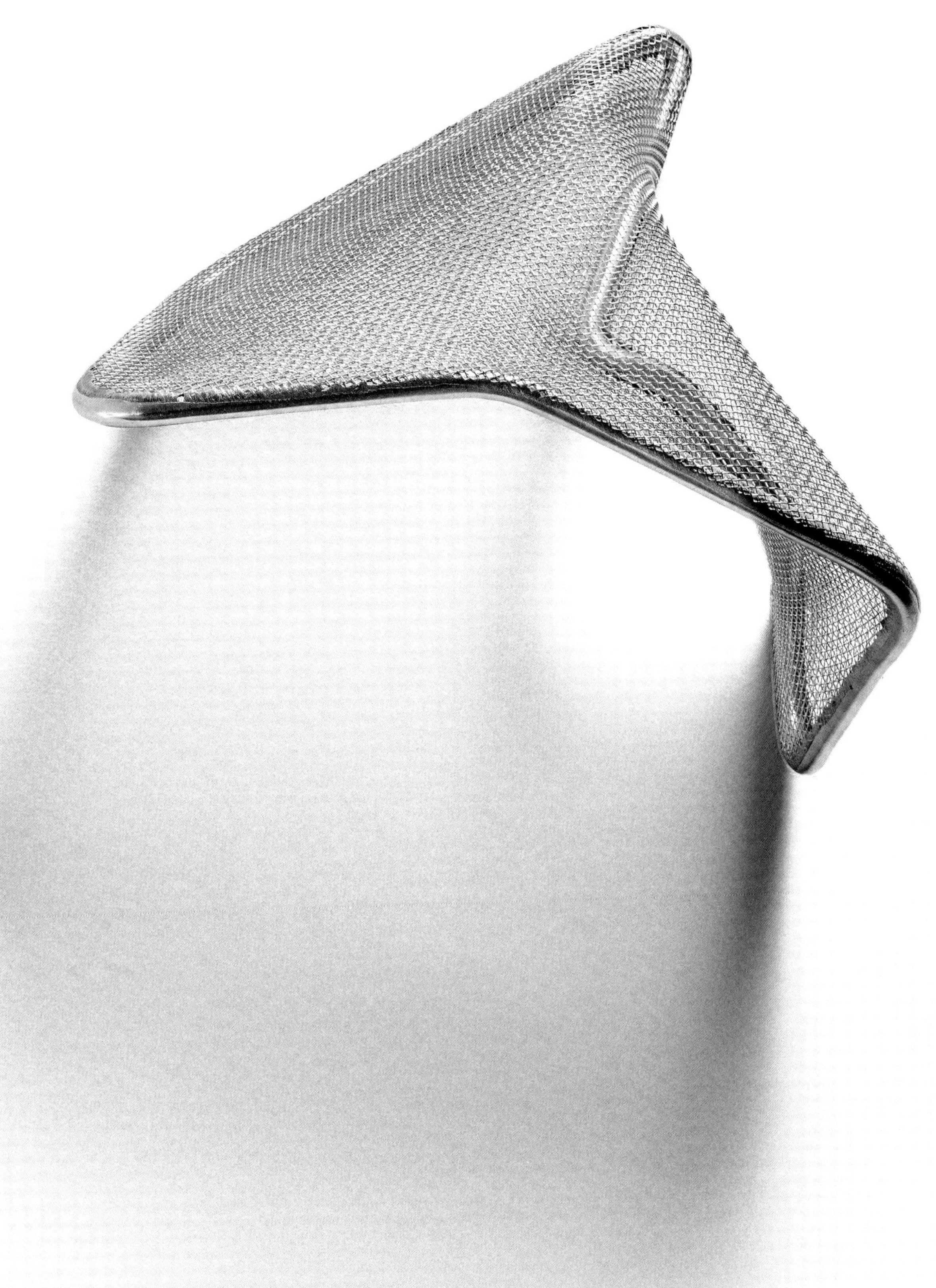

Berg (2017), 24 x 31 x 14 cm

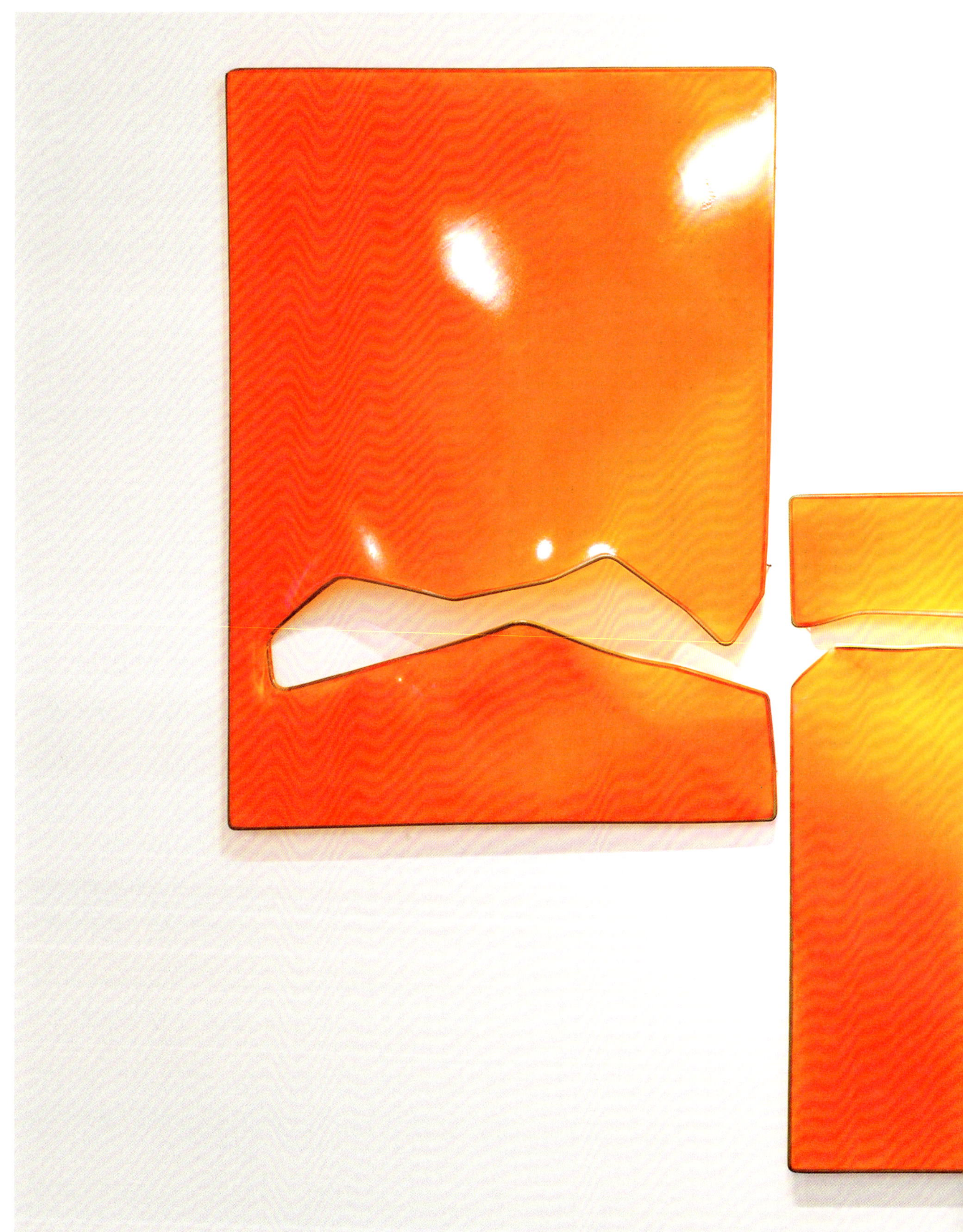

Parcours (2008), 220 x 300 x 20 cm

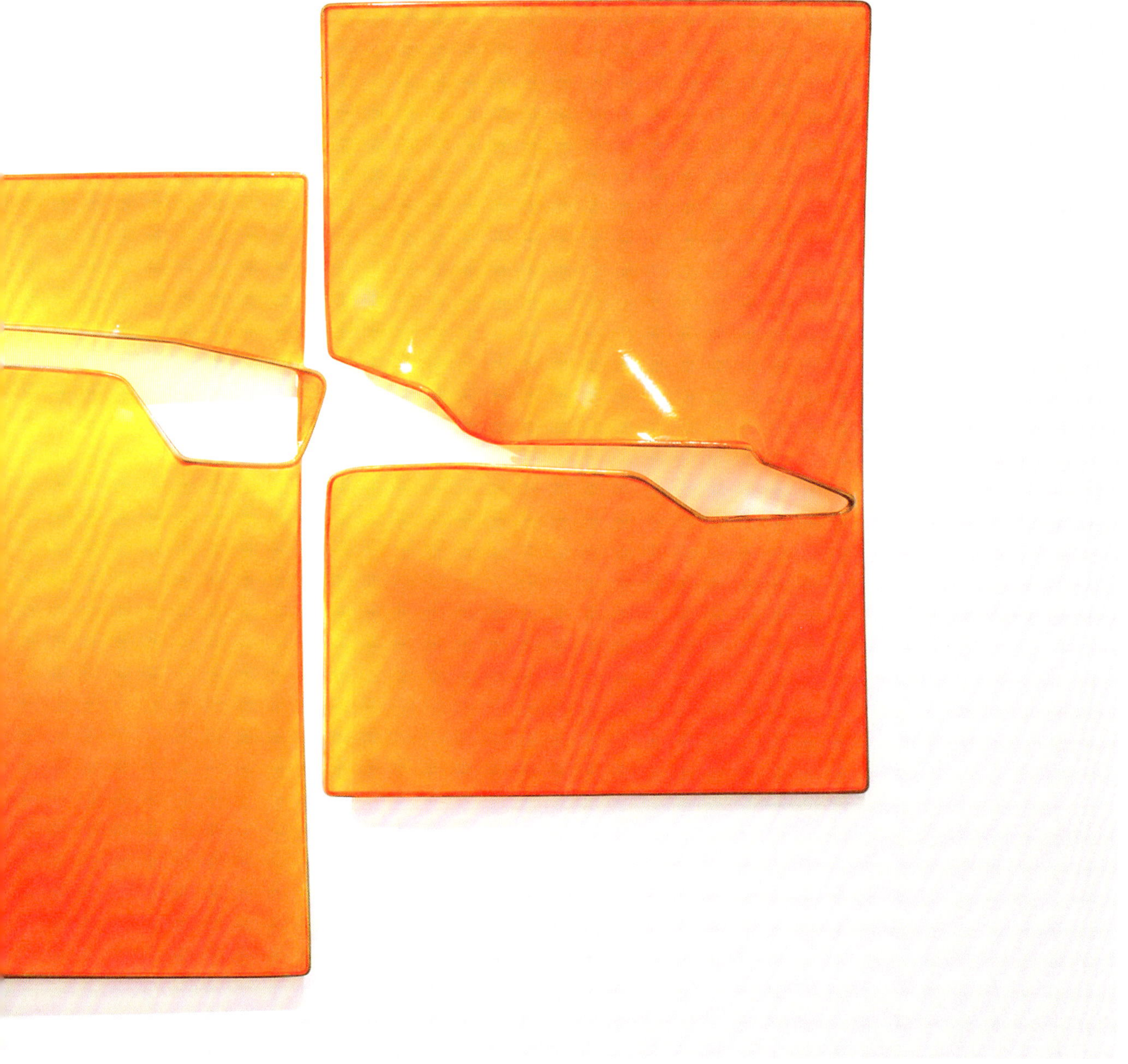

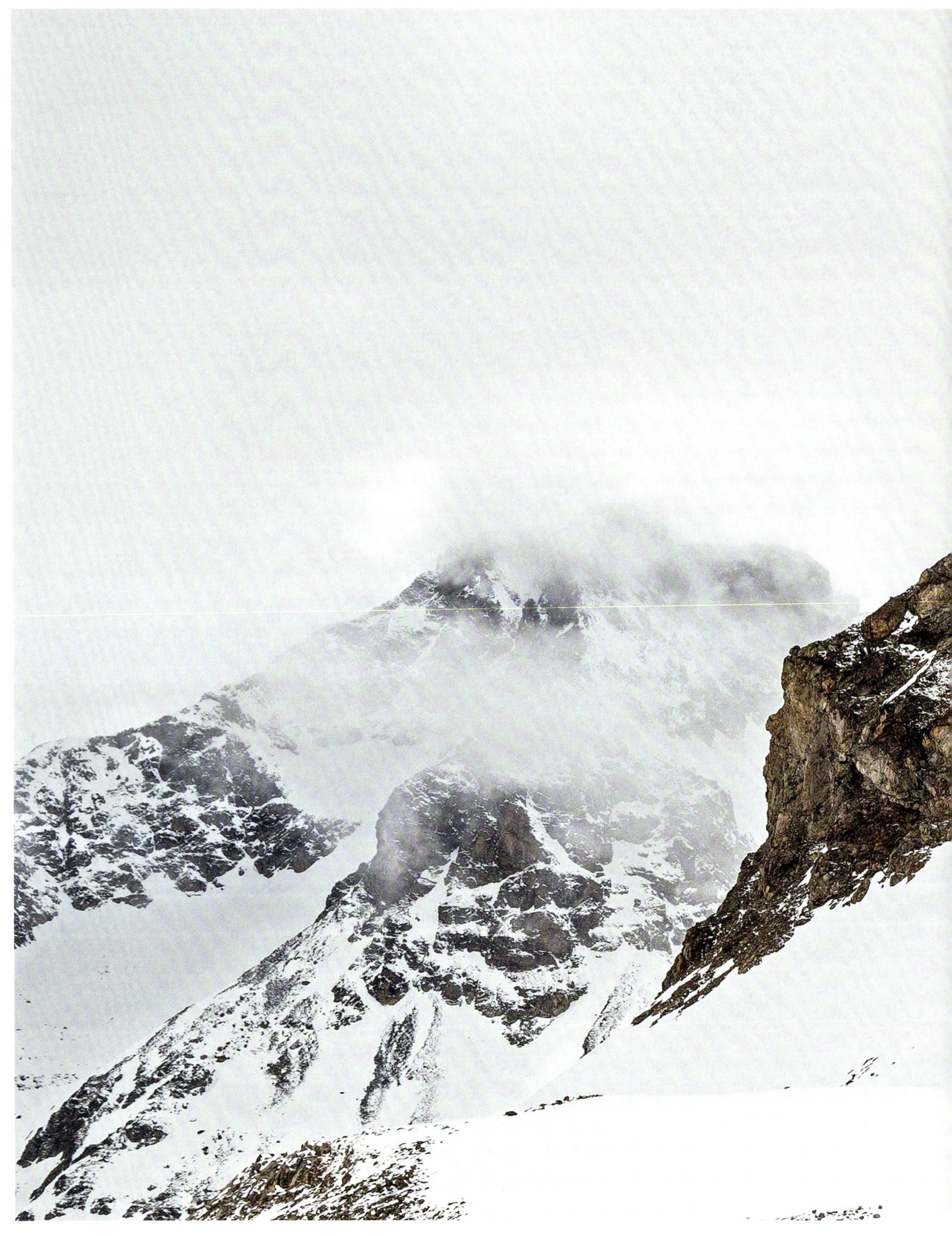

46°30‘54.49“ N

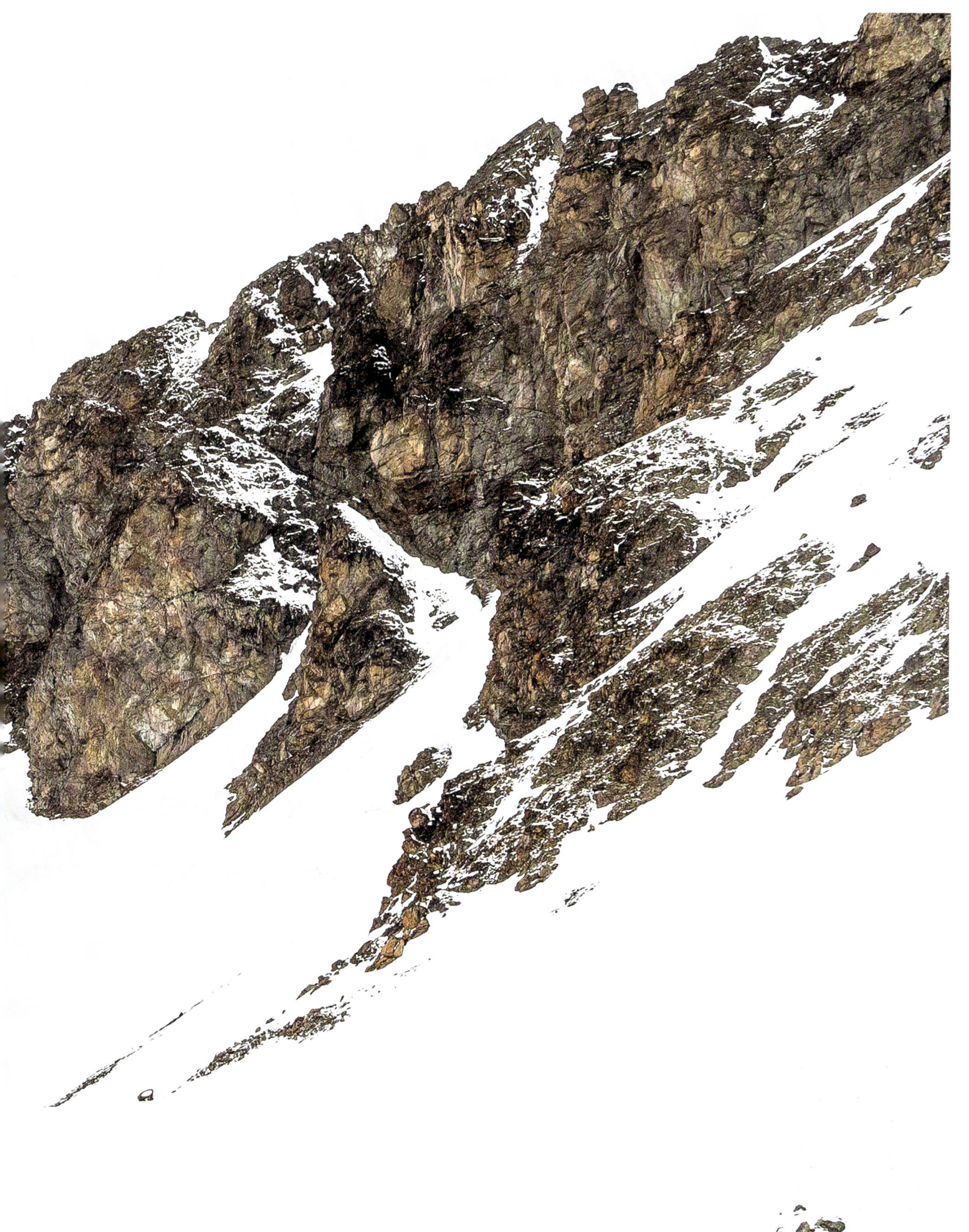

E

9°46‘43.58“

Boreaden (2008/2012), 1000 x 500 x 400 cm

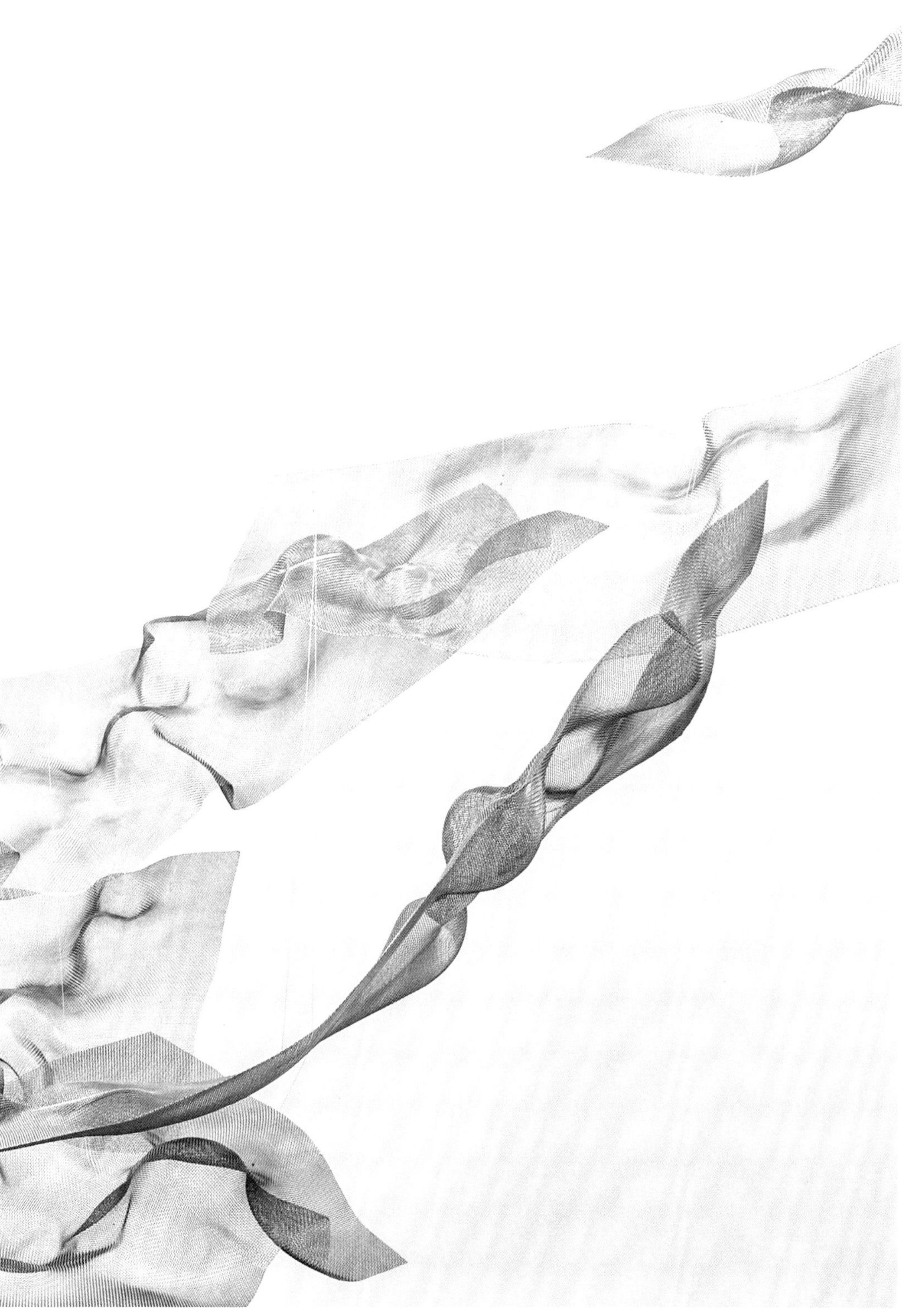

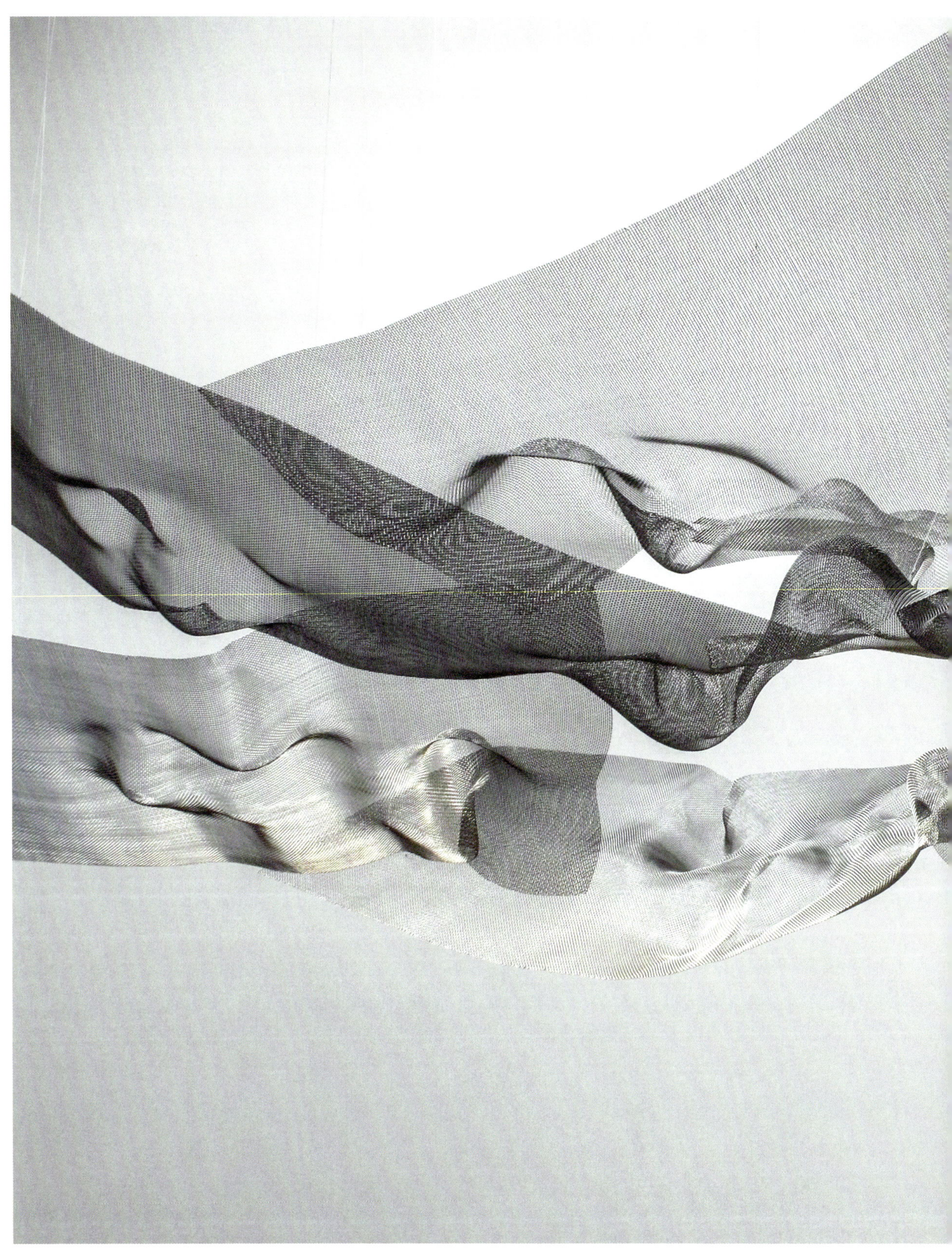

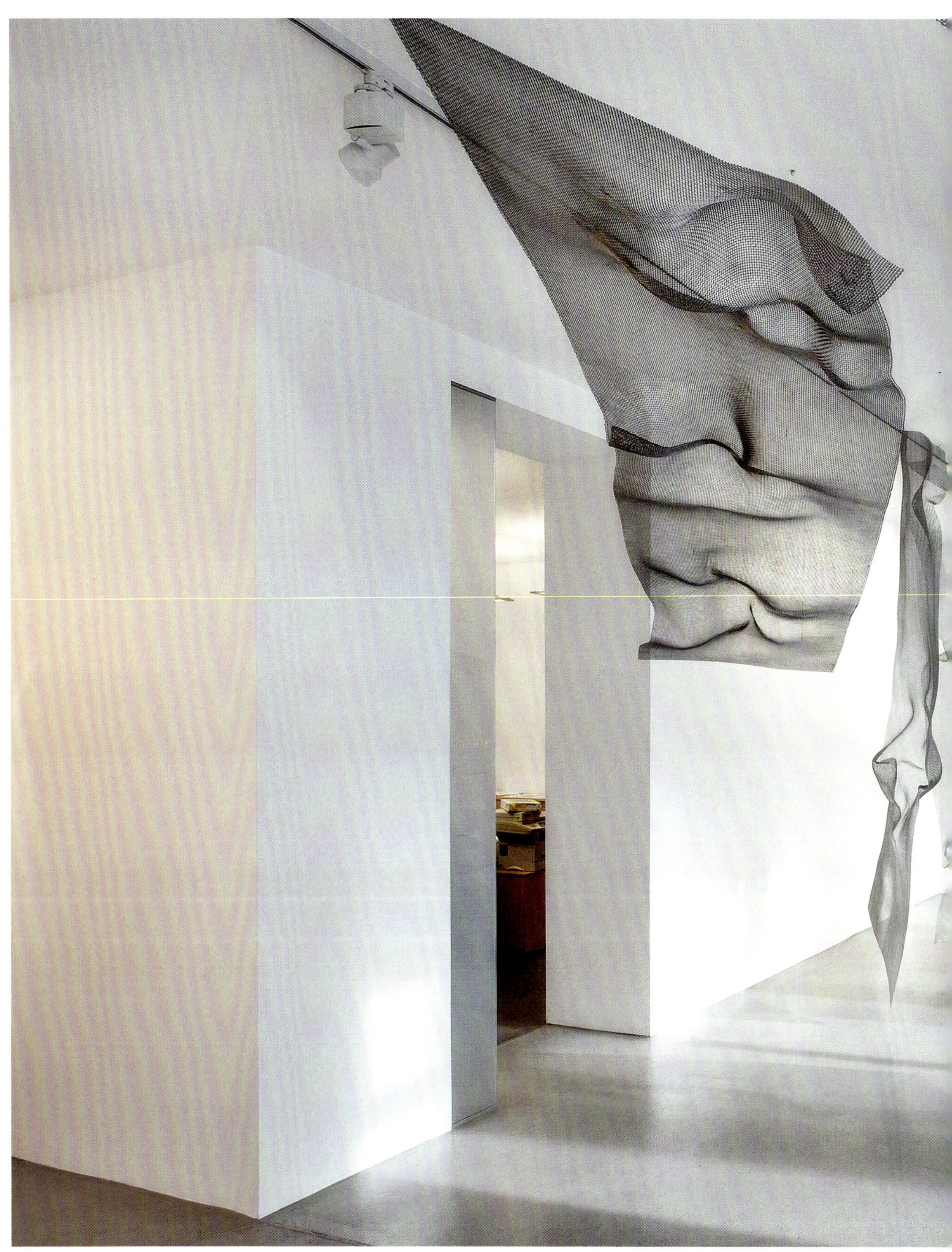

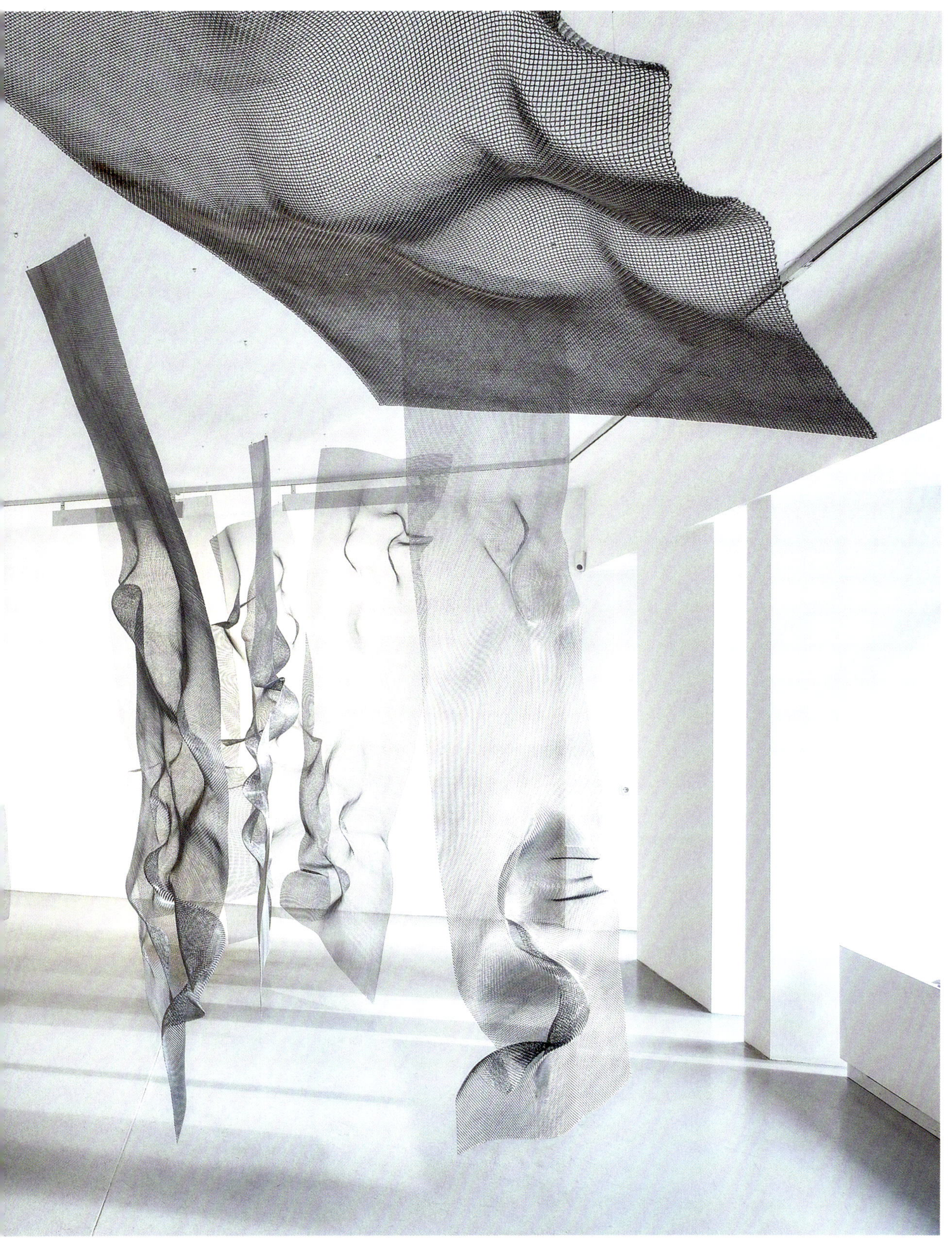

Galerie Michael Schultz, Berlin

Die Skulpturen stehen sich im Park gegenüber, bewegen sich aufeinander zu und stellen einen Kontakt her: Axel Anklam hat seine Skulpturen im als Gesamtkunstwerk angelegten Kunst-Natur-Areal des Rottweiler Bildhauers Erich Hauser (1930–2004) platziert und mit der Standortwahl einen vielschichtigen Dialog eröffnet.

Der Ort – Ein Landschaftsraum

Als Erich Hauser 1969 nach Rottweil kommt und sich entschließt, auf dem Gelände der ehemaligen Landessaline, einem brachliegenden Stück Land, sein Kunst-, Arbeits- und Wohnareal zu schaffen, setzt er Schritt für Schritt seine Vision eines Skulpturenparks um. Ein verwildertes Gelände am Rande des Rottweiler Industriegebietes gilt es zu roden und zu gestalten. Hier verwirklicht er seine Idee einer idealen Landschaft mit Hügeln und Tälern, durch Hecken und Bäume nach außen abgegrenzt und mit ›Inseln‹ aus Gräsern und wenigen Blumen strukturiert. Es ist der Ort, an dem er seinem Gefühl von Heimat, von Unabhängigkeit und Freiheit sowie seinem Streben nach der *ewigen Zeit* Ausdruck verschafft. Der Gedanke der Unvergänglichkeit ist überall zu spüren, nicht nur im Material Stahl, seiner Dauerhaftigkeit und Zeitlosigkeit, sondern auch beim Blick auf die Wohnpyramide. So ist Erich Hausers Skulpturenpark als ein Ensemble zu verstehen, in dem die Sehnsucht nach Unsterblichkeit einen Ort gefunden hat.

Besonders deutlich wird in der landschaftsarchitektonischen Gestaltung des Parks der Wirkungszusammenhang von kulturellen und naturhaften Prozessen: einerseits Vorgänge des bewussten Aneignens, Zähmens und Gestaltens von Natur, andererseits die Gesetzmäßigkeiten der Natur wie Wachstumsperioden und organischer Verfall. Angesichts der Natur und ihrer immerwährenden zyklischen Rhythmen werden die zeitlich begrenzte menschliche Existenz und damit die eigene Vergänglichkeit bewusst. Dem treten die aus robustem Edelstahl gefertigten Skulpturen Erich Hausers gegenüber. Sie behaupten sich als Zeichen seines künstlerischen Formwillens, seiner Lebensenergie und Ausdruckskraft in der Auseinandersetzung mit Natur und Landschaft. »Es interessiert mich nicht, wie die Natur zu arbeiten. Mich interessiert es, Formen gegen die Natur zu setzen. Dadurch wird es möglich, die Natur neu zu sehen und zu erleben«[1], so Erich Hauser.

Aus diesem Kräftemessen zwischen den Wachstumsmächten der Natur und Hausers mit physischer und sinnlicher Potenz aufgeladenen Skulpturen baut sich ein Spannungsfeld auf, in dem Axel Anklam seine Arbeiten positioniert. Sein Erleben von Natur ist von einer direkten Begegnung geprägt: in der möglichst unberührten Natur zu Fuß unterwegs zu sein, ihr gegenüberzutreten, sie intensiv wahrzunehmen und sich dabei selbst zu erfahren. Beim Laufen wird die körperliche Bewegung zu einem Prozess der Ermittlung, Erfahrung und Vermittlung von Raum. Dann, auf dem Gipfel eines Berges stehend, ist die Unendlichkeit, Leere und Stille des Kosmos wie auch die Weite und Unermesslichkeit des Naturraumes zu spüren. Zugleich kann aus der Natur auch eine Art Sinnorientierung abgeleitet werden. »Die Natur erscheint als ein Reich, in dem unveränderliche Gesetze herrschen bzw. befolgt werden, und der Naturbegriff bewahrt Beständigkeit und Gesetzesförmigkeit als Grundmerkmal invarianter Verhältnisse. Wo immer im Wandel von Verhältnissen des menschlichen Lebens und Erkennens ein Fundament, eine Sicherheit und Festigkeit gesucht wird, liegt deshalb der Rückgriff auf Naturbestimmungen nahe.«[2]

Was sucht der Mensch in der Natur? Der italienische Dichter und Humanist Francesco Petrarca hält am 26. April 1336 die wahrscheinlich erste überlieferte Beschreibung einer Bergbesteigung fest. In einem Brief berichtet er über seine Ankunft auf dem Gipfel des Mont Ventoux in der Provence. Nachdem er den Ausblick kurz genossen hat, setzt er sich auf einen Felsen und liest in den *Confessiones*, den Bekenntnissen des Kirchenvaters Augustinus. Er ist hin- und hergerissen zwischen den heiligen Texten und dem überwältigenden Erleben der Landschaft. In den Texten entdeckt er sogleich den moralischen Einspruch gegen das lustvolle Vergnügen am Blick auf die Landschaft und zitiert Augustinus: »Die Menschen gehen hin und sehen staunend die Gipfel der Berge und die Fluten des Meeres ohne Grenzen, die weit dahinfließenden Ströme, den Saum des Ozeans und die Kreisbahnen der Gestirne, aber sie haben so nicht acht ihrer selbst.«[3] Petrarca schließt das Buch und schweigt.

Das Besteigen des Berges, diese körperliche Herausforderung, verwandelt sich für ihn in eine anschauende und theoretische Betrachtung des Weltzusammenhanges. Dieses Ereignis steht für den Beginn eines ästhetischen und kontemplativen Interesses an Natur und Landschaft, zunächst eher als ein Sujet der Malerei, dann bis heute auch in der abstrakten Bildhauerei, so zum Beispiel im Werk von Henry Moore (1898–1986) und Hans Arp (1886–1966). Organische Naturformen und menschlicher Körper verschmelzen in ihren Skulpturen zu einer idealen Landschaft.

Dieses traditionsreiche Feld betritt Axel Anklam auf ganz eigenen Wegen. Vom Gipfel aus fokussiert der ästhetisch geleitete Blick des Bildhauers die vor ihm liegende Landschaft: die Modellierung des Landschaftsraumes durch Berge, Hügel, Felsen, Hänge und Täler, die Silhouetten der Bergkämme, luft- und farbperspektivische Schichtungen, vorbeiziehende Wolkenformationen, den sich schlängelnden Verlauf eines Flusses und Weges. Axel Anklam begreift das Schauen als einen kreativen Akt, sieht räumliche Konstellationen wie das Zusammenwirken von Geländeformen, Licht- und Schattenspiele, horizontale wie auch vertikale Gliederungselemente.

Aus der Erinnerung lenken dann diese Beobachtungen den künstlerischen Prozess der Formgebung.

Wie ein Zeichner geht er zunächst von den bildnerischen Elementen Linie und Fläche aus und überführt diese dann in Anlehnung an architektonische Verfahren in den dreidimensionalen Raum. Aus einem Stahlring, dem die Klarheit, Geschlossenheit und Perfektion der Geometrie des Kreises zugrunde liegt, formt er eine bewegte Umrisslinie. Die Linie wird raumdefinierend und raumumspannend eingesetzt. Sie umfängt einen Raumausschnitt, konturiert ihn und entwirft auf ihrem Weg einen begrenzenden Rahmen. Zwischen dieses tragende Gerüst, welches in sich geschlossen bleibt, spannt er eine *Haut* aus durchscheinenden Materialien wie Latex, Epoxidharz oder Drahtnetz. Flächenformen entstehen, die sich wölben, Mulden und Schwellungen ausbilden, sich winden und je nach Standort überlagern. Zu einem dreidimensionalen Gebilde herangewachsen, verbindet die plastische Form das in der Natur Geschaute und im Arbeitsprozess aus der Erinnerung Zurückgeholte mit der nach einer lebendigen Bewegung und Verwandlung strebenden Gestaltungskraft des Künstlers.

Skulpturen im Dialog

Axel Anklams *Land*, 2009/2017, eine weich fließende Figuration aus Edelstahl, die wie sanft vom Wind aufgebläht erscheint, lenkt im vorderen Bereich des Skulpturenparks stehend den Blick auf die abstrakt geometrischen Edelstahlskulpturen von Erich Hauser. In der Betrachtung werden verschiedene kulturelle Referenzen und Konnotationen aktiviert, zum Beispiel Überlegungen zu den ästhetischen Qualitäten des Schweren und Leichten von Form und Material. Solche Empfindungen entfalten in der Kunst ein besonderes metaphorisches Potenzial. Das Schwere, wie es von den monumentalen Stahlskulpturen Erich Hausers verkörpert wird, deutet auf das Gewicht eines Körpers, auf Zustände des Lastens und Unbeweglichen hin, wohingegen das Leichte Gefühle des Schwebens, Fließens und Unbeschwerten erlebbar macht und für Freiheit im Sinne von grenzenloser Beweglichkeit steht. Erich Hauser sucht diese gegensätzlichen Pole in seinen skulpturalen Werken auszuloten.

Nichts Erdgebundenes und Festes ist Axel Anklam eigen, viel eher setzt er Empfindungen von Offenheit, Fragilität und Leichtigkeit frei. Sonnenlicht strömt durch das Drahtnetz in das Innere seines Werks, breitet sich in allen Winkeln aus, strahlt wieder nach außen. Solchermaßen zwischen Innen und Außen, Materialität und Immaterialität changierend, irritiert und fasziniert die Skulptur zugleich. Sie transportiert Vorstellungen von etwas Fremdem, Hybridem, bisher nicht Gesehenem. Sie ist in ihrer Gestalt eigenständig und einzigartig, so einzigartig, wie das alpine Bergprofil, das sich bei genauer Betrachtung zu erkennen gibt. Es bleibt dem Betrachter überlassen, was er sieht. Ist die Skulptur vielleicht eine Art *missing link* zwischen Natur und Kultur?

Es formuliert sich das Bild eines utopischen Zustands: friedvoll, von Harmonie und Schönheit erfüllt, in einem ausbalancierten, wenn auch fragilen Gleichgewicht. Einerseits ruht die Skulptur in sich, andererseits strebt sie nach Ausdehnung. *Land* impliziert Abgrenzung: eine Landfläche versus Wasserfläche, ländlicher Raum versus urbaner Raum. Gemeint ist auch eine bestimmte Region, ein Landstrich oder ein Staat. Land bezeichnet ein eigenes Stück bestellte Erde, ein Terrain, in Grenzen festgelegt. In diesem Kontext ist an die Dualität menschlicher Existenz und deren Infragestellung in der heutigen globalisierten Gesellschaft zu denken: Verwurzeltsein, Stabilität, Sicherheit auf heimatlichem Boden und Aufbruch, die Erkundung neuer Räume, Abenteuer und Freiheit. Auf dieser metaphorischen Ebene begegnen sich Erich Hauser und Axel Anklam.

Am Rande des Skulpturenparks steht die Skulptur *Nuova Form* aus dem Jahr 2011. Der naturschöne Hybrid, eine Art Zwitterwesen zwischen naturanaloger Form – ein Kokon beispielsweise – und einem technoiden Objekt oder Gefährt, akzentuiert den besonderen Charakter des Parks. Das industrielle Material der Skulpturen von Erich Hauser, dem Spiel des natürlichen Lichts ausgesetzt und es reflektierend sowie die raumerobernden Qualitäten seiner Formgebilde transformieren den Skulpturenpark in ein *spaciges* Terrain. Die auf Expansion angelegten *Raumsonden* des Bildhauers sind in der Aufbruchseuphorie der 1960er Jahre verankert, geprägt von der Faszination für den Weltraum, einer Zeit astronomischer und kosmonautischer Entdeckungen, die ersten Fahrten zum Mond, die Mondlandung. Neue Räume gilt es zu entdecken, die Erdenschwere hinter sich zu lassen: »Meine Raumsäulen sind Fühler, die in den Raum hinausgehen, Raum einholen, hereinholen«.[4]

Axel Anklams *Nuova Form* präsentiert sich als archäologisches Fundstück solch vergangener Welt-Raumfantasien. Die Form baut sich aus einem stabilisierenden Innengerüst und einer weich fließenden, hautähnlichen Ummantelung aus Stahlnetz auf. Zu einem schwebend leichten Körpergefüge verbinden sich die linearen Verspannungen des Gerippes, die Reminiszenzen an Erscheinungsformen der Natur wie Verästelungen oder Blattrippen in sich tragen, in ihrer Spannkraft aber auch an technische Konstruktionen denken lassen, mit einer organisch wirkenden, nach innen und außen kommunizierenden fragilen Oberfläche. So hält die Skulptur die Spannung zwischen Verharren und Bewegungsenergie, technischer Konstruktion und organischer Formgebung. Sie verwandelt sich in eine bildhafte Komposition und beginnt zu erzählen, verweist auf Vergangenes und Zukünftiges, öffnet neue Gedankenräume und Gefühlsebenen.

Die Bewegungsfigur *Mooka* von 2015 hingegen sucht die Nähe zu einer frühen Skulptur von Erich Hauser, einer kugelartigen, auf einem zentralen Hügel im Park platzierten Arbeit aus dem Jahr 1966. Dieser organisch vegetabilen Form schreitet *Mooka* fragil balancierend, einer *Windsbraut* gleich, entgegen. Aspekte des Figürlichen und Kreatürlichen begegnen hier Wachstumskräften, die im voluminösen Stahlkörper Erich Hausers konzentriert sind. Geballte Naturkräfte lassen die amorphe Stahlform aufplatzen.

Diese dialogische Inszenierung fokussiert den Blick auf Grundlegendes im Arbeitsprozess beider Künstler bei un-

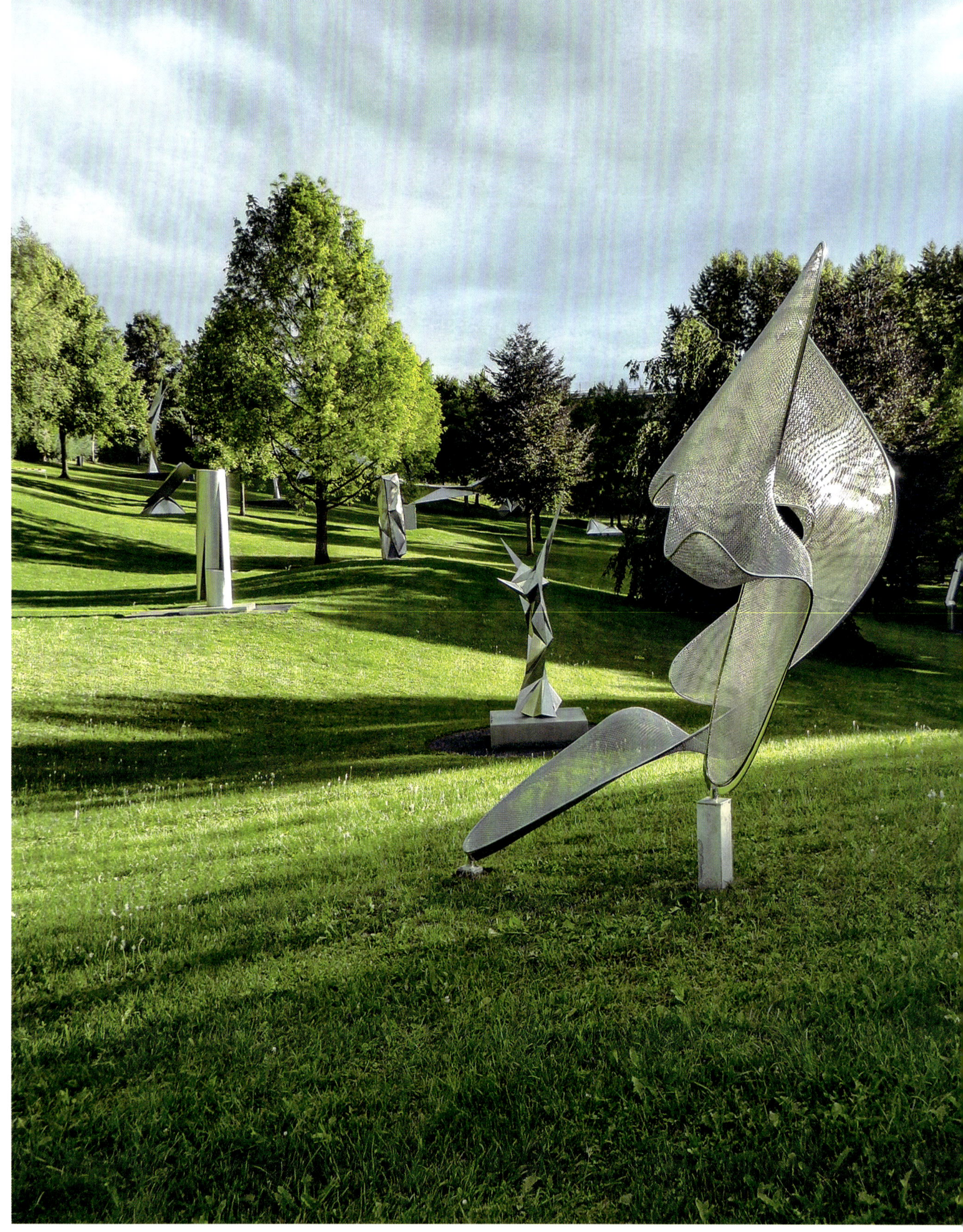

Mooka II (2015), 265 x 125 x 200 cm

Kunststiftung Erich Hauser, Rottweil

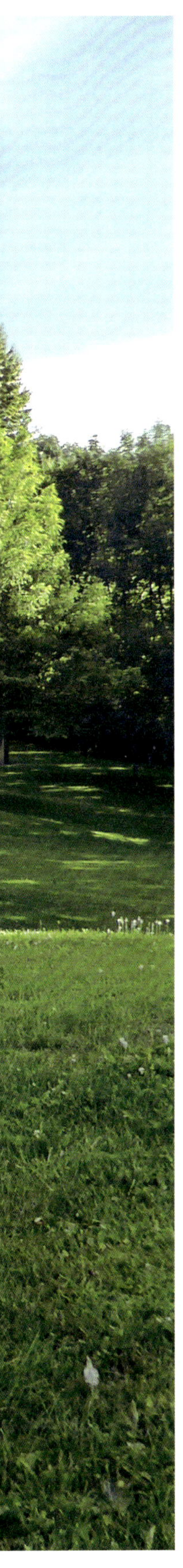

terschiedlicher Gewichtung im Werkprozess: die Interaktion von handwerklicher Perfektion und organischer Form, Regelhaftem und Freiem, Kontrolliertem und Unkontrolliertem, von Naturhaftigkeit und Gestaltetem. Erich Hauser stellt seine Skulpturen gegen die Natur, um so die Natur neu zu sehen. Er fragt nach dem Verhältnis zum Umraum und reflektiert die Dimension seiner Arbeiten: »Es ist mir wichtig, wie eine Plastik sich verhält zur Architektur, zur Landschaft, zum Baum, zum Menschen, zum Auto, zur Technik. Die Dimension wird dadurch bestimmt, was menschlich fassbar ist; das heißt, soweit ich den Raum ablesen, durchdenken und beherrschen kann.«[5] Axel Anklam arbeitet demgegenüber mit dem realen Raum, den er als plastisches Gestaltungselement begreift und Raumrichtungen und Raumteilungen definiert. So gehen die innere und äußere Realität ineinander über. Grundlegend ist deshalb sein Verständnis von Skulptur als offene und bewegte, durchlässige und lichthaltige Form. An sich ungreifbare Phänomene scheinen bei der Entstehung seiner *Formen in Bewegung* mitgewirkt zu haben. Wie vom Regen sanft gerundet oder vom Wind aufgebläht nehmen seine Skulpturen Gestalt an, verkörpern fließende und schwebende Zustände und sind dennoch konstruiert. Erfahrungen der Immaterialität, Veränderlichkeit und Vergänglichkeit sind ihnen inhärent und werden im Landschaftsraum unter dem Einfluss des Sonnenlichts besonders wahrnehmbar.

Während das Licht in den additiv zusammengefügten Dreiecksformationen von Erich Hauser eingefangen, konzentriert und von den auf Hochglanz polierten Stahloberflächen in den Umraum reflektiert wird, diffundiert das Sonnenlicht in das Innere der Skulpturen von Axel Anklam. Licht wird zu einem wesentlichen Gestaltungsfaktor. Licht verwandelt die Skulpturen, macht sie lebendig, lässt sie in ihrer Schönheit erstrahlen und bringt sie aufgrund der flüchtigen und durch die Bewegung wechselnde Beschaffenheit zum Schweben, ein Raumgefühl, das im Konstruktivismus zu einem

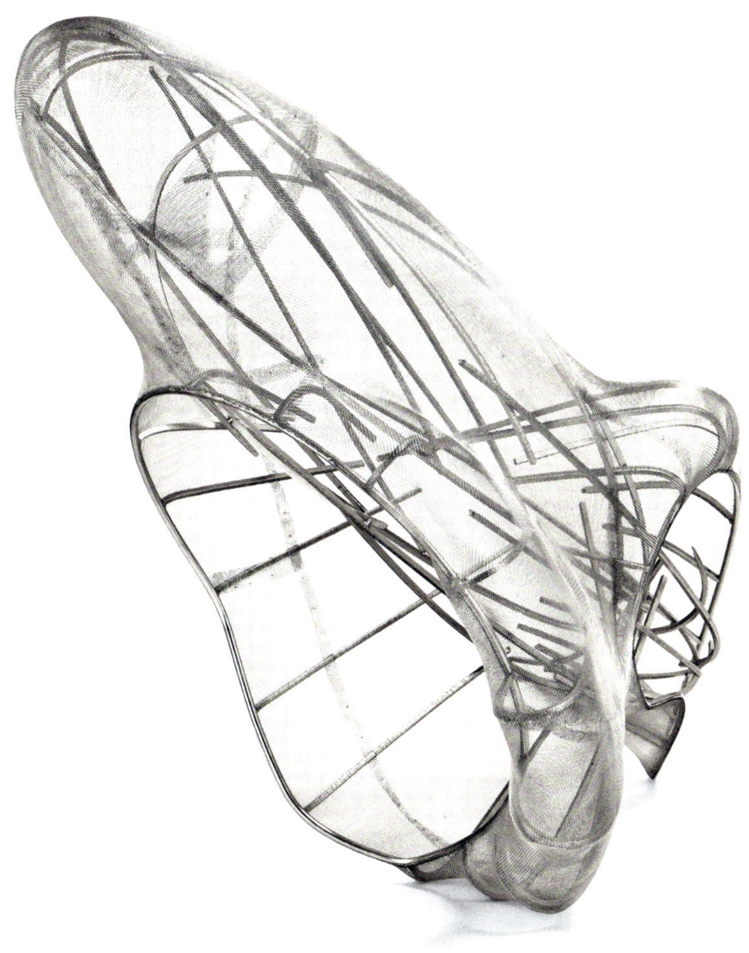

Nuova Form (2011), 100 x 80 x 200 cm

zentralen Thema wurde. So stellt László Moholy-Nagy (1895–1946) in einem Brief an Carola Giedion-Welcker fest: »Weil das Licht ein räumlich-zeitliches Element ist, kommen wir allein durch das Akzentuieren des Lichtproblems in die Regionen eines neuen Raumgefühls, das genau zu analysieren heute noch verfrüht wäre. Es ist jedoch das, wofür wir ein Wort setzen können: Schweben«.[6]

Im Innern der Skulptur

Axel Anklam zählt zu einer jungen Generation von Bildhauern, die Bezug auf die künstlerischen Avantgarden der 1920er und 1930er Jahre nimmt, die Tradition weiterdenkt und deren Prinzipien auf ihre Gültigkeit unter den Bedingungen der Gegenwart befragt. Zentrale Fragestellungen waren: Wie kommt das Licht in das Innere der Skulptur? Eng damit verbunden sind Überlegungen zur Auflösung von Volumen, Gewicht und Masse als zentrale Kriterien der klassischen Bildhauerei und damit zur Verwendung transparenter Materialien, um ein neues bildhauerisches Gestaltungsrepertoire zu entwerfen. Spiegel, Plexiglas und Aluminium werden von den Konstruktivisten zur Umsetzung der Idee von Immaterialität, Virtualität, Leere und Transparenz der Skulptur eingesetzt.

Das skulpturale Werk ist keine undurchdringliche Silhouette mehr, es soll leicht und durchsichtig sein, so dass der Raum und das Licht es von allen Seiten durchdringen, propagieren Naum Gabo (1890–1977) und sein Bruder Antoine Pevsner (1884–1962). Sie gelten als Pioniere in der Verwendung durchsichtiger Werkstoffe: »Bis zu dem Augenblick, als Gabo und ich die Konzeption der Plastik revolutionierten, gab es in dieser Kunst seit den Griechen keine Entwicklung. Es gab immer nur die Tyrannei des Materials, die Tyrannei der Masse. Die Griechen nahmen einen Marmorblock und meißelten daraus eine Figur. Haben Sie bemerkt, was geschieht, wenn ein Schatten auf eine griechische Figur fällt? Er kann nicht in die Statue eindringen, außer vielleicht in die Augenhöhle und die Magengrube; der Schatten fällt zur Erde, er kann nicht im Innern des Werkes bleiben. In der alten Plastik hatte das Licht keine Wohnstatt im Werk. Aber im Werk von Gabo und mir dringen Licht und Schatten bis ins Innere der Plastik, die sie absorbiert wie ein Schwamm«[7], so Antoine Pevsner.

Es ist Naum Gabo, der als Erster ein *virtuelles Volumen* als Skulptur herstellt. Er beginnt in den 1930er Jahren unter Verwendung von Kunststoffen wie Plexiglas und später von gespannten Kunststoff-Fäden mit der Gestaltung abstrakter Formgebilde. Seine *Linearen Raumkonstruktionen* sind formschöne, lichtdurchlässige Konstrukte aus gekrümmten Flächen, zu denen ihn mathematische Fadenmodelle angeregt haben. Diese als physisches Anschauungsmaterial zur Entwicklung des räumlichen Vorstellungsvermögens dienenden mathematischen *Körpermodelle* visualisieren verschiedene Oberflächen, deren komplexe Form zwar elegant in mathematischen Formeln beschrieben werden kann, aber erst in drei Dimensionen intuitiv greifbar wird. Fadenmodelle faszinieren auch Axel Anklam, weil etwas Zweidimensionales eingebettet wird in drei Dimensionen und so klare, harmonisch in sich ruhende Raumkörper entstehen. Diesem Entwicklungsschritt von der Fläche in die Dreidimensionalität liegt nicht nur ein abstrakter Sinn wie in mathematischen Lehrsätzen zugrunde, sondern im Kontext der Kunst gilt die dritte Dimension auch als Gestaltung der »eigentlichen Lebensachse [...] in fühlbarer Abhängigkeit vom Bau des menschlichen Körpers«.[8]

Sich in seiner Formensprache zwischen Abstraktion und Figuration bewegend, ist Axel Anklam inspiriert von der Rationalität geometrischer Gestaltungselemente und deren Möglichkeit einer individuellen Veränderbarkeit. Linie und Fläche transformiert er in einen architektonischen Raum wie auch in eine lebendig bewegte Körperform. Dabei geht es ihm weniger um das Konzept des Konstruktivismus, weniger darum, mathematische, formelhaft abstrahierte und konstruierte Gebilde zu entwerfen, als um anthropologische Aspekte. Elementare menschliche Zustände des eigenen Seins, des Fühlens, der kulturellen Erfahrung, der körperlichen Wahrnehmung und Empfindung, des sinnlichen Erlebens von Natur fließen in den Prozess der plastischen Formgebung ein. Es sind gesellschaftliche Zustände wie das sich wandelnde Verhältnis von Natur und Kultur, Wirklichkeit und Illusion, denen er in seinen plastischen Formgebilden einen Reflexionsraum gibt.

Im dreidimensionalen Werk entsteht eine Art existentieller Ort der Konzentration, ein individueller Ort – mit einer eigenen Geschichte –, in dem Grenzen gezogen werden, um sich in der Grenzenlosigkeit des Raumes nicht zu verlieren, und in dem sich Grenzen auflösen, um einen Schritt weiter gehen zu können. Dieser Ort, den seine Skulpturen definieren, zeigt die Wirklichkeit nicht als statische Form, sondern als einen dynamischen und transparenten Prozess ständiger Veränderung. Transparenz kann dann als Metapher für eine offene und freie Gesellschaft verstanden werden.

Auge in Auge

Die Begegnung von Axel Anklam und Erich Hauser im Skulpturenpark rückt sowohl bekannte als auch bisher eher verborgene Seiten beider Bildhauer in den Fokus. Auf die monumentale Größe der Hauserschen Edelstahlskulpturen antworten die organischen Körperformen Axel Anklams mit der Leichtigkeit des Schwebens, ohne an Tiefgang zu verlieren. Sie gewinnen vielmehr an emotionaler und metaphorischer Dichte, wohingegen die Skulpturen Erich Hausers mit ihren kristallin gebrochenen Strukturen in ihren formalen Qualitäten gestärkt werden. Beide Bildhauer sensibilisieren den Betrachter in ihren auf den menschlichen Körper ausgerichteten Skulpturen für den Ausdrucksgehalt skulpturaler Formen zwischen den elementaren Empfindungen von Schwere und Leichtigkeit, Stabilität und Instabilität, Organischem und Architektonischem und die in diesen Gegensätzen artikulierten Bezüge zu elementaren Natur- und Lebensprozessen.

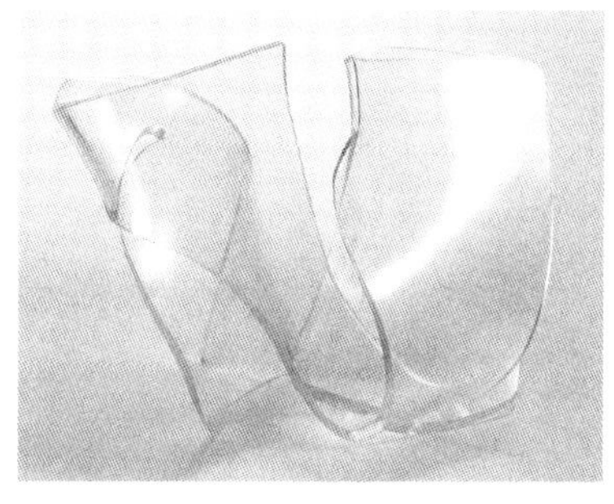

László Moholy-Nagy
Double Loop, 1946
Plexiglas — Acrylic glass
41,1 x 56,5 x 44,5 cm
Museum of Modern Art, New York

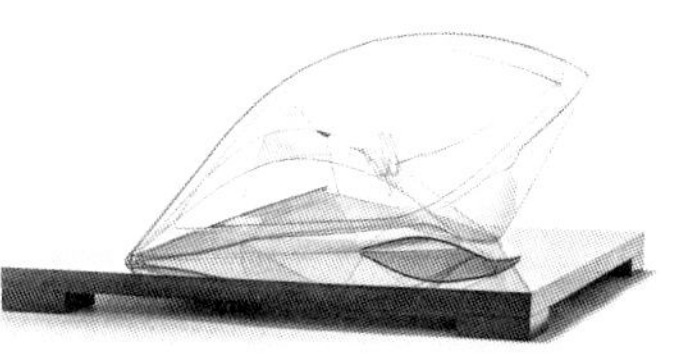

Naum Gabo
Spiral Theme, 1941
Kunststoff — Synthetic material
14 x 33,6 x 23,7 cm
Museum of Modern Art, New York

Naum Gabo
Linear Construction No. 2, 1970/71
Kunststoff und Nylonfäden
— Synthetic material and invisible threads
113 x 60 x 59 cm
Tate Gallery, London

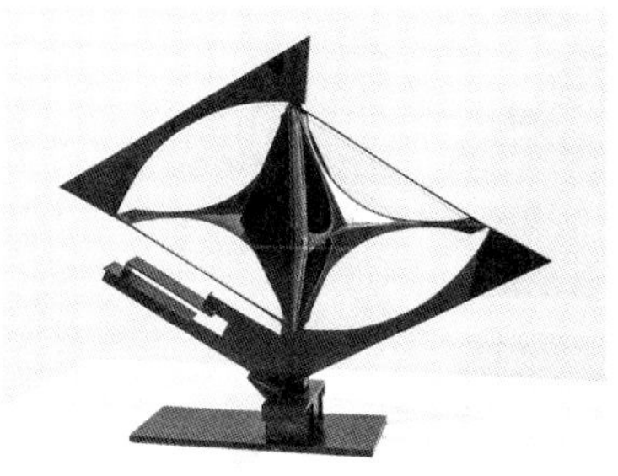

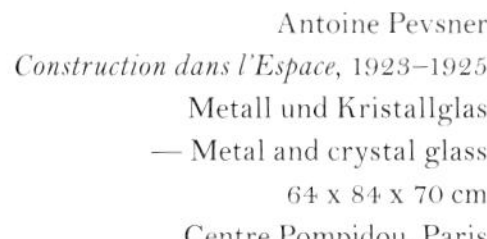

Antoine Pevsner
Construction dans l'Espace, 1923–1925
Metall und Kristallglas
— Metal and crystal glass
64 x 84 x 70 cm
Centre Pompidou, Paris

1 ——— Das Zitat von Erich Hauser ist einem Statement entnommen, das anlässlich eines Films, der vom WDR über ihn gedreht wurde, 1968 formuliert und 1970 überarbeitet wurde, zitiert nach: *Bis jetzt – Plastik im Außenraum der Bundesrepublik*, hrsg. Lothar Romain, Hirmer, München 1990, S. 13.

2 ——— Lothar Schäfer, »Wandlungen des Naturbegriffs«, in: *Das Naturbild des Menschen*, hrsg. Jörg Zimmermann, Wilhelm Fink, München 1982, S. 11.

3 ——— Augustinus, »Confessiones X, 8, 24–26«, zitiert nach: Hans Robert Jauß, *Aisthesis und Naturerfahrung*, ebenda, S. 167. Siehe auch: Francesco Petrarca, »Besteigung des Mont Ventoux«, in: *Die Fähre*, Band 7, hrsg. Walter Urbanek, C.C. Buchners, Bamberg 1958, S. 227–229.

4 ——— Erich Hauser, a.a.O.

5 ——— Erich Hauser, a.a.O.

6 ——— László Moholy-Nagy in einem Brief an Carola Giedion-Welcker, in: Franz Roh, *Deutsche Plastik 1900 bis heute*, Bruckmann, München 1963, S. 116.

7 ——— Antoine Pevsner, »Propos d'un sculpteur. Interview d'Antoine Pevsner par Rosamonde Bernier«, in L'ŒIL, Nr. 23, November 1956, S. 29–34, zitiert nach: Eduard Trier, *Bildhauertheorien im 20. Jahrhundert*, Gebr. Mann, Berlin 1980, S. 84.

8 ——— August Schmarsow, »Raumgestaltung als Wesen der architektonischen Schöpfung«, in: *Zeitschrift für Ästhetik und allgemeine Kunstwissenschaft*, 9. Band, hrsg. Max Dessoir, Ferdinand Enke, Stuttgart 1914, S. 74–75.

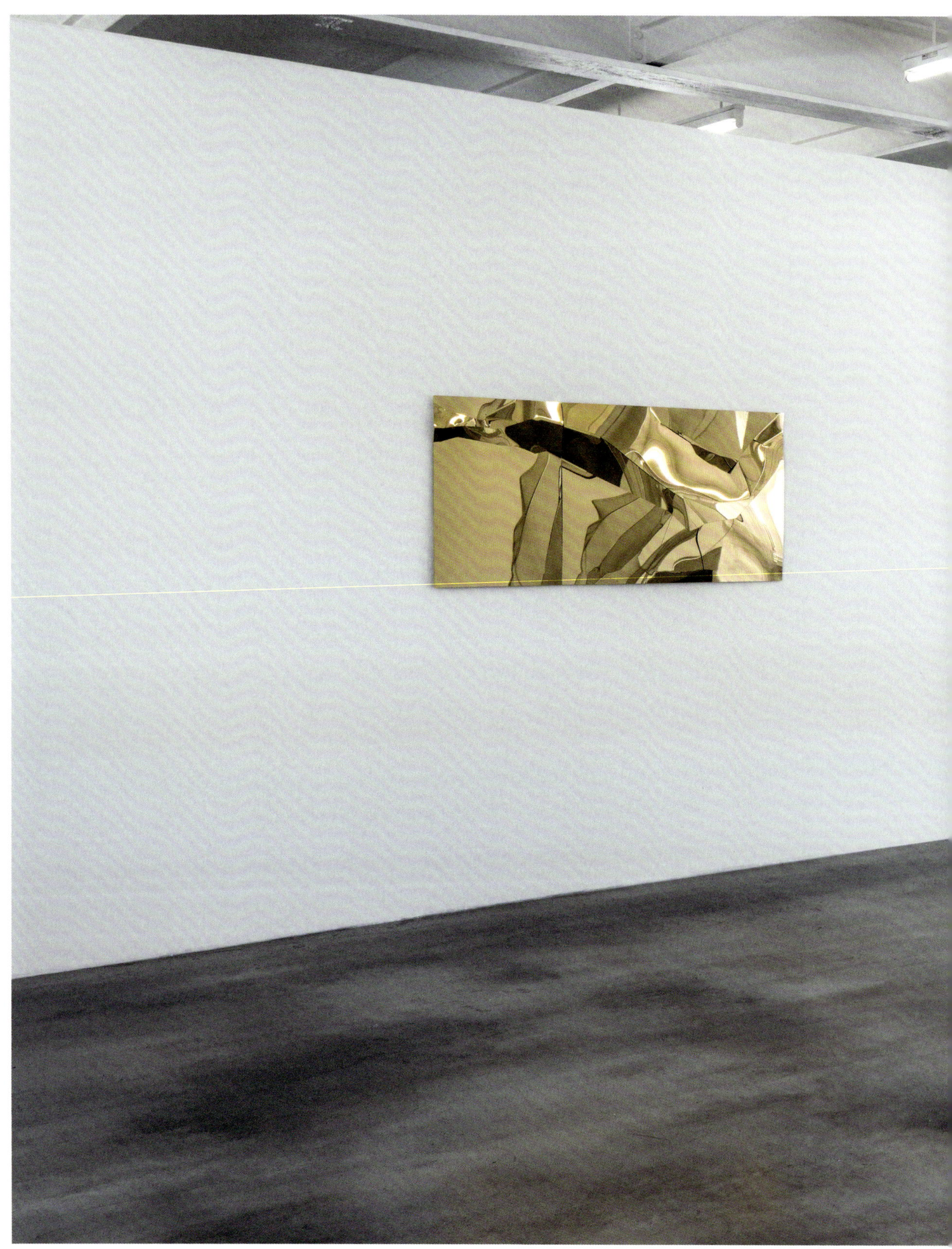

Schneeland (2017), 69 x 150 x 4 cm

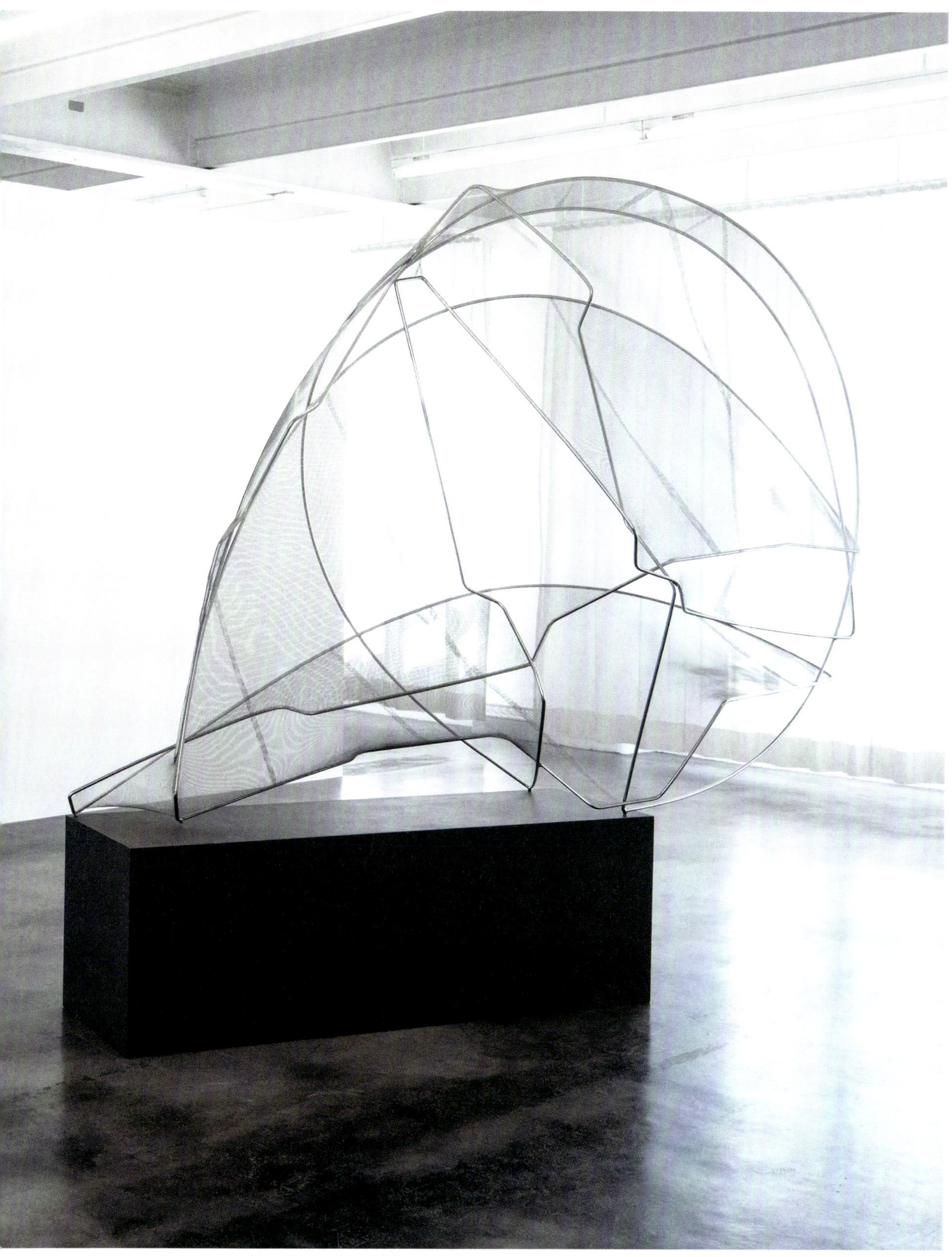

Großes Land (2009/2017), 210 x 300 x 110 cm

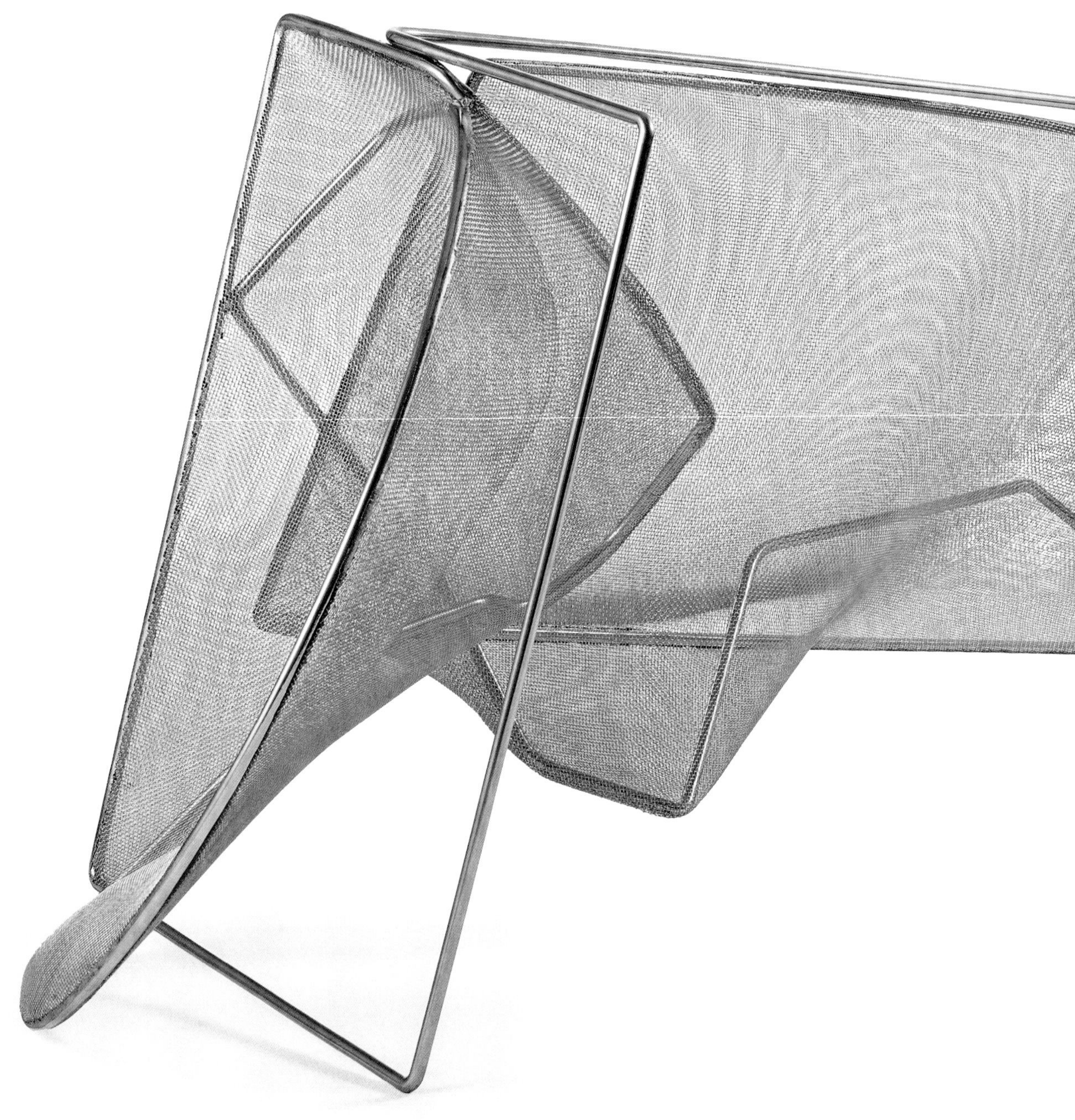

Kleines Land (2011), 60 x 150 x 70 cm

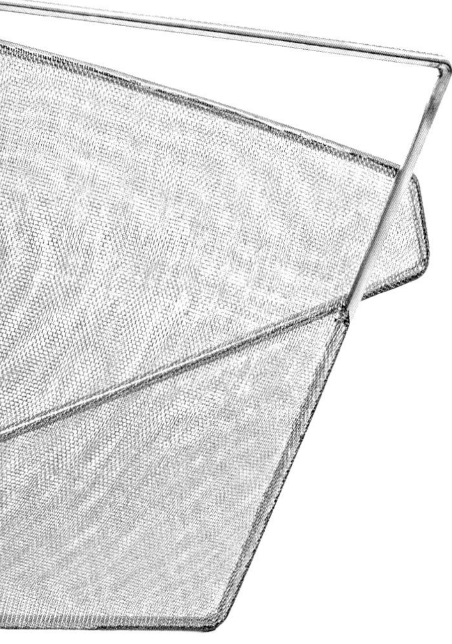

Mooka (2015), 125 x 245 x 200 cm

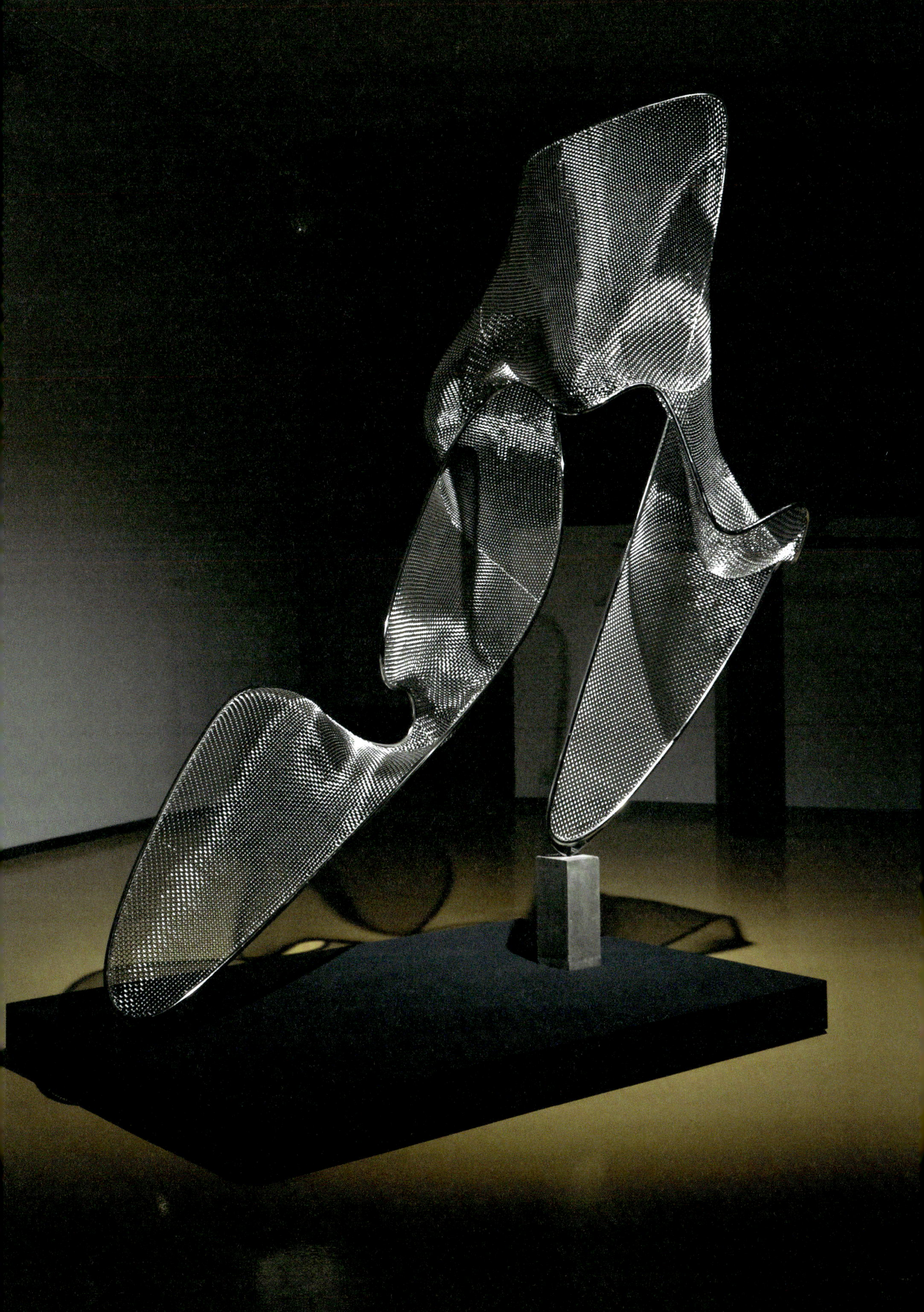

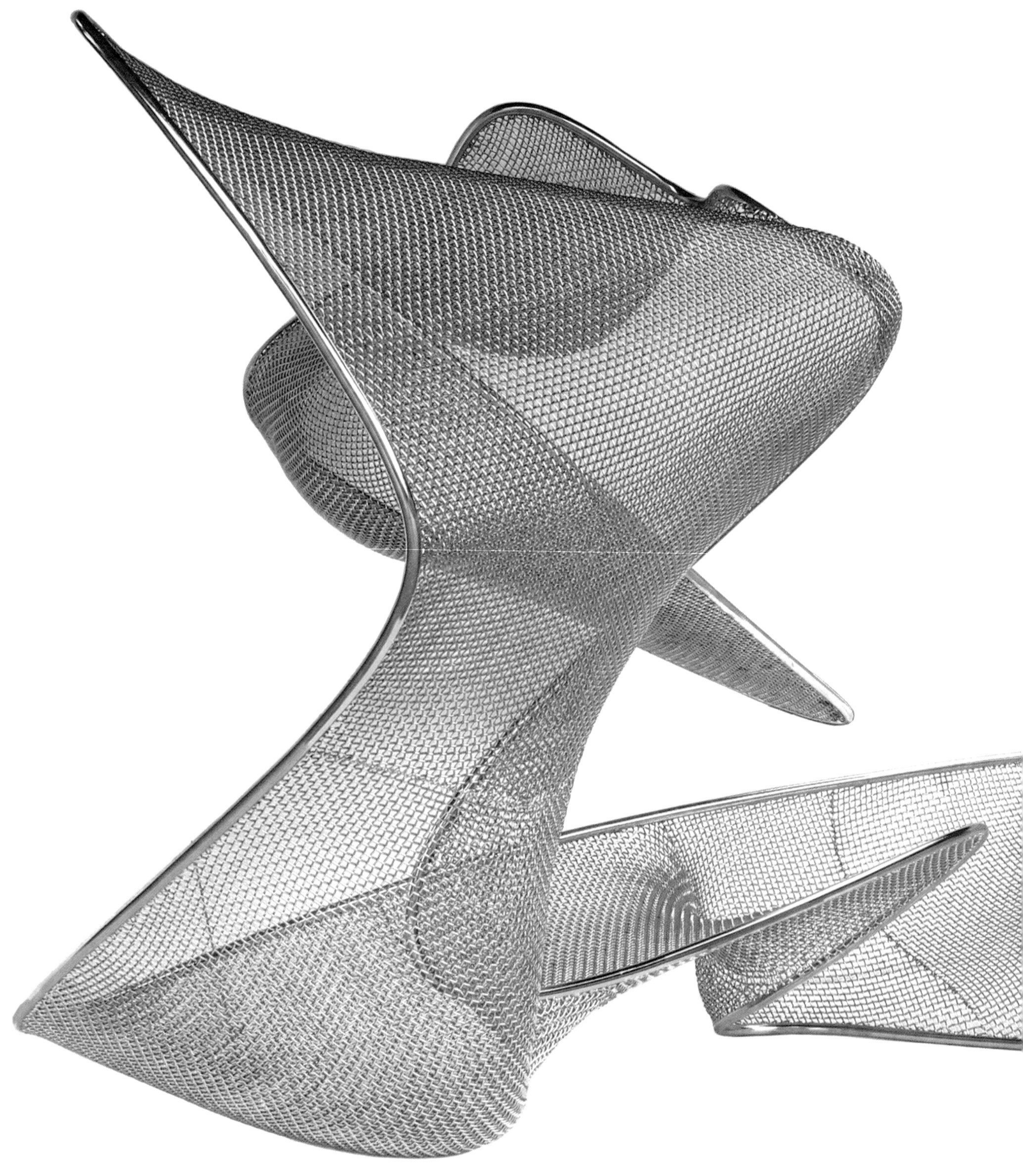

Mooka III (2015), 125 x 245 x 200 cm

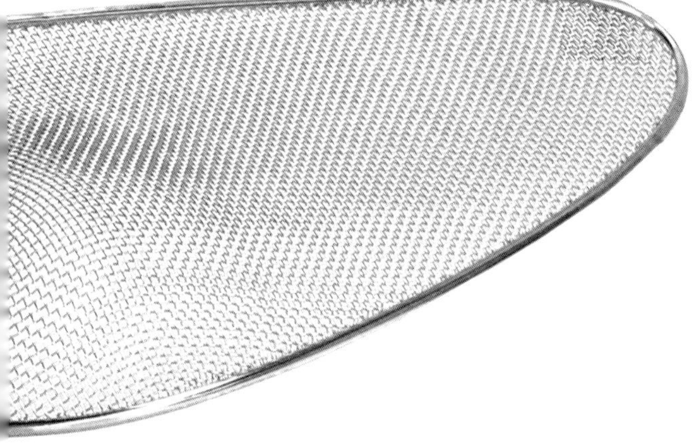

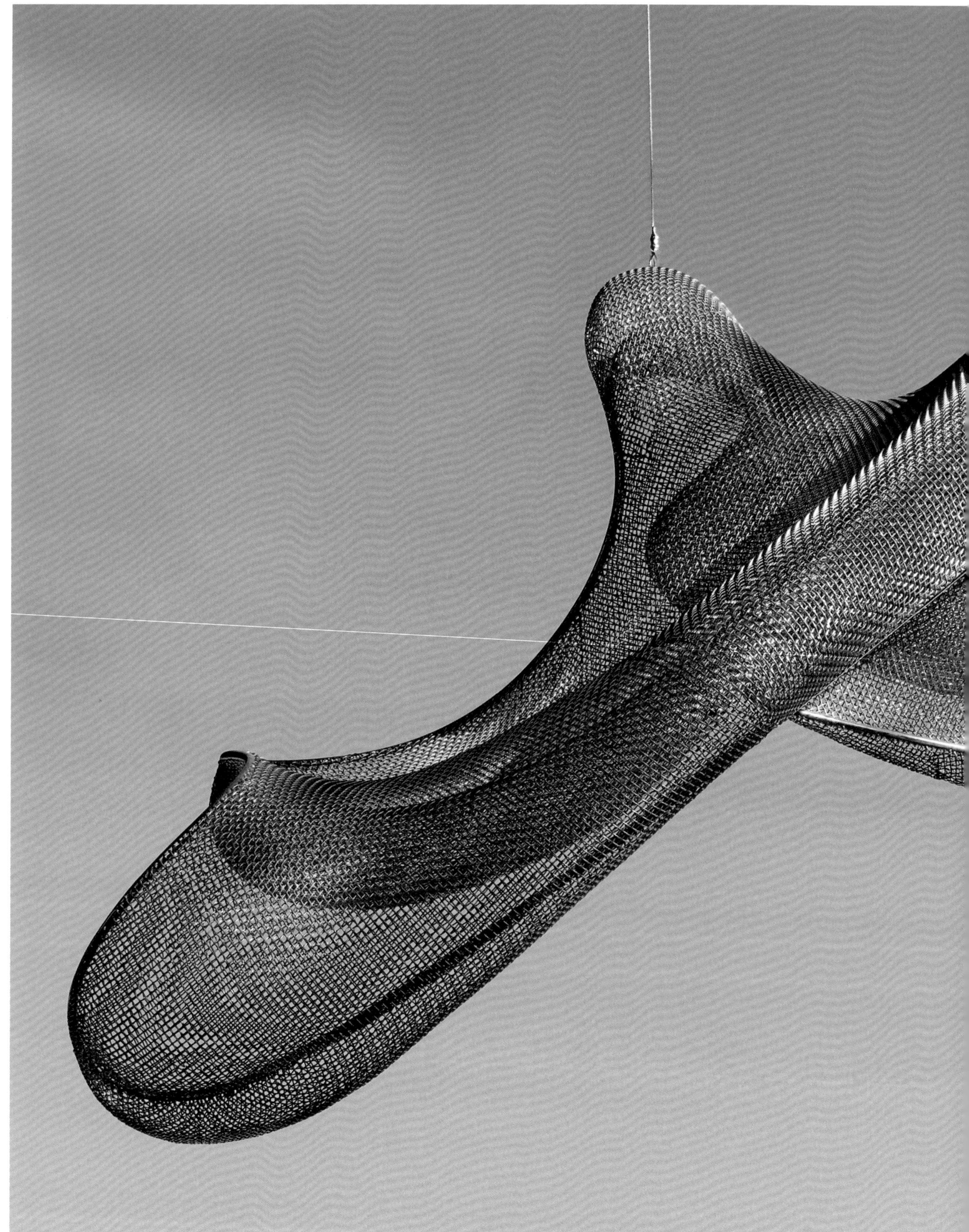

Iris (2011/2012), 110 x 170 x 430 cm

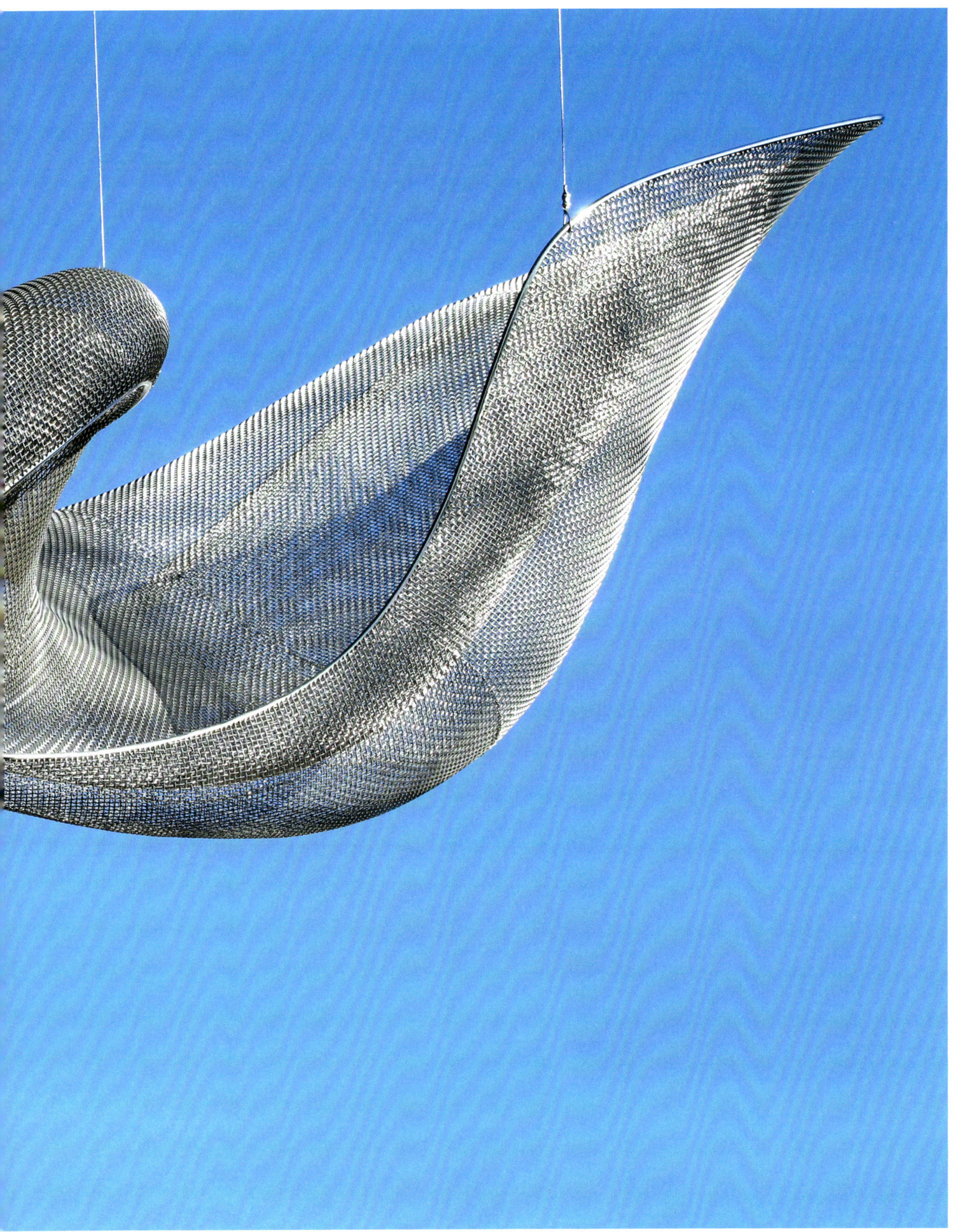

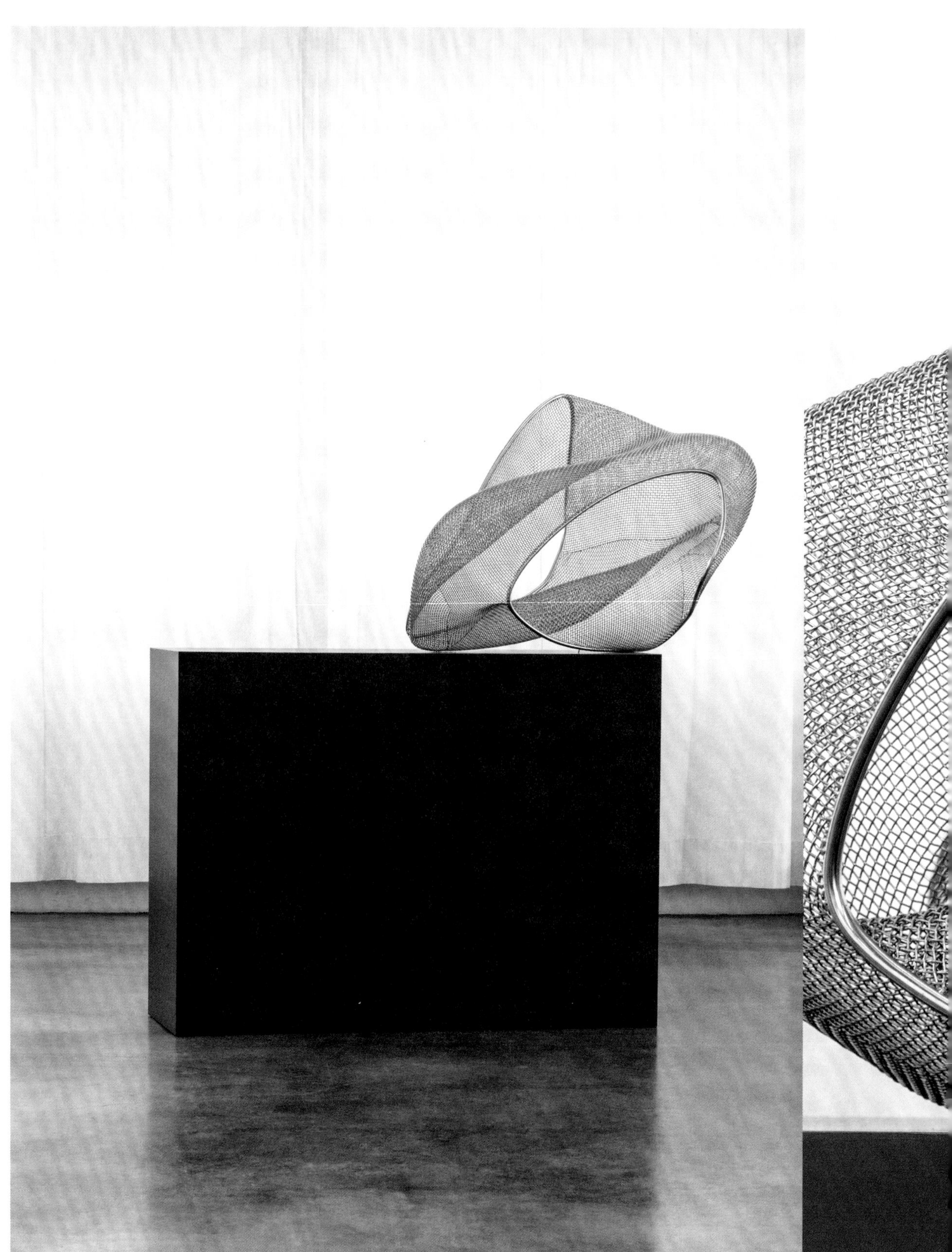

Think (2016), 80 x 110 x 64 cm

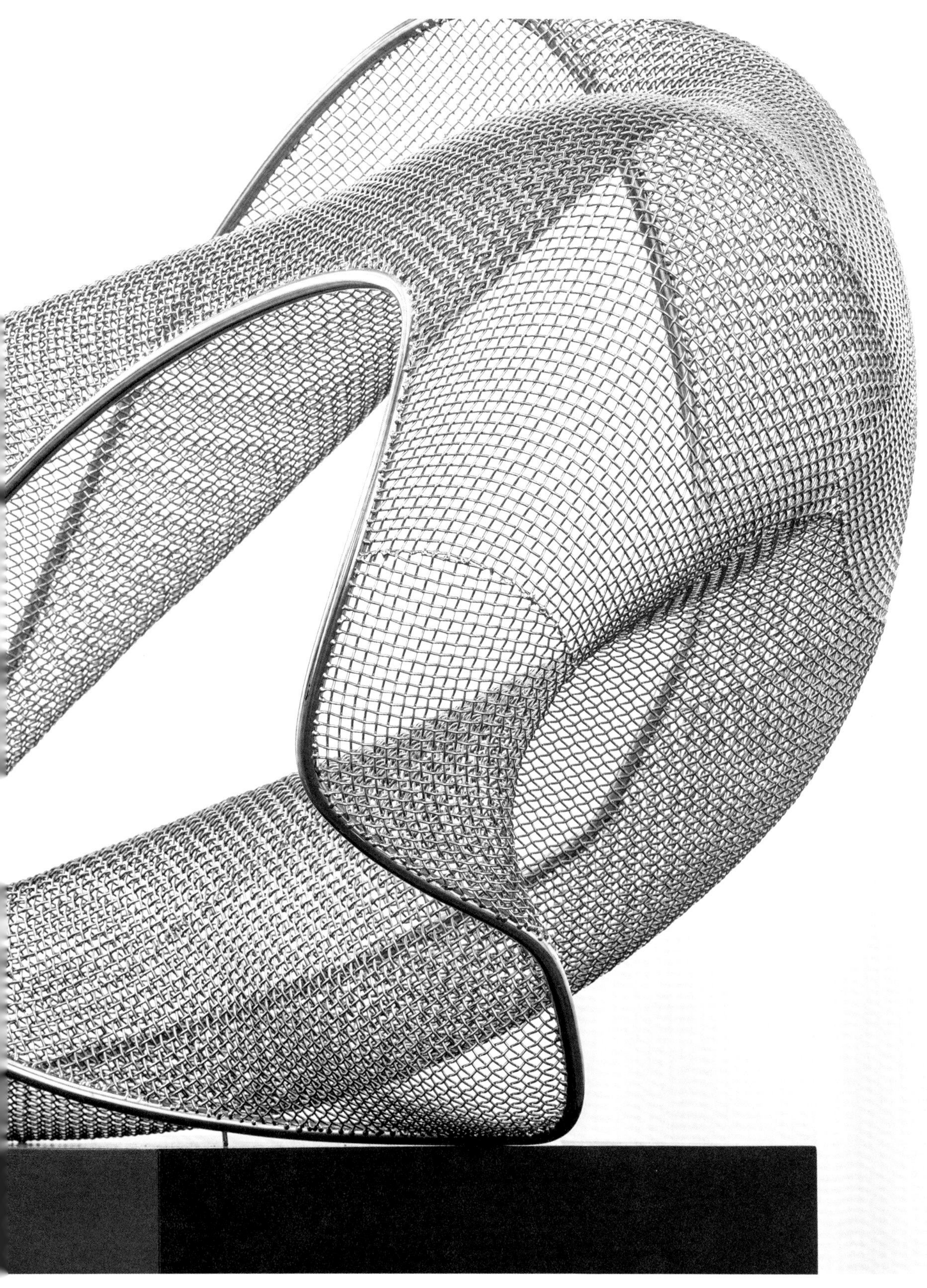

Detail

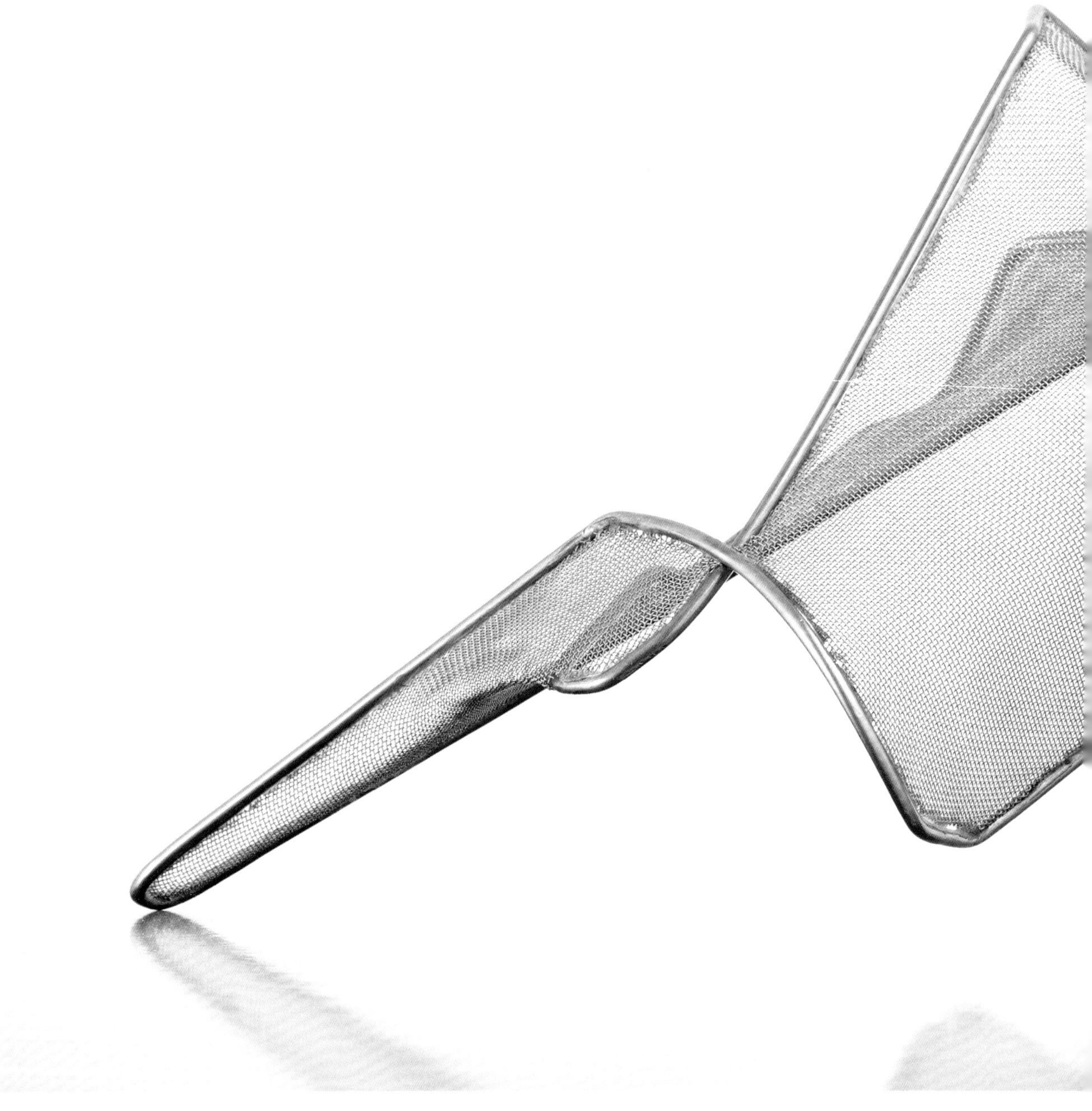

Das Eismeer, Modell — model (2010), 18 x 16 x 38 cm

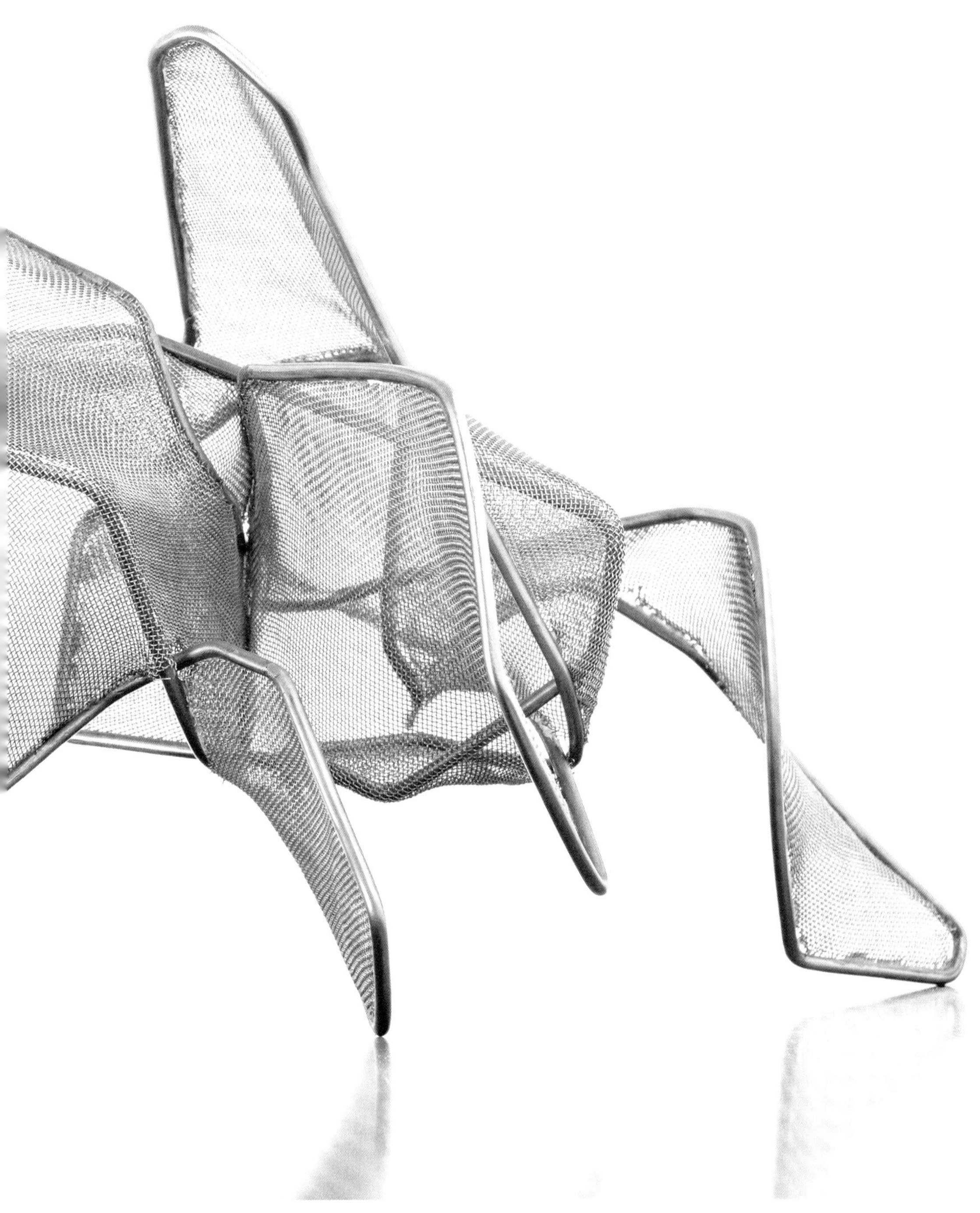

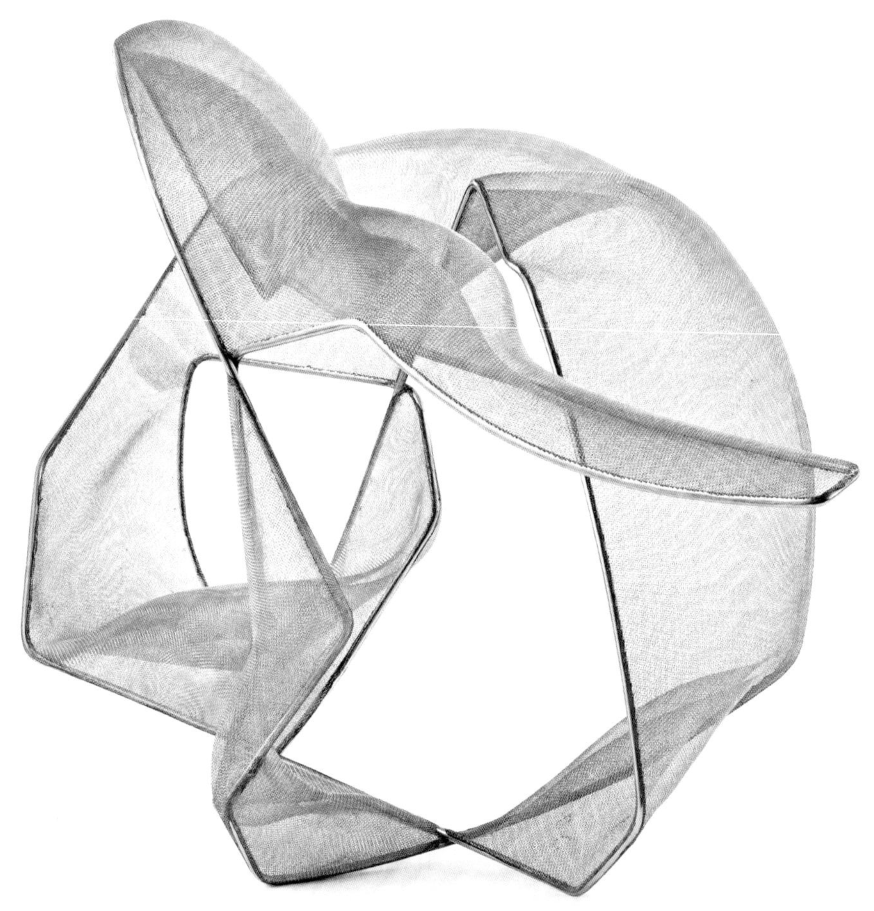

Lauf (2011), 80 x 113 x 100 cm

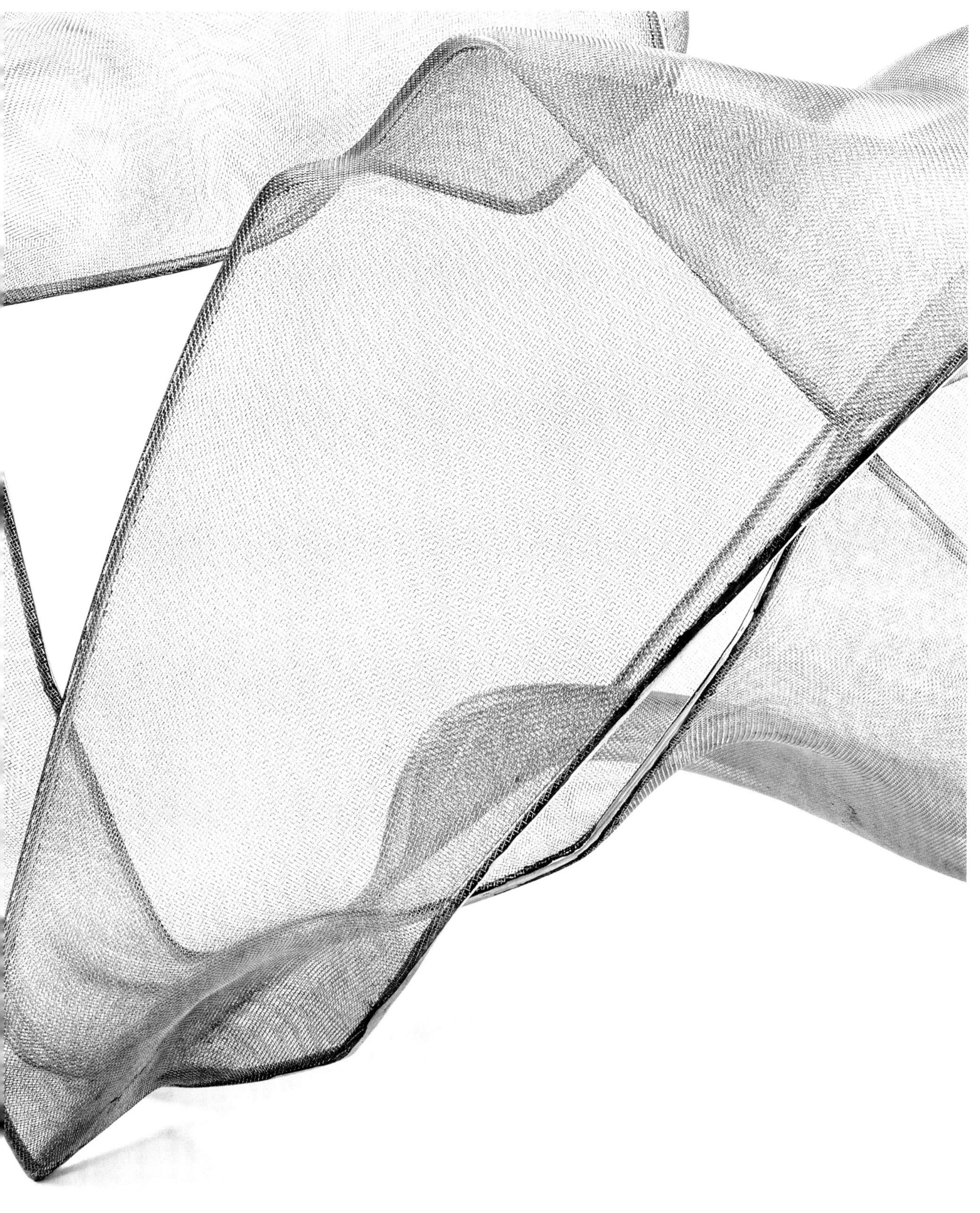

Windsbraut (2014/2016), 260 x 140 x 100 cm

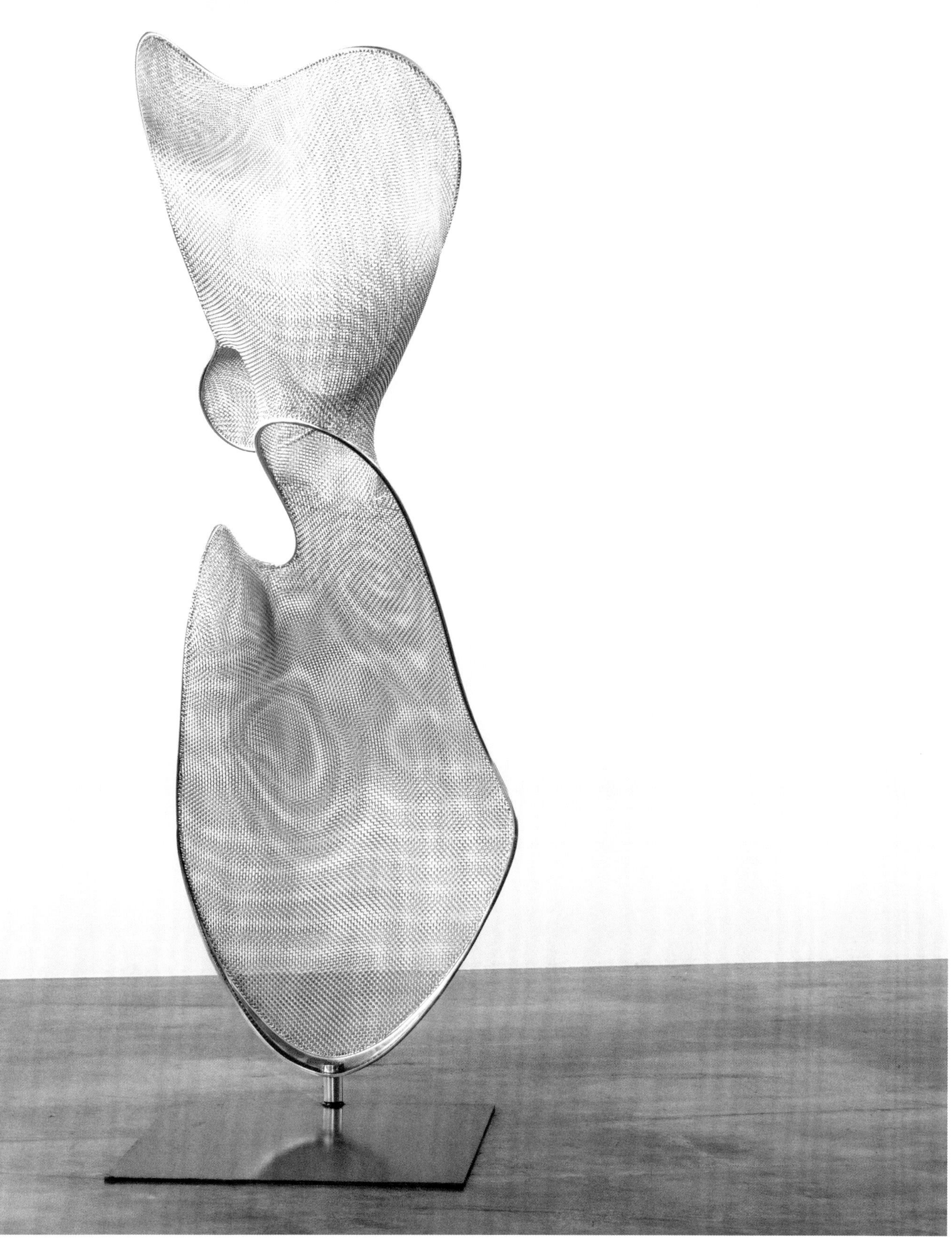

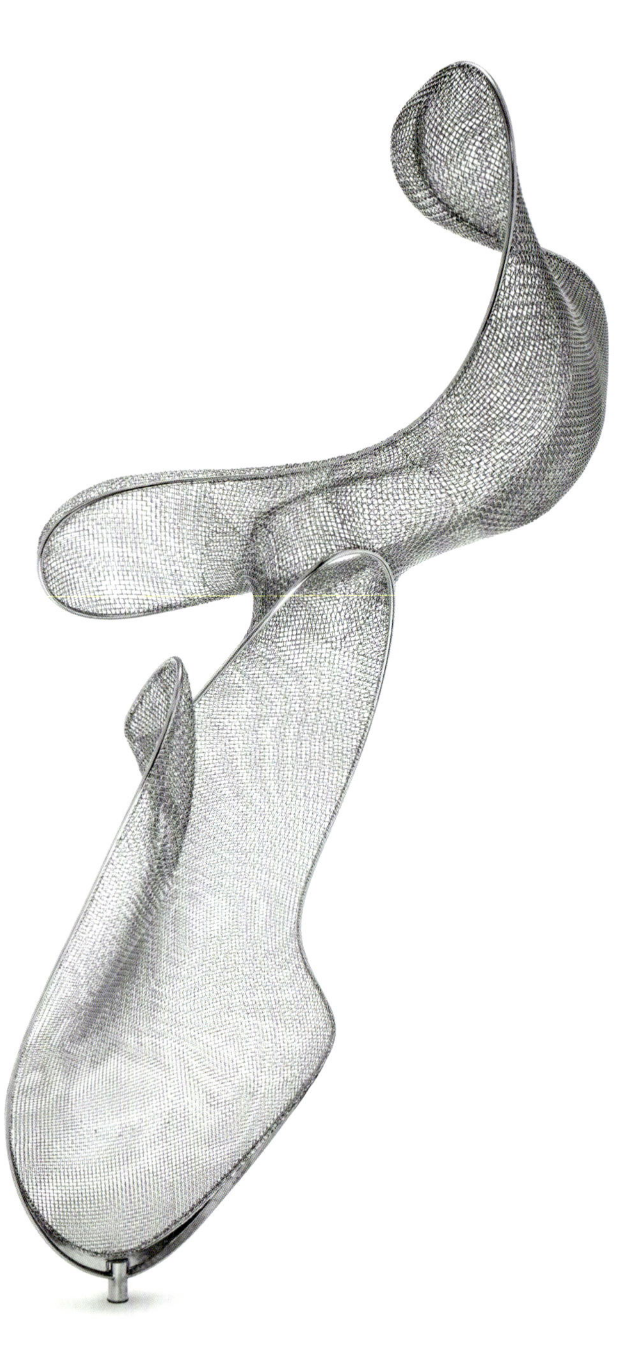

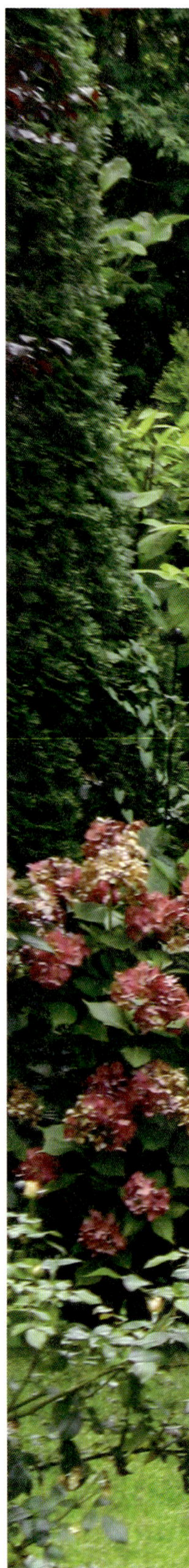

Windsbraut

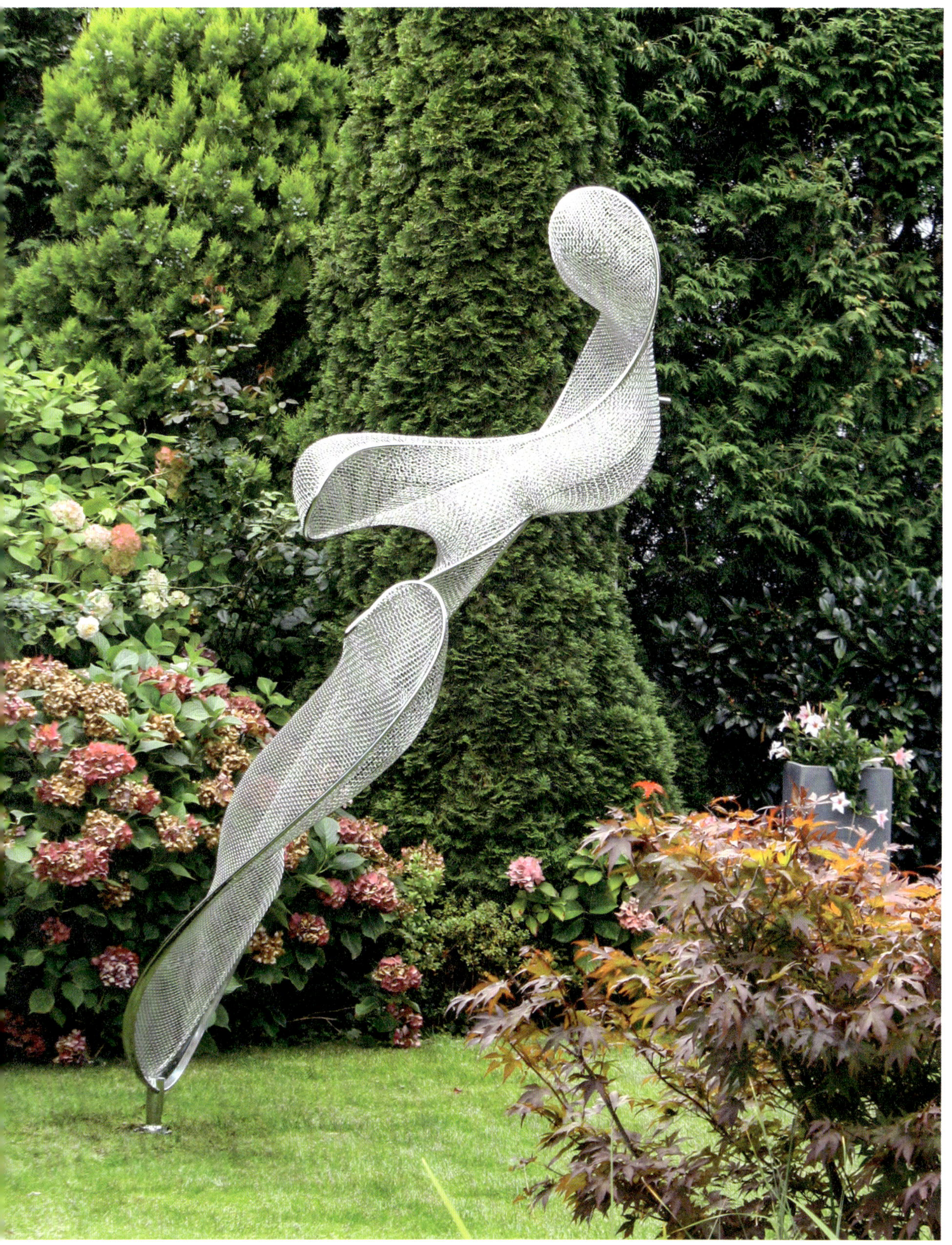

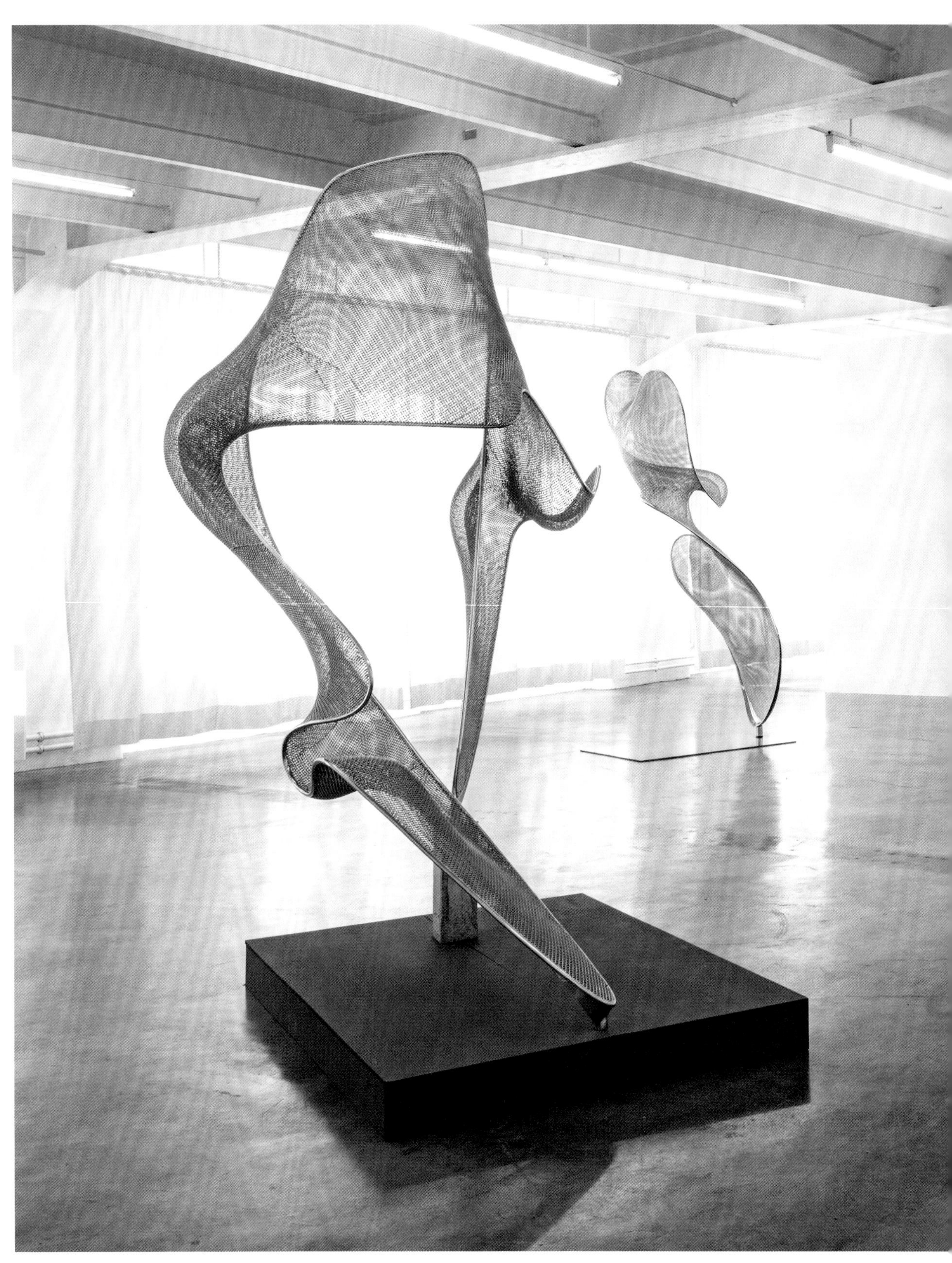

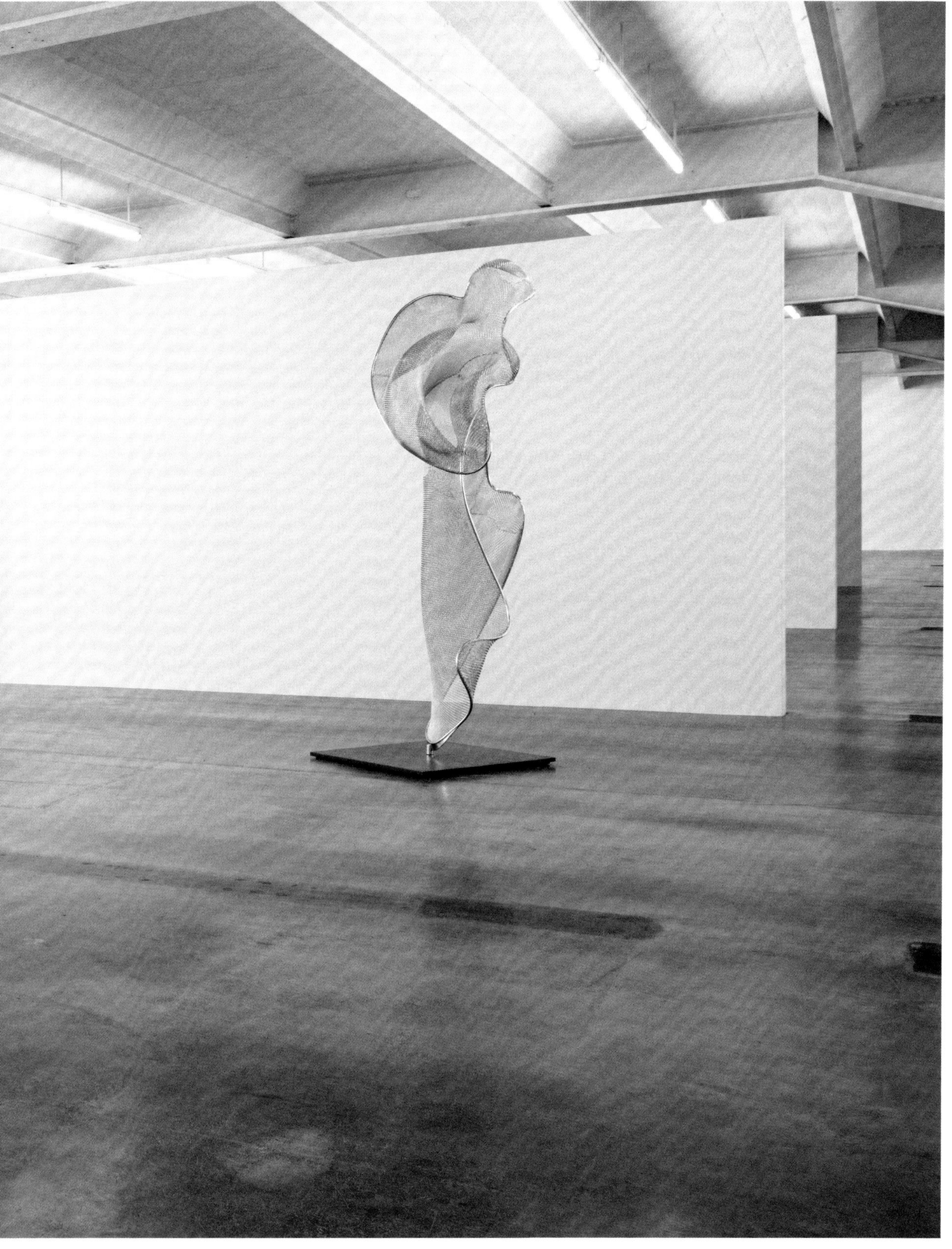

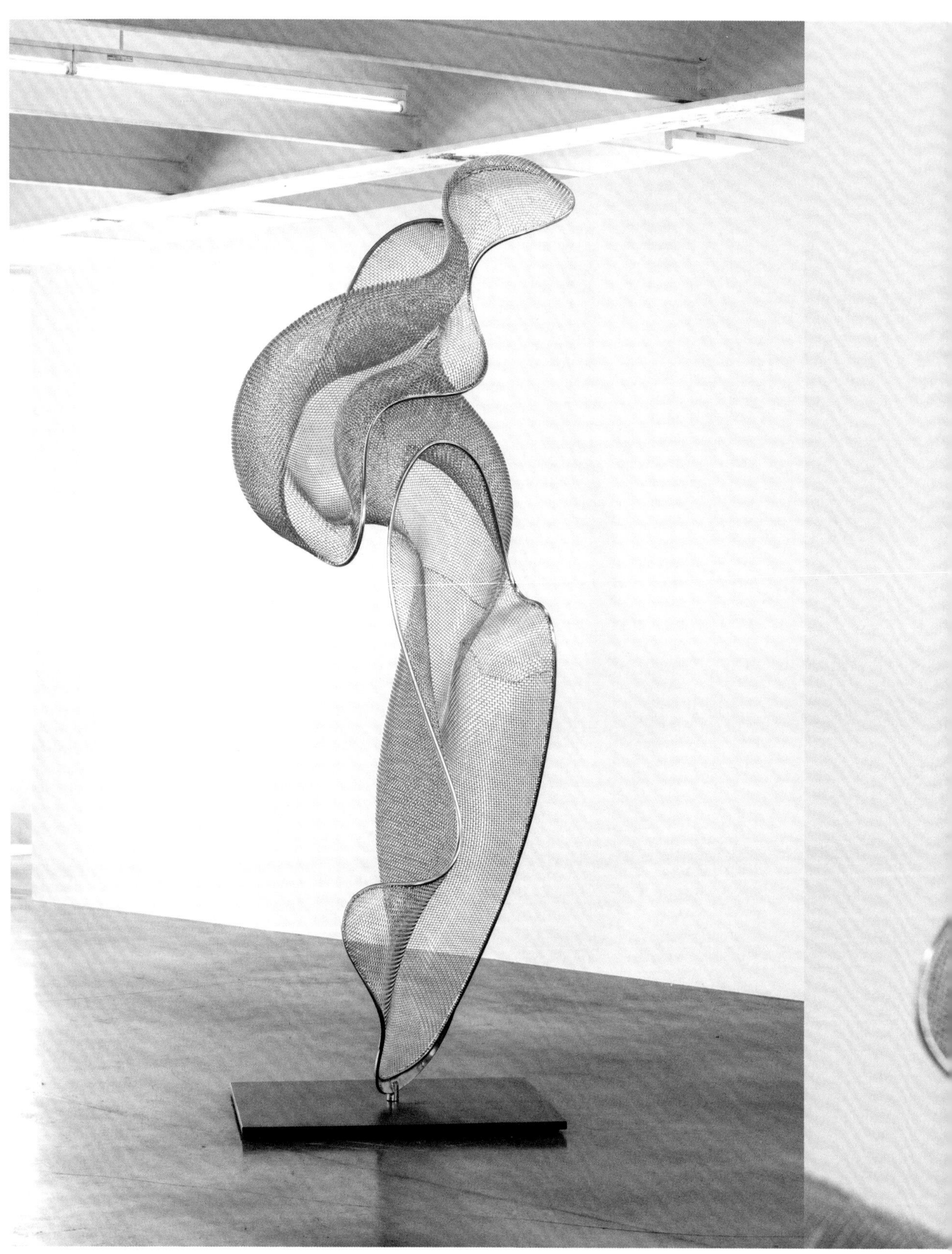

Inside (2015), 270 x 93 x 81 cm

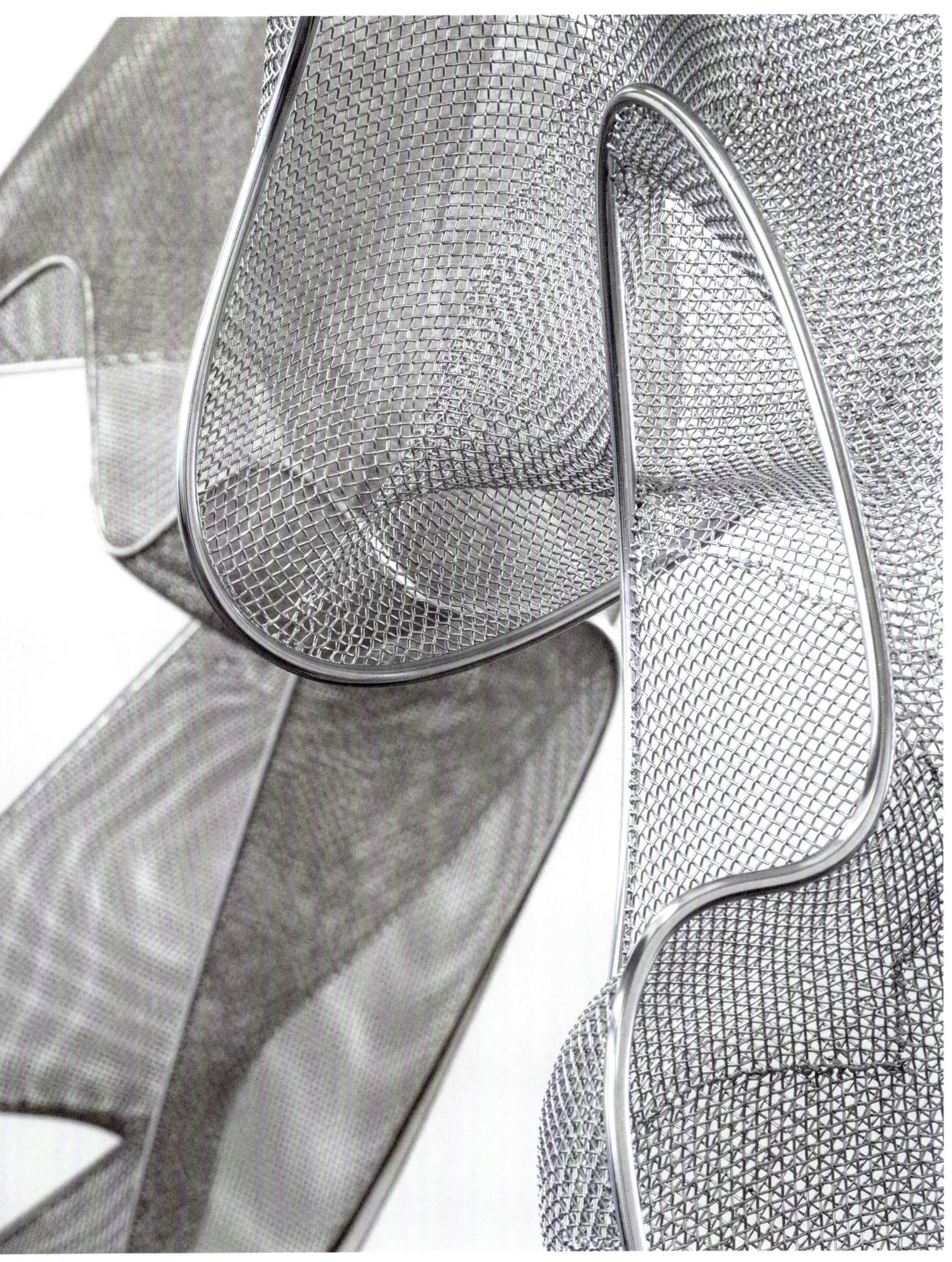

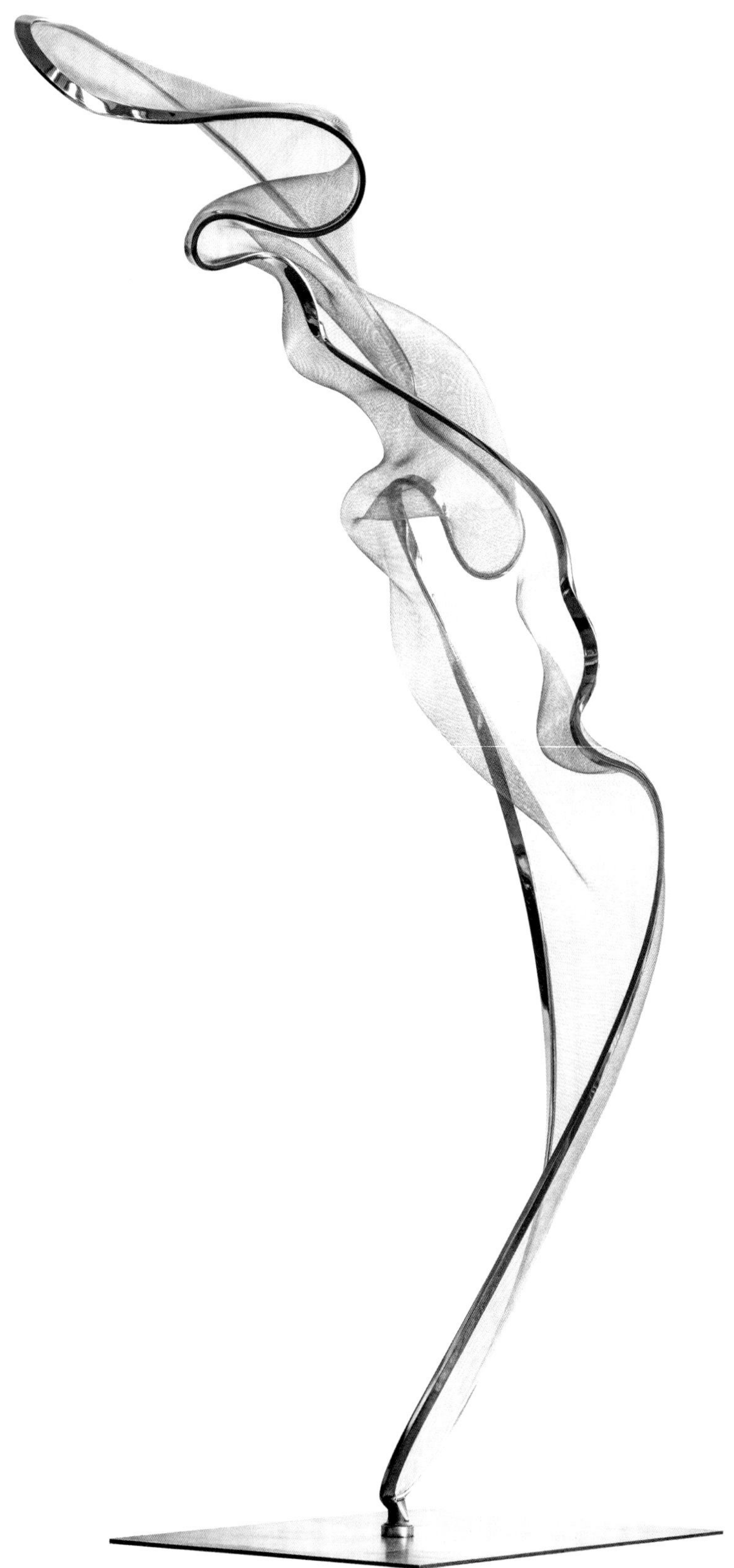

Spring (2016/2017), 320 x 143 x 81 cm

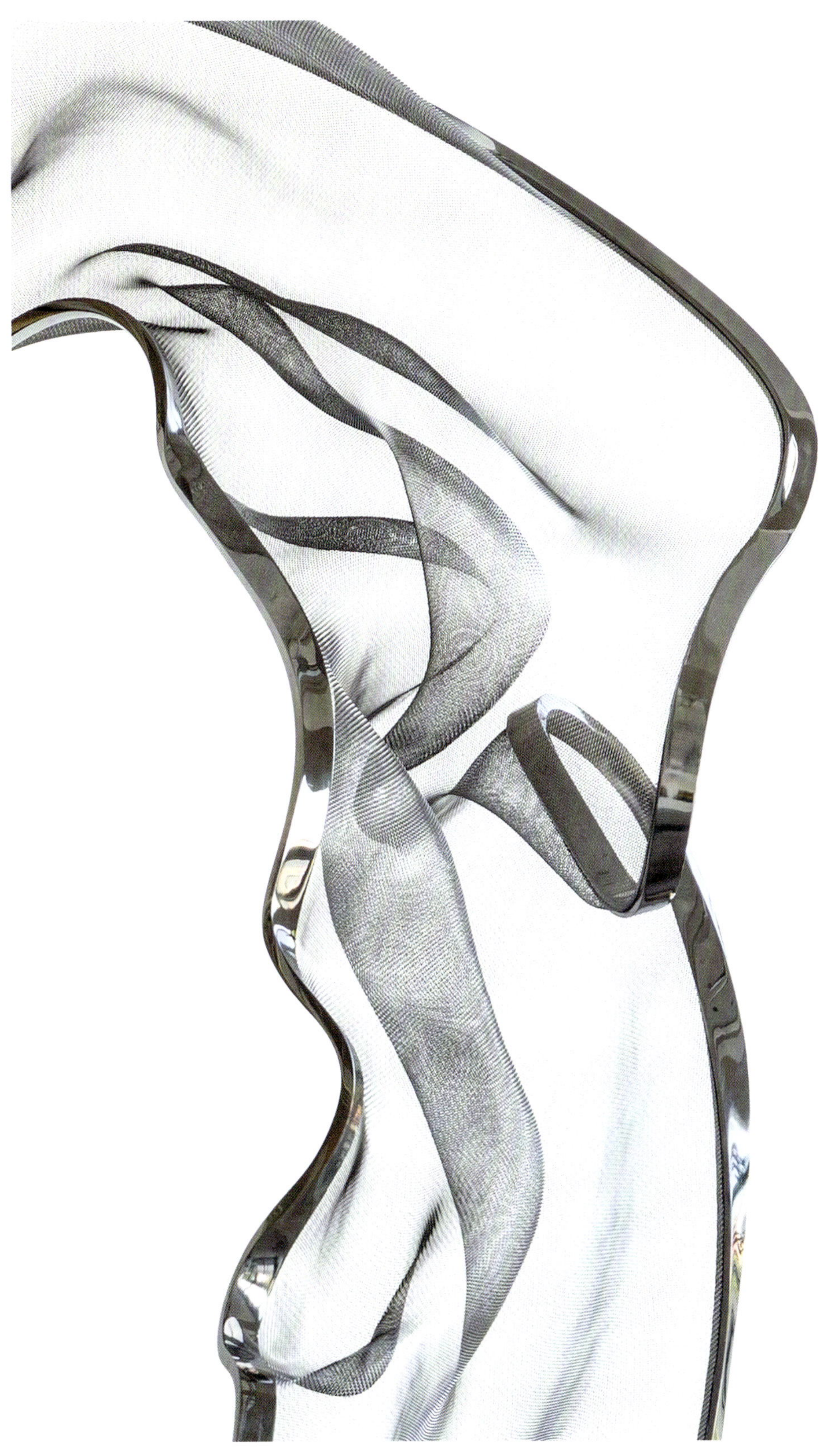

Detail

…solange man um die eigenen Grenzen weiß. Ein Gespräch mit Axel Anklam

Hendrik Lakeberg: Du bist in der DDR aufgewachsen und hast erlebt, wie sich das ganze Leben innerhalb kürzester Zeit komplett verändert hat. Findet man von dieser Erfahrung Spuren in Deinem Werk?

Axel Anklam: Natürlich. Meine Arbeit ist zwar abstrakt, aber nicht kontextlos. Ich habe noch in Ostberlin angefangen, als Kunstschmied zu arbeiten – in einem ganz anderen Wertegefüge. Dann erlebt man, wie die Gesellschaft auseinanderfliegt und sich alles und jeder bis in die Familienstrukturen hinein vollkommen neu orientieren muss.

Dabei habe ich einen Beruf gewählt, den es heute kaum noch gibt. Seltsame Erfahrung … mit Ende 20 zu wissen, dass das, was ich unbedingt machen wollte, das Berufsfeld, in dem ich leidenschaftlich gearbeitet hatte, in naher Zukunft einfach verschwunden sein wird.

Ich war dann in der Restaurierung in Sanssouci tätig und während dieser Zeit gab es auch in der Restaurierungsphilosophie einen Umbruch. Plötzlich glaubte man, dass es besser wäre, die Dinge in ihrem Ist-Zustand zu konservieren. Man stelle sich vor, die ägyptischen Pyramiden wären vor 3000 Jahren unter eine Glasglocke gestellt worden. Sie würden heute ganz anders aussehen, glatt und mit einem polierten Alabasterstein auf der Spitze – wunderschöne tote Objekte.

Nur, es ist doch ebenso schön, dass aus den Steinen, die aus den Pyramiden gebrochen wurden, ganze Siedlungen gebaut wurden. Man kann sehen, dass die Zeiten über sie hinweggefegt sind.

Ich habe damals unter anderem Parktore restauriert, die mit vielen Farb- und damit auch verschiedenen Zeitschichten bedeckt waren. Dabei findet man manchmal Einschusslöcher aus den letzten Kriegen oder Fragmente, die erst nachträglich und nicht immer passend eingefügt wurden. Diese Spuren machen Geschichte, die Ereignisse und das jeweilige Denken einer Zeit doch erst menschlich nachvollziehbar.

Vieles, was ich gemacht habe, waren Ergänzungen: wenn einer Figur ein Ohr fehlte, habe ich das nachgetrieben und wieder angesetzt. Aber es war klar, dass man in 100 Jahren sehen wird, dass da ein Handwerker gearbeitet hat, der mit Einfühlungsvermögen für die historische Skulptur gleichzeitig immer auch seine eigene Zeit konserviert hat.

Meine Herkunft und Biografie spielen insofern heute noch für meine Arbeit eine Rolle, doch worauf es mir künstlerisch ankommt, ist, dass meine Skulpturen die Gegenwart überdauern, dass sie relevant bleiben und dass man sie in Zukunft anders lesen wird als heute. Deshalb arbeite ich auch weniger zeitaktuell oder figurativ, sondern abstrakt.

HL: Was spricht Deine Kunst dann mehr an – die Empfindsamkeit oder den Geist?

AA: Schau dir den Krieg in Syrien an. Für uns ist das Fiktion. Durch die Bilder in den Medien kaum fassbar. Trotzdem tun diese Bilder – die Welt an sich – weh, wenn man sich auf sie einlässt. Was passiert, wenn wir unser Auto betanken… was da alles dranhängt an Konflikten, Kriegen und Zerstörung. Sich dessen bewusst zu sein, ist für mich eine Grundvoraussetzung bei der Betrachtung meiner Arbeit. Trotzdem will und kann ich dem Betrachter die Welt nicht erklären. Wir wissen doch, dass wir alles ändern müssten. Nur haben wir nicht die Kraft dazu. Es gelingt uns nicht.

HL: Muss Kunst das ausdrücken?

AA: Dieses Herumpsychologisieren, das das Nachdenken über die Schlechtigkeit der Welt auslöst – letztendlich drehen wir uns dabei nur um uns selbst und nicht um eine konkrete Lösung der tatsächlichen globalen Probleme. Für mich geht es in der Kunst um Poesie und Einfühlung. Der Schmerz ist ohnehin immer da. Ich möchte dem Betrachter durch Abstraktion eine andere Welt eröffnen.

HL: Trotzdem hat Deine Kunst einen sehr weltlichen Ursprung. Du durchwanderst Landschaften und verwendest die Maßstäbe Deiner Wanderrouten als Basis für Deine Formen, auch musikalische und physikalische Verhältnisse bilden bei anderen Werkgruppen die Grundlage für die formale Gestaltung.

AA: Wichtig für meine Arbeit ist, dass sie in einem Prozess entsteht. Ich entwerfe nicht wie ein Architekt Modelle, die ich anschließend nur noch eins zu eins umzusetzen habe. Bei meinen Skulpturen gibt es immer einen Anfangsimpuls wie zum Beispiel ein Gefühl, eine Landschaft oder die Musik. Aber die Formen entwickeln darauf aufbauend eine Eigendynamik, während ich an ihnen arbeite. Man darf nicht vergessen, dass Kunst die Welt nicht bloß vorfindet und kopiert, sondern sie überhaupt erst erfindet, ihr eine Form gibt. Selbst Caspar David Friedrich hat seine großen Landschaftsbilder nicht draußen, vor der Natur, gemalt, sondern er hat sie im Atelier komponiert und konstruiert.

HL: Wenn Kunst Gefühle auslöst und vermittelt, wie wichtig ist diese Emotionalität in Deinen Arbeiten?

AA: Sie ist der Anstoß für jeden künstlerischen Ausdruck. Ich möchte nicht didaktisch vorführen, wie schlimm oder wie gut die Welt ist, und damit den Betrachter nötigen. Meine Kunst ist ein Gegenpol zu einer Wirklichkeit, in der alles ganz laut schreit, in der wir von Bildern überflutet werden. Selbst wenn sie noch so feinsinnig sind, neue Bilder konkurrieren ständig mit alten, verdecken sie, um das Publikum durch vermeintliche Neuheit zu erreichen.

Ich würde hingegen gern Musik spielen können. Ich bewundere die subtile Eindringlichkeit der Musik. Da ich aber kein Instrument spielen kann, versuche ich, einen vergleichbaren Effekt über das Sichtbarmachen von abstrakten Körpern, Verhältnissen und Stimmungen zu erreichen, die ähnlich subtil wirken wie Musik. Meine Skulpturen entwickeln sich in der Zeit. Wie eine Fuge erschließen sie sich erst, wenn man sie länger oder mehrfach betrachtet, sich schauend in sie einfühlt.

HL: Wie würdest Du diese Wirkung beschreiben?

AA: Musik besitzt die Macht, tröstend zu wirken. Erheiternd den Hörer herauszureißen aus eingefahrenen Denkweisen. Bach beispielsweise ist unabhängig von kulturellen Kontexten lesbar. Was haben Japaner kulturgeschichtlich mit europäischer Kirchenmusik des 18. Jahrhunderts zu tun? Eigentlich nichts. Trotzdem versteht man Bach dort. Das liegt an der Abstraktion, die in der Musik steckt. Sie spricht universell.

Das ist etwas, was ich mit meinen Arbeiten erreichen möchte. Ich erzeuge keine modischen Momentaufnahmen, die um jeden Preis dem Zeitgeist hinterhereilen. Mir geht es darum, eine ästhetische Erfahrung zu ermöglichen, die den Betrachter auf sich selbst zurückwirft, zu sich bringt, und aus der er im besten Fall wacher und bewusster in den Alltag zurückkehrt, als er es vorher war.

HL: Die Universalität der Musik kann man damit begründen, dass sie auf Gesetzmäßigkeiten zurückgeht, die funktionieren wie Mathematik. Vielleicht könnte man das auch über Deine Arbeiten sagen: Es geht um die Suche nach einer Art von universeller Harmonie.

AA: Ich denke schon. Obwohl Harmonie schnell esoterisch klingt und es mir beileibe nicht nur darum geht, schöne Formen zu entwerfen, die enthoben und weltfern sind.

HL: Anders formuliert: Es zeichnet Deine Kunst aus, dass sie dem Betrachter den desolaten Zustand unserer Welt nicht vor die Füße *rotzt*, wie viel andere zeitgenössische Kunst es tut.

AA: Das mag sein. Gleichzeitig ist meine Arbeit sehr zeitgenössisch. Die Materialien, die ich verwende, hat erst die hochindustrialisierte Welt hervorgebracht. Ich arbeite eben nicht mit Leinwand und Ölfarbe, was Künstler schon in der Renaissance getan haben. Ursprünglich habe ich nur nach lichtdurchlässigen Materialien gesucht und gefunden habe ich transluzente Kunststoffe und Edelstahlgaze. Edelstahl war erst nach dem Krieg massentauglich einsetzbar und die Epoxidharze, mit denen ich arbeite, gibt es erst seit den sechziger Jahre. Die Materialien, aus denen meine Skulpturen gemacht sind, spiegeln also ganz klar unsere Zeit wider. Im Alltag sind wir ständig mit den verschiedensten Materialien konfrontiert. Die Beschaffenheit von Kleidung, Autolacken, Elektrogeräten usw. – das alles sind Vermittler der Zeit, in der wir leben.

HL: Das bringt uns zum Raum, Deinem anderen großen Bezugspunkt. Wie gehst Du mit der Atmosphäre eines Ortes um, an dem Deine Skulpturen zu sehen sind?

AA: Das Spannende an Bildhauerei ist, dass sie unmittelbar alle Sinnesorgane anspricht. Um eine Skulptur zu erfassen, muss man den Raum erleben, in dem sie steht. Ich glaube, dass sich alles, was wir täglich empfinden und fühlen, in seiner Gesamtheit zu unserer Realität zusammenfügt.

Ein Bild funktioniert demgegenüber durch Vergeistigung. Die meisten Entscheidungen werden heute vor allem auf Grund von Bildern gefällt. Doch sie sind nicht unbedingt real. Es sind virtuelle Abbilder der Welt, die man unterschiedlich interpretieren und lesen, oft auch manipulativ benutzen kann.

Doch an einer Sache scheitert das alles, scheitert jede Utopie – an der Realität. Lenin hat einmal gesagt: »Die Realität ist das Kriterium der Wahrheit.« Etwas, das die meisten neuen Gesellschaftsentwürfe leider vergessen. Für mich war das immer ebenso einleuchtend wie einfach. Und es gilt übrigens auch im Privaten: In einer Liebesbeziehung können wir uns noch so oft erzählen, dass wir uns lieben. Erfahren können wir es aber allein physisch. Wenn das nicht gelingt, scheitert die Beziehung.

Mir geht es also immer darum, durch die körperlich-ästhetische Erfahrung ein Bewusstsein für die Realität zu schaffen.

HL: Ist es dabei so, dass man das, was man macht, erst im Nachhinein versteht und den Sinn darin entdeckt?

AA: Meistens schon. Kunst ist Leben, das sich selbst betrachtet. Wenn einem Kunstwerk das gelingt, überdauert es die Zeit. Man versteht Homer auch nach 3000 Jahren noch... weil wir im Grunde noch immer dieselben sind wie damals.

HL: Wir haben uns nicht verändert?

AA: Nun, wir versuchen nach wie vor vergeblich, jeden Tag das Rad neu zu erfinden. Das ist interessant. Ich glaube jedoch nicht, dass uns das zu neuen oder besseren Menschen macht. Um unser Leben auch zukünftig zu erhalten, müssen wir uns doch der Konsequenzen unseres Handelns bewusst werden. Diese richtig einzuschätzen, kann funktionieren... solange man um die eigenen Grenzen weiß.

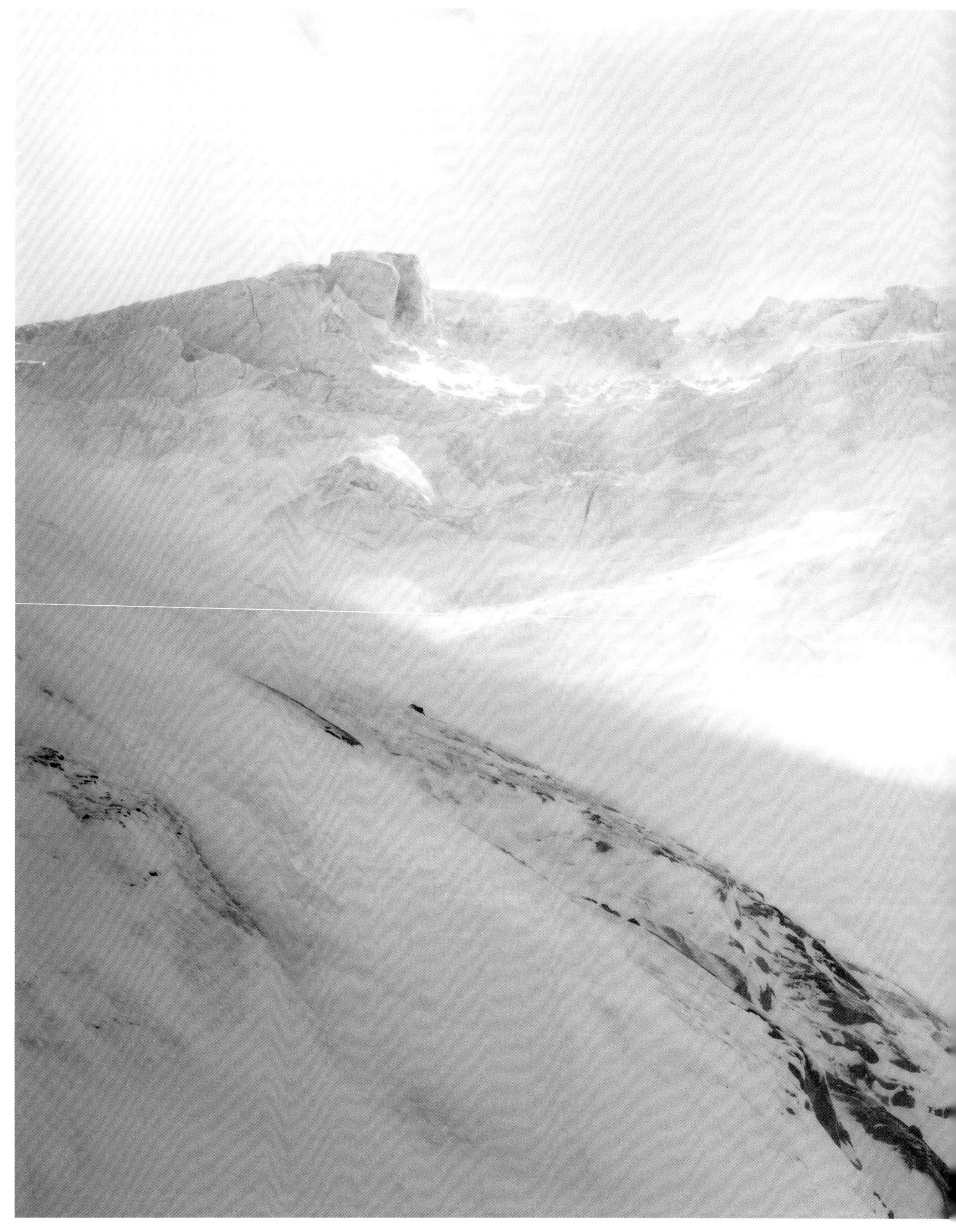

46°25'54.78"

N

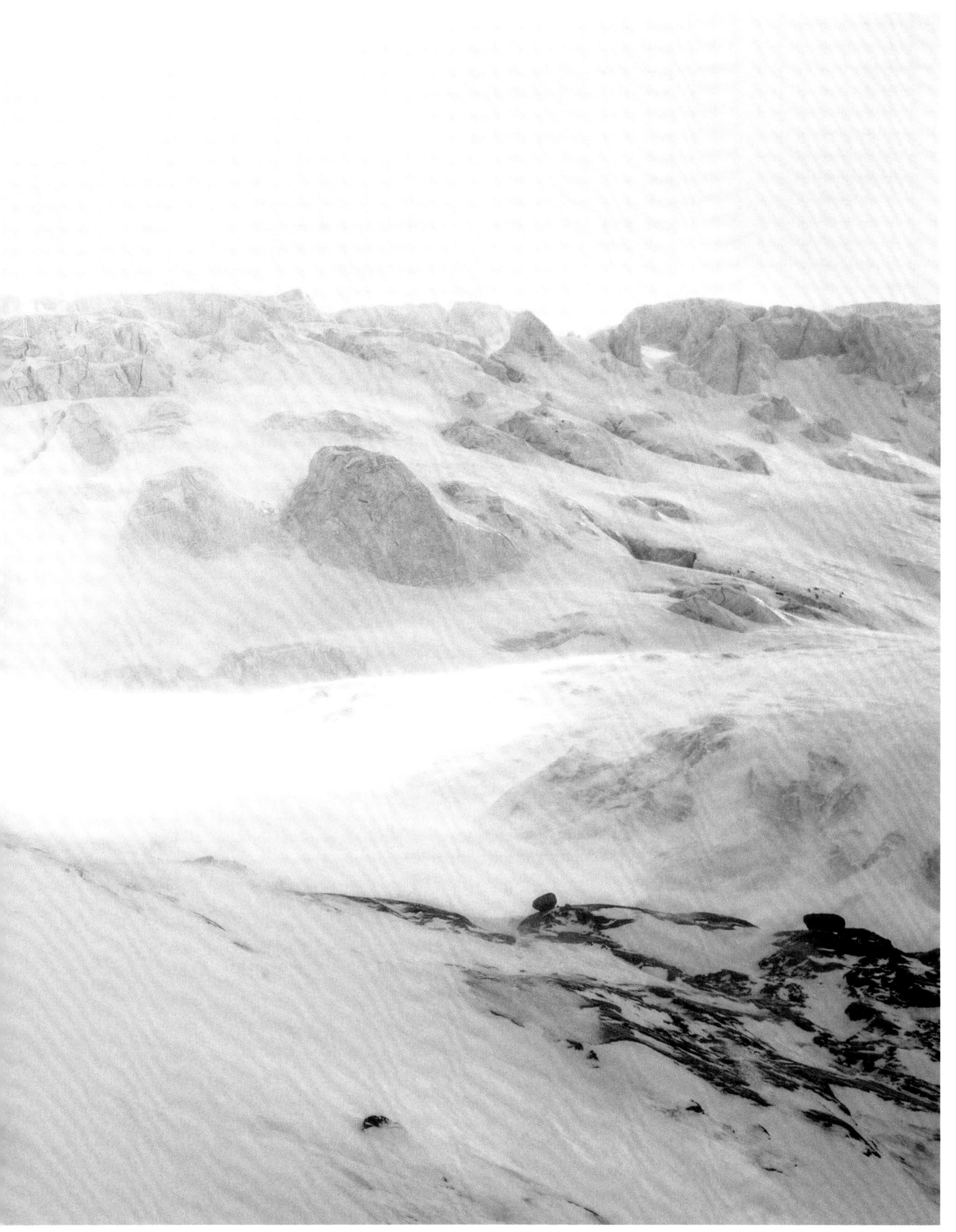

E

10°36'21.67"

Berg I (2012), 6 x 18 x 19 cm

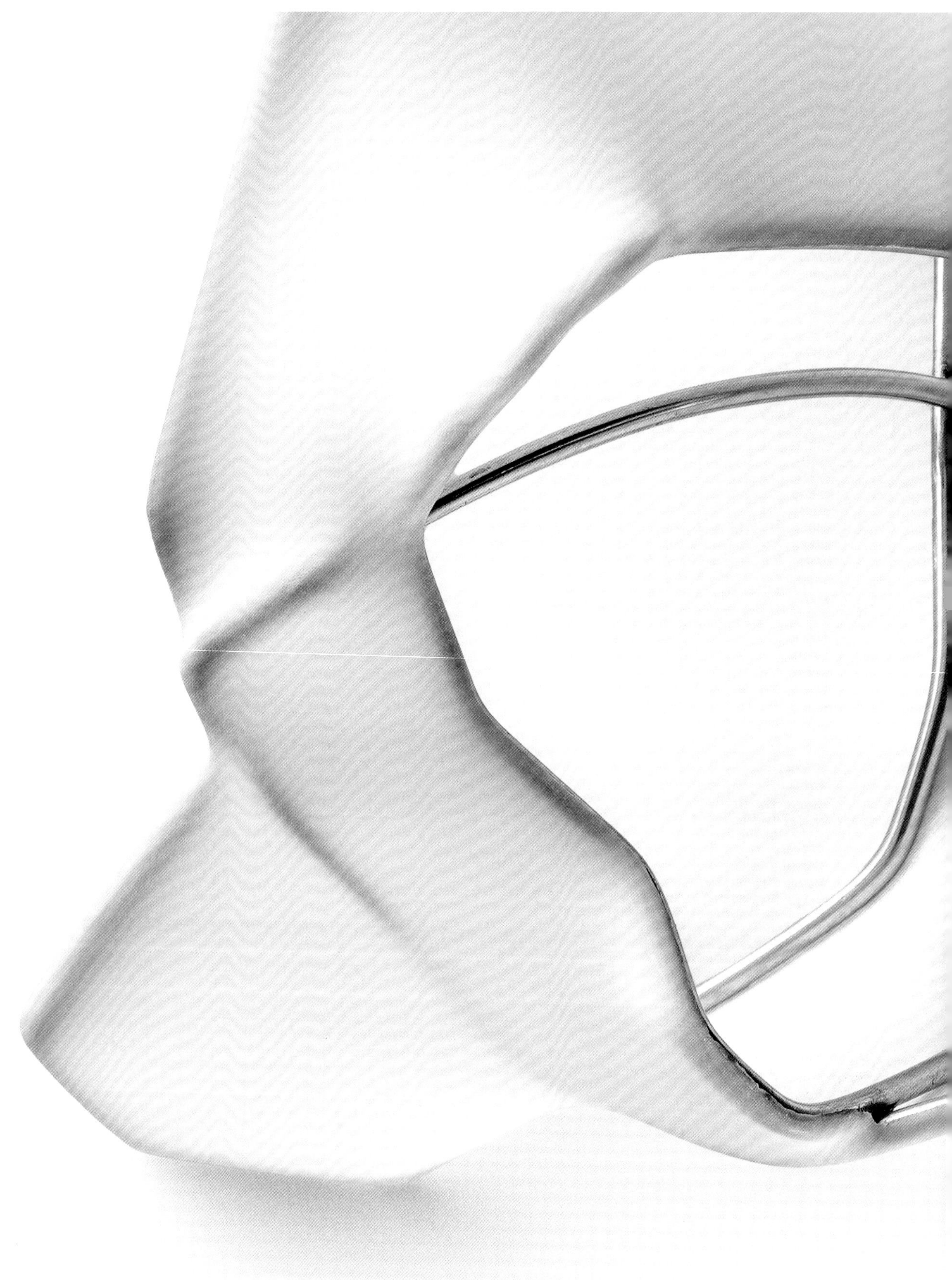

Berg II (2012), 10 x 20 x 15 cm

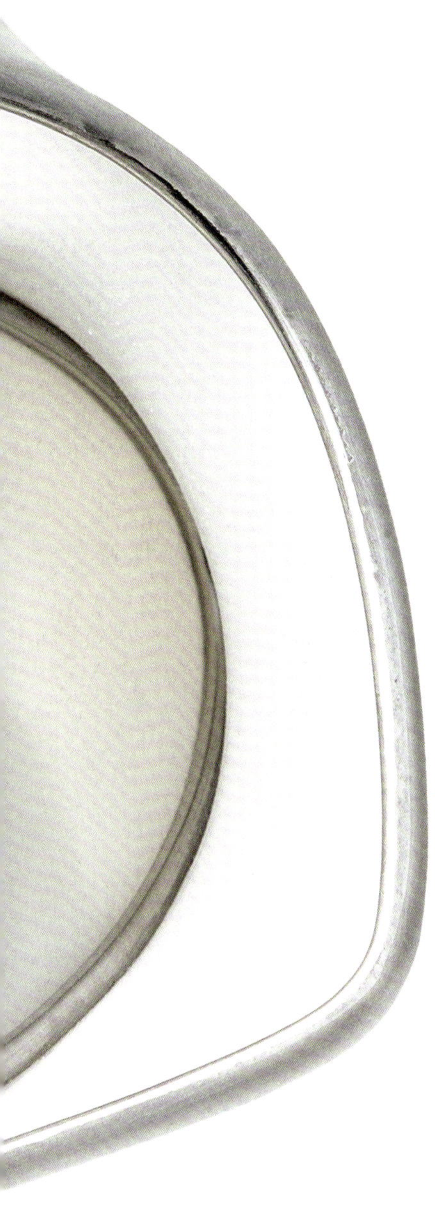

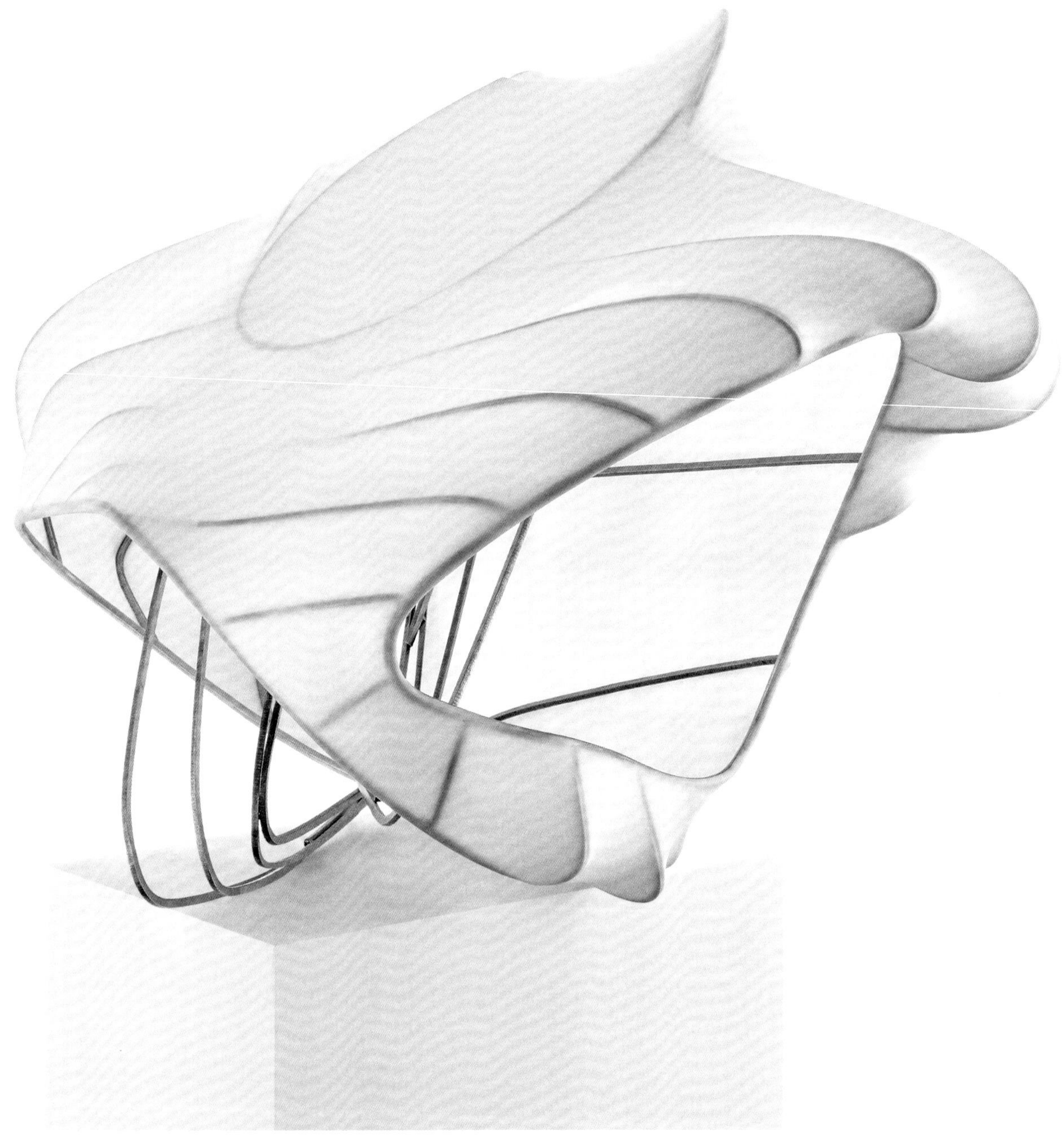

Zetis (2011), 150 x 160 x 110 cm

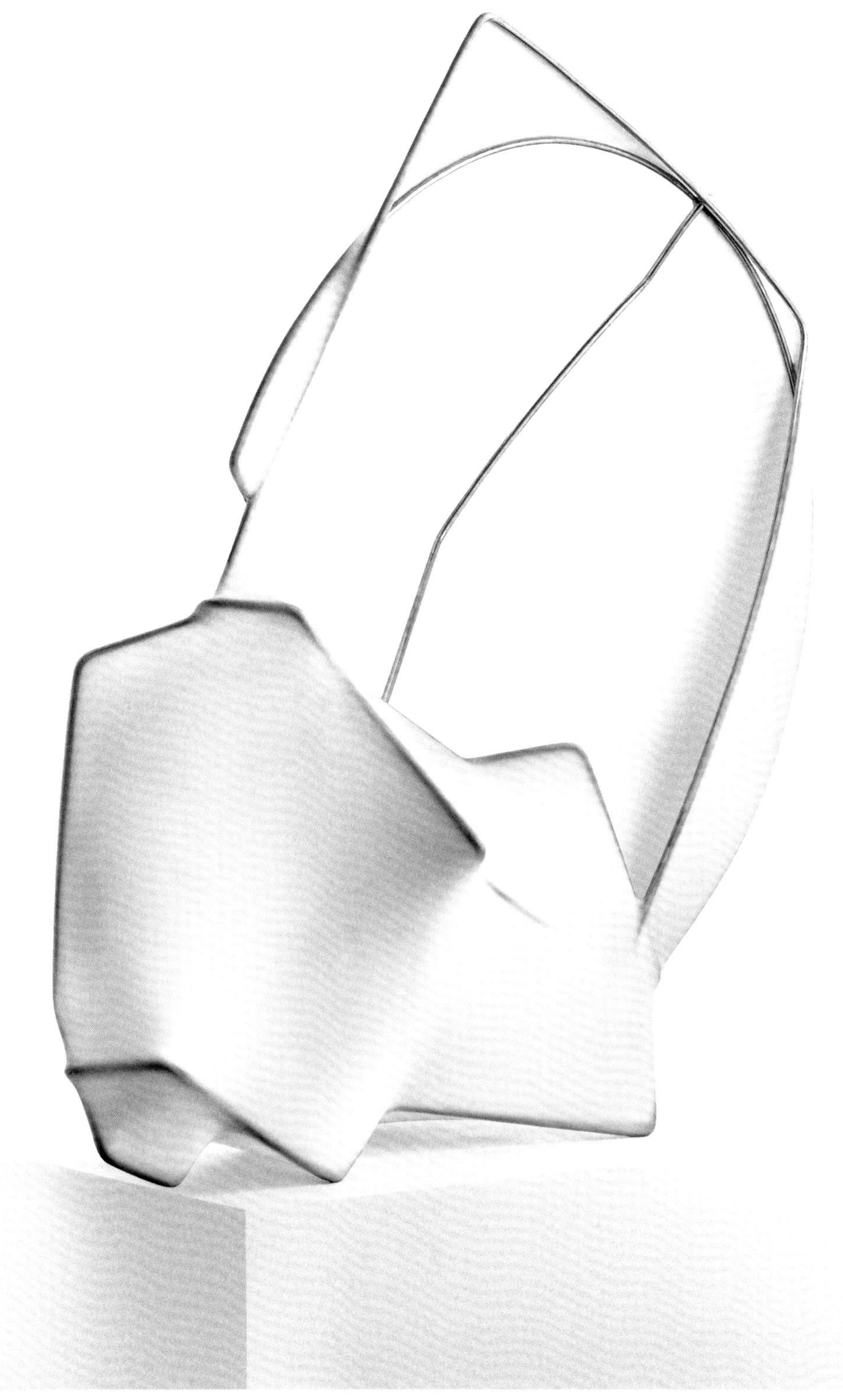

Summit (2011), 100 x 100 x 40 cm

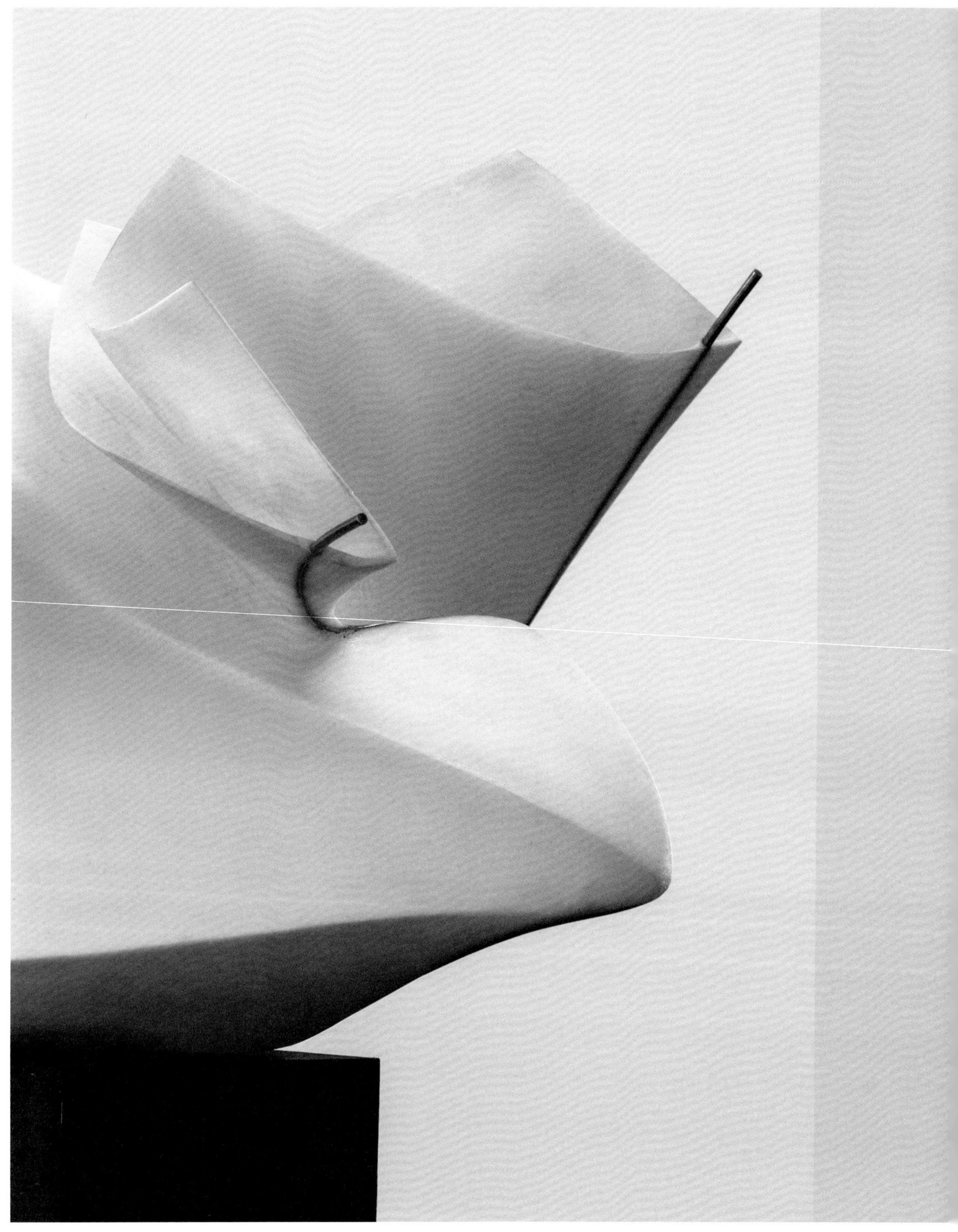

Off (2013), 48 x 50 x 33 cm

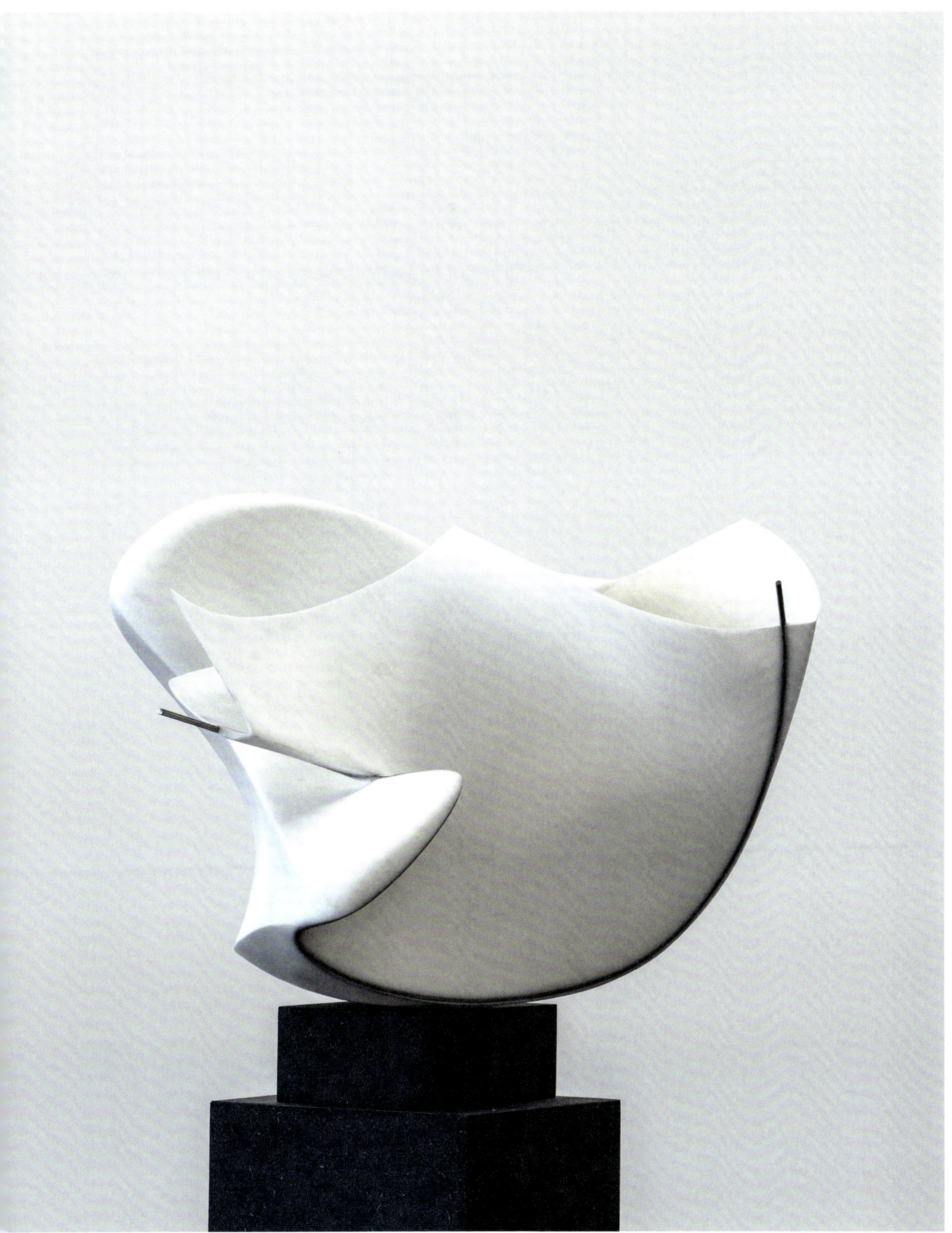

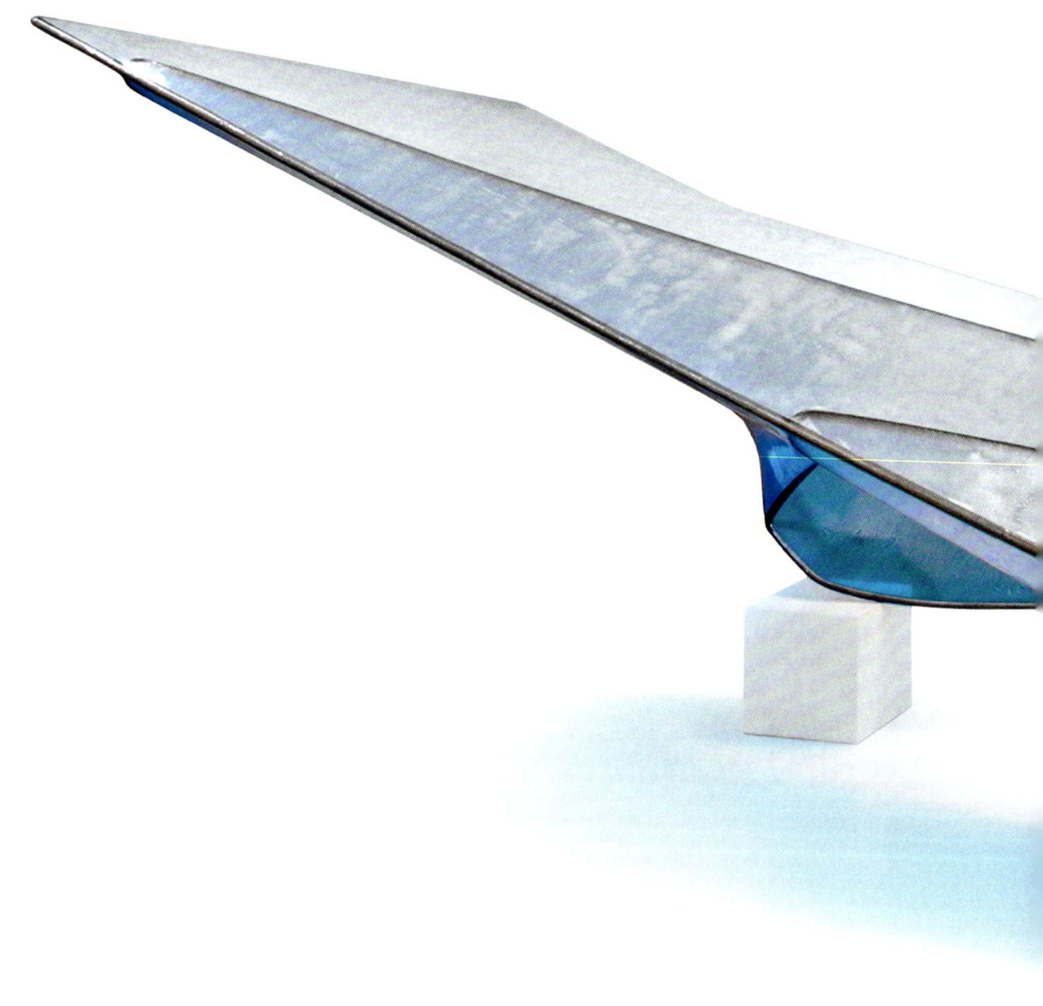

Territories (2009), 110 x 290 x 110 cm

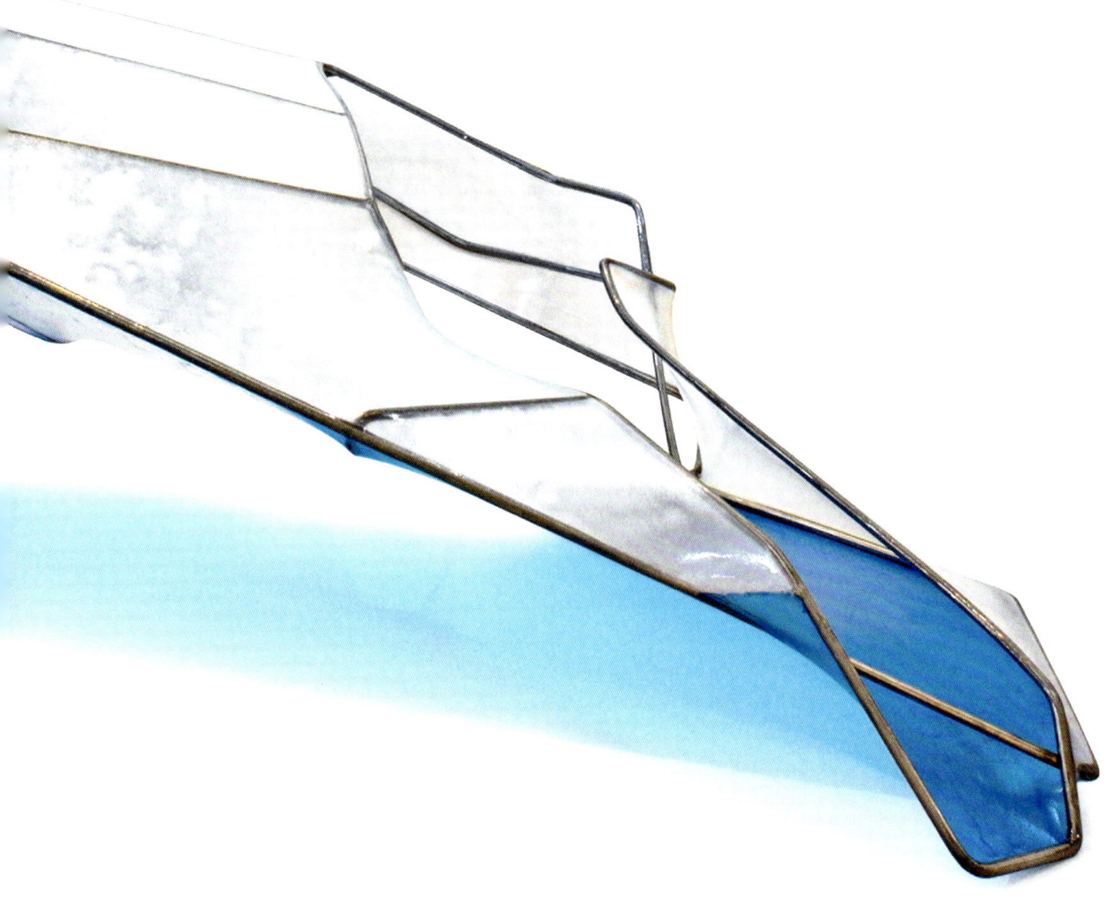

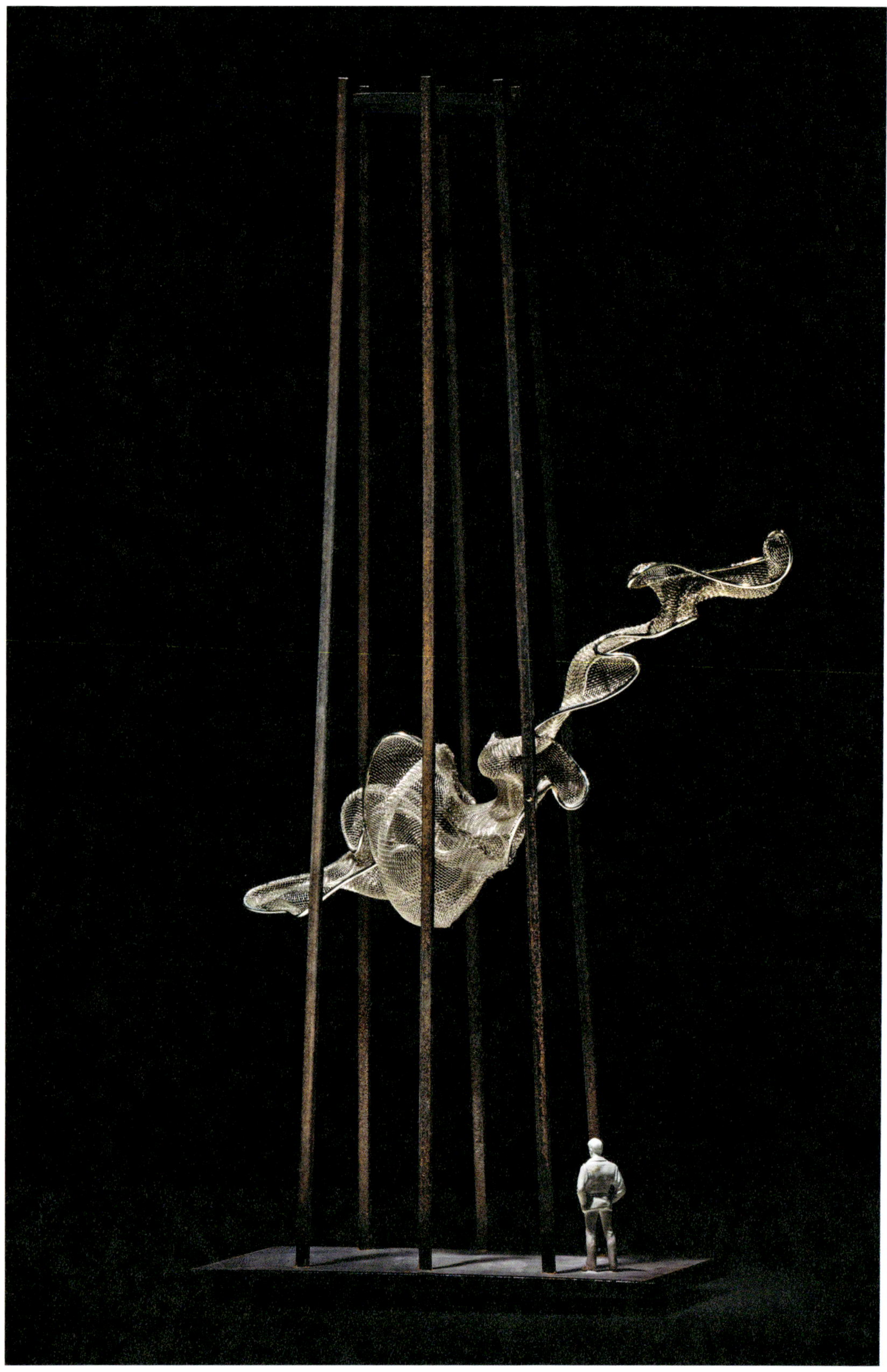

Über den Wassern, Modell — model (2014), 60 x 30 x 20 cm

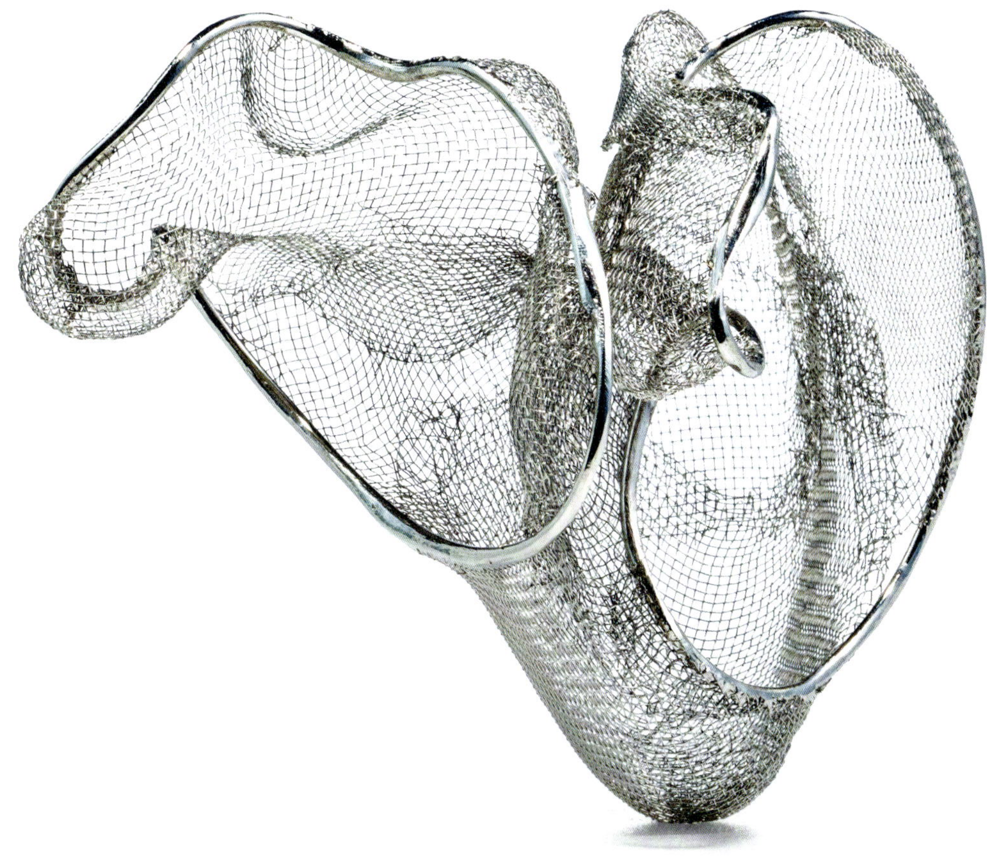

Veer, Modell — model (2014), 25 x 38 x 13 cm

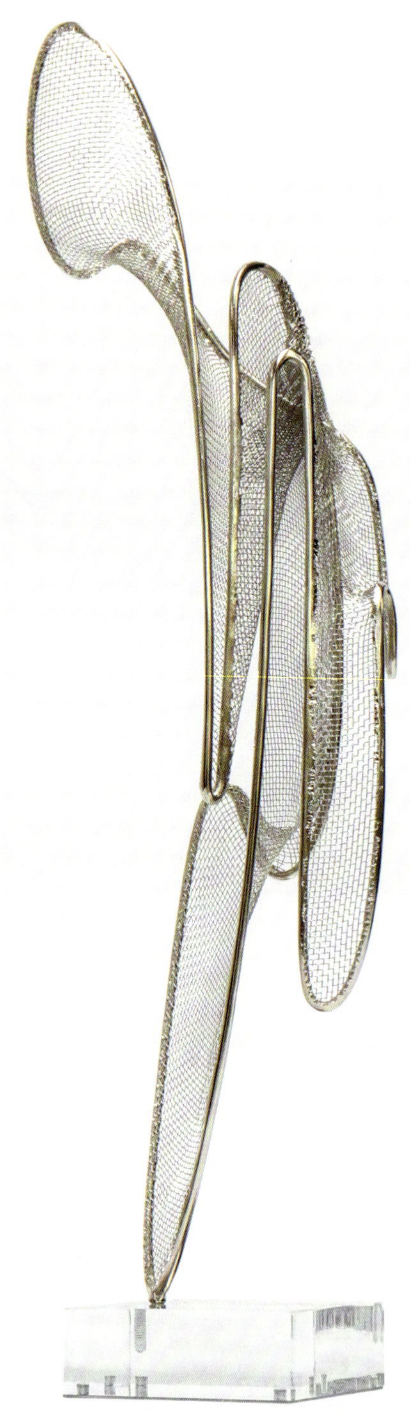

Phos, Modell — model (2012), 30 x 5 x 4 cm

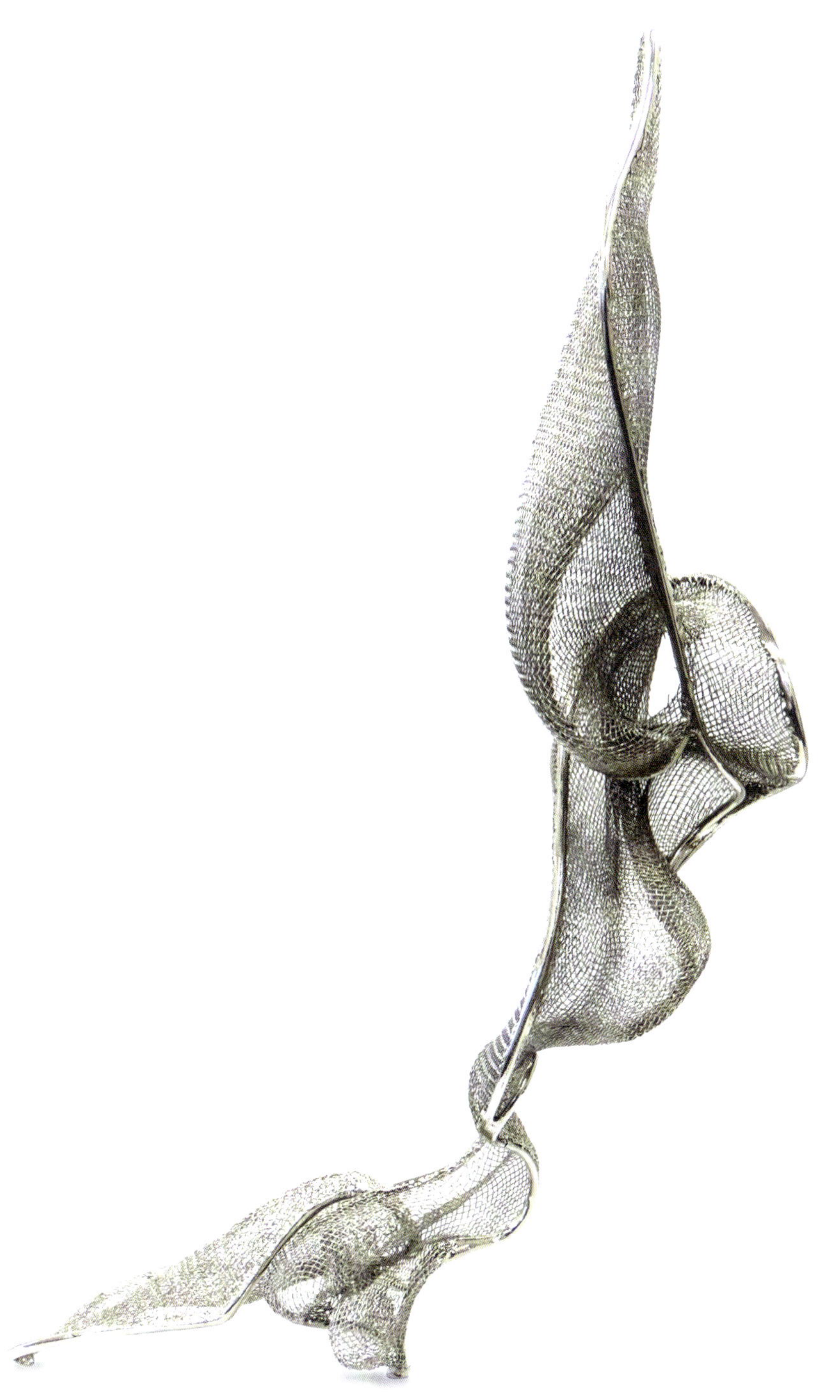

Phosphoros, Modell — model (2015), 29 x 25 x 13 cm

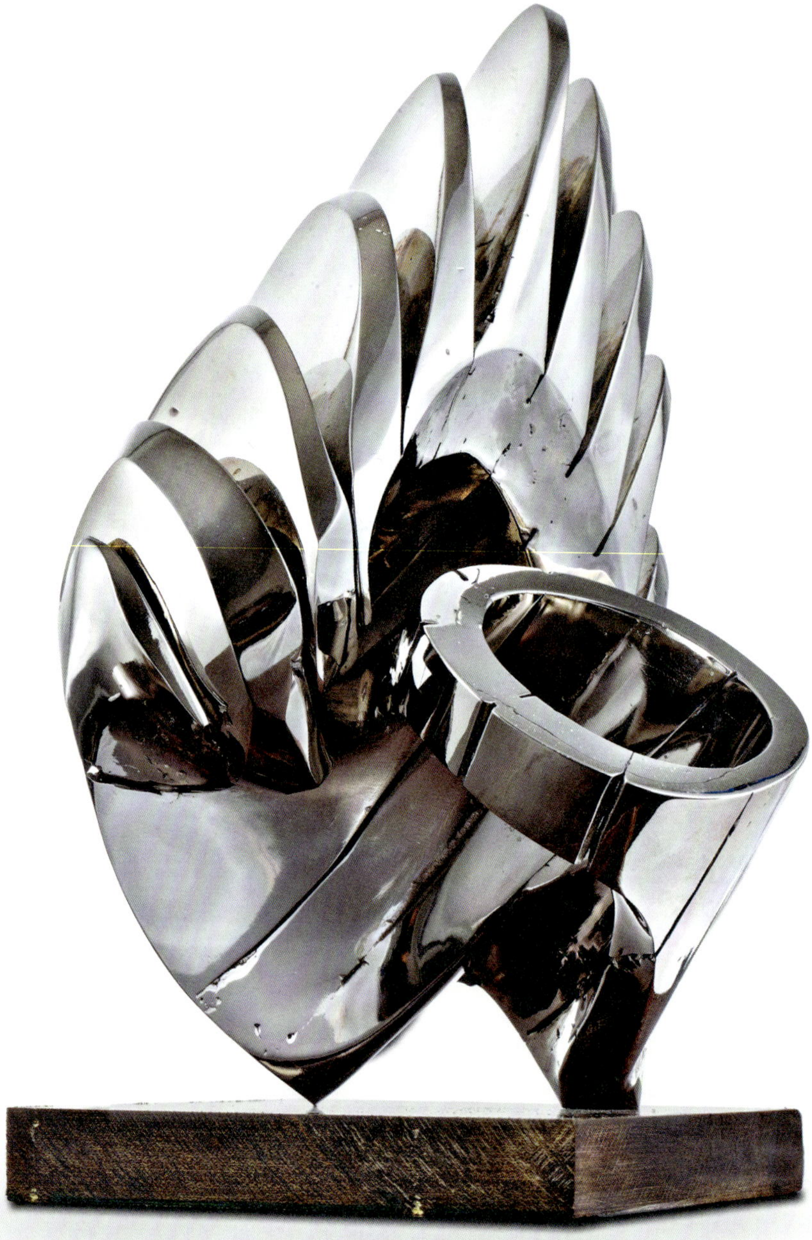

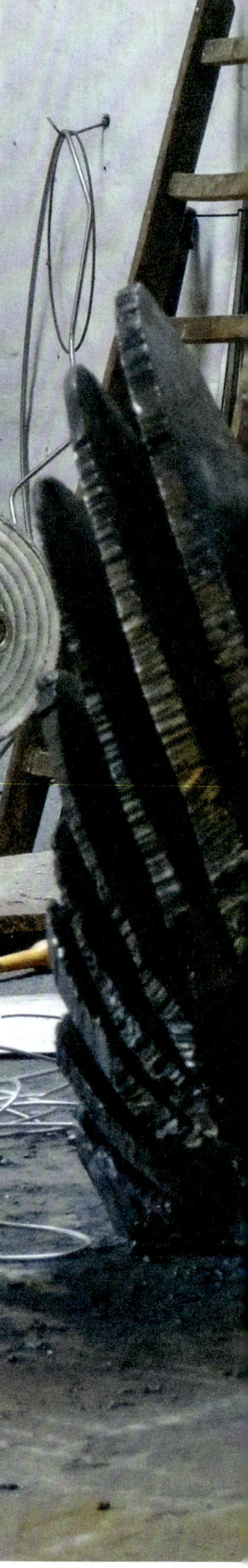

Metis, Modell — model (2011), 30 x 25 x 20 cm

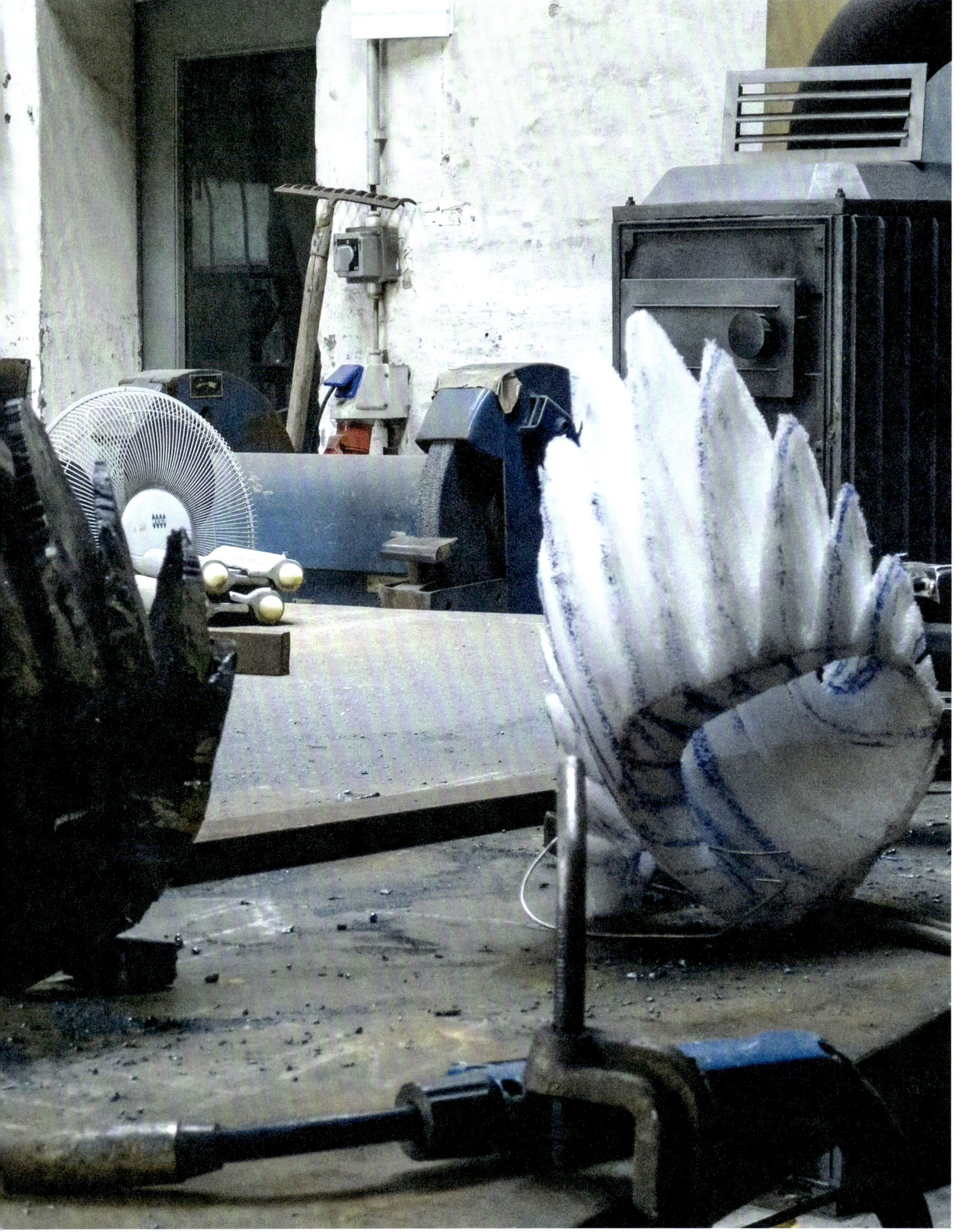

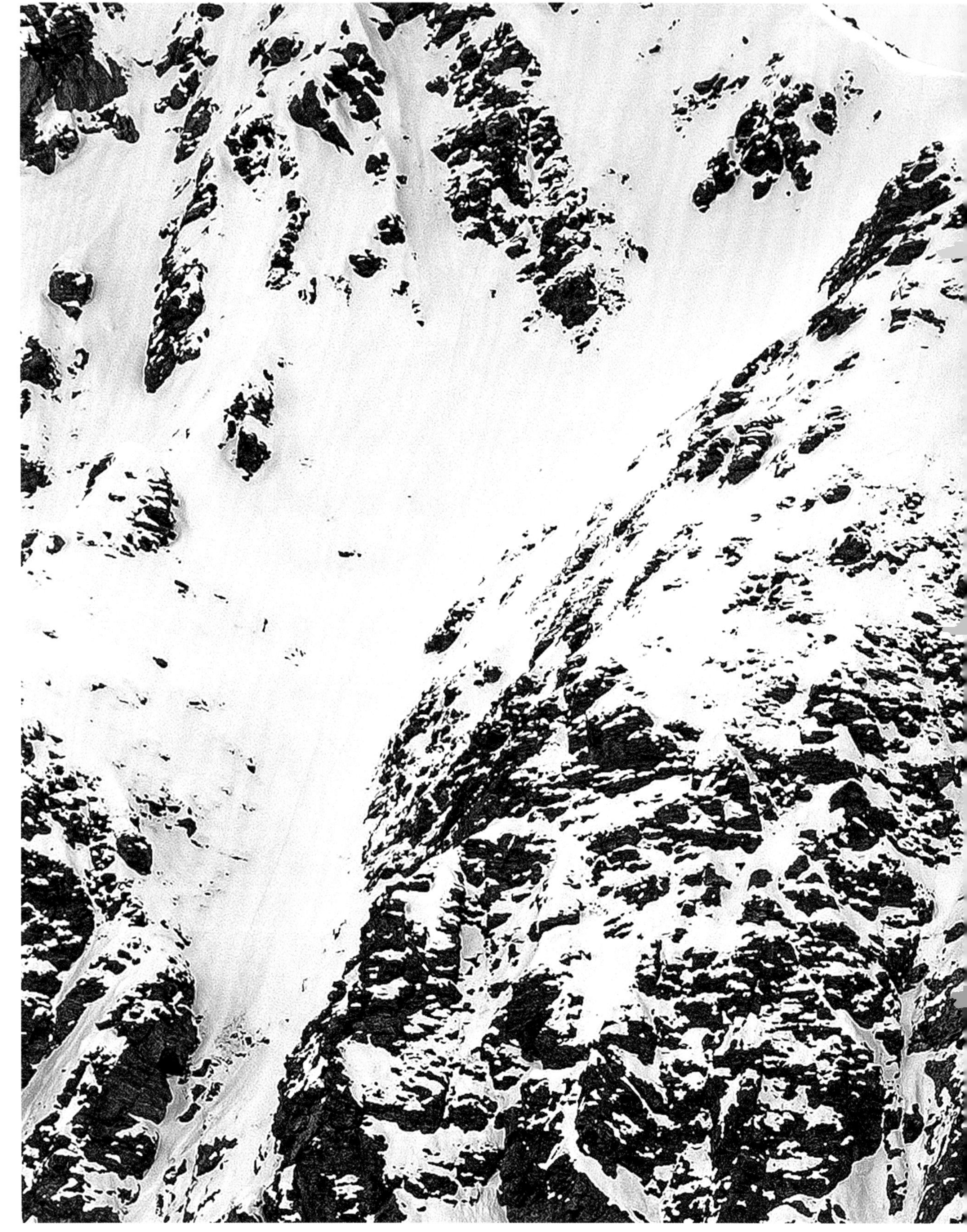

46°30'27.28"

N

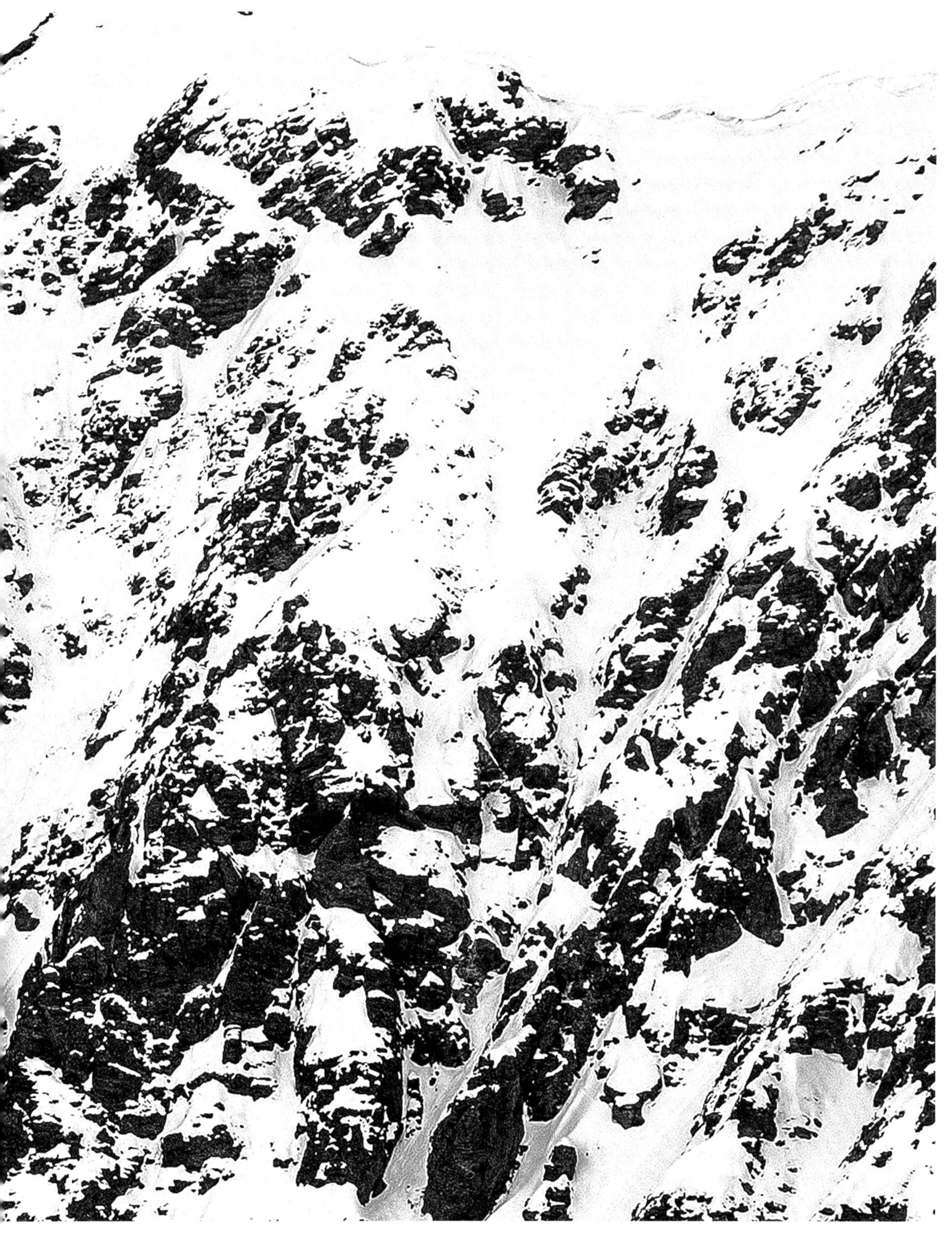

E 9°47'41.08"

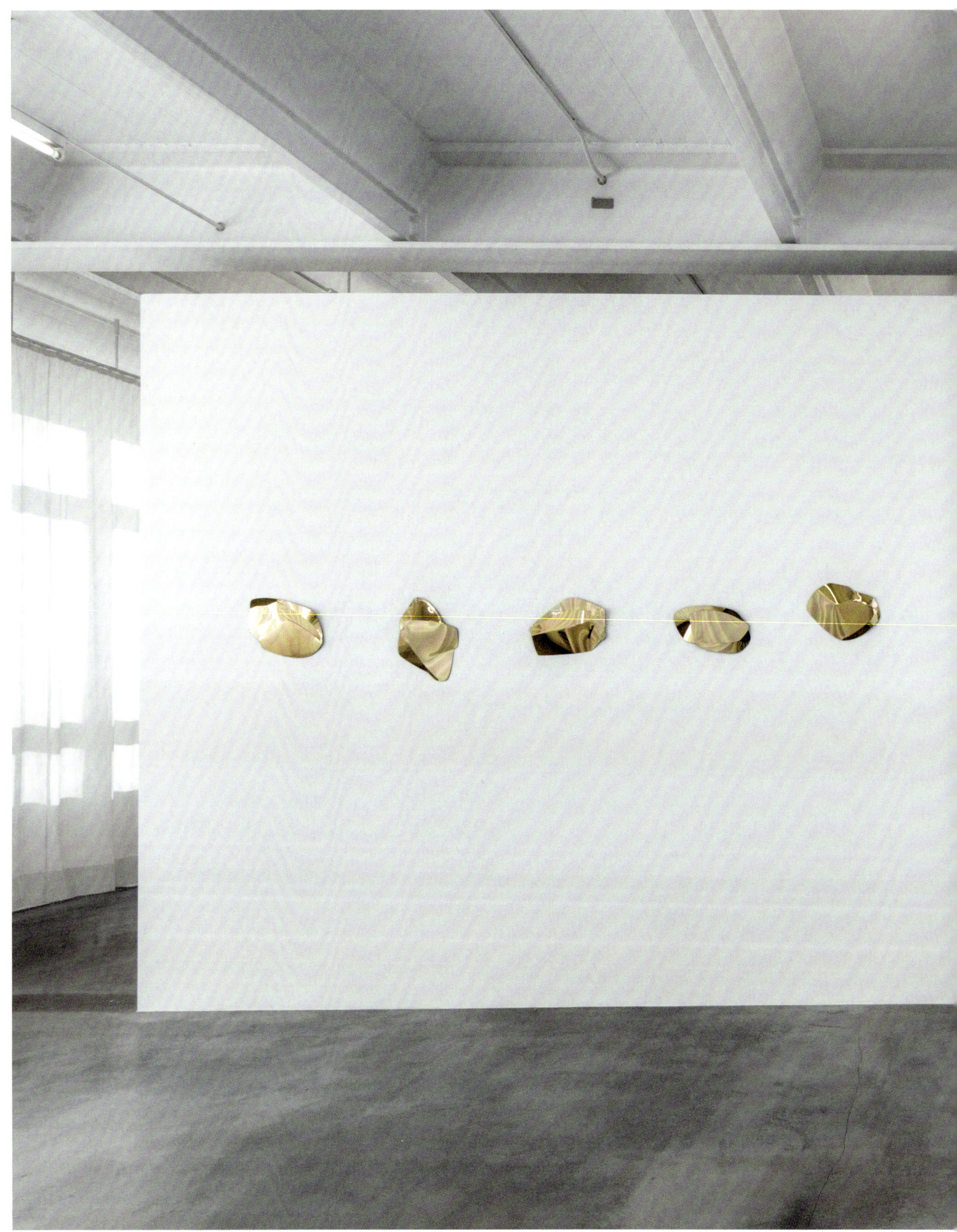

Clime Serie — Clime series

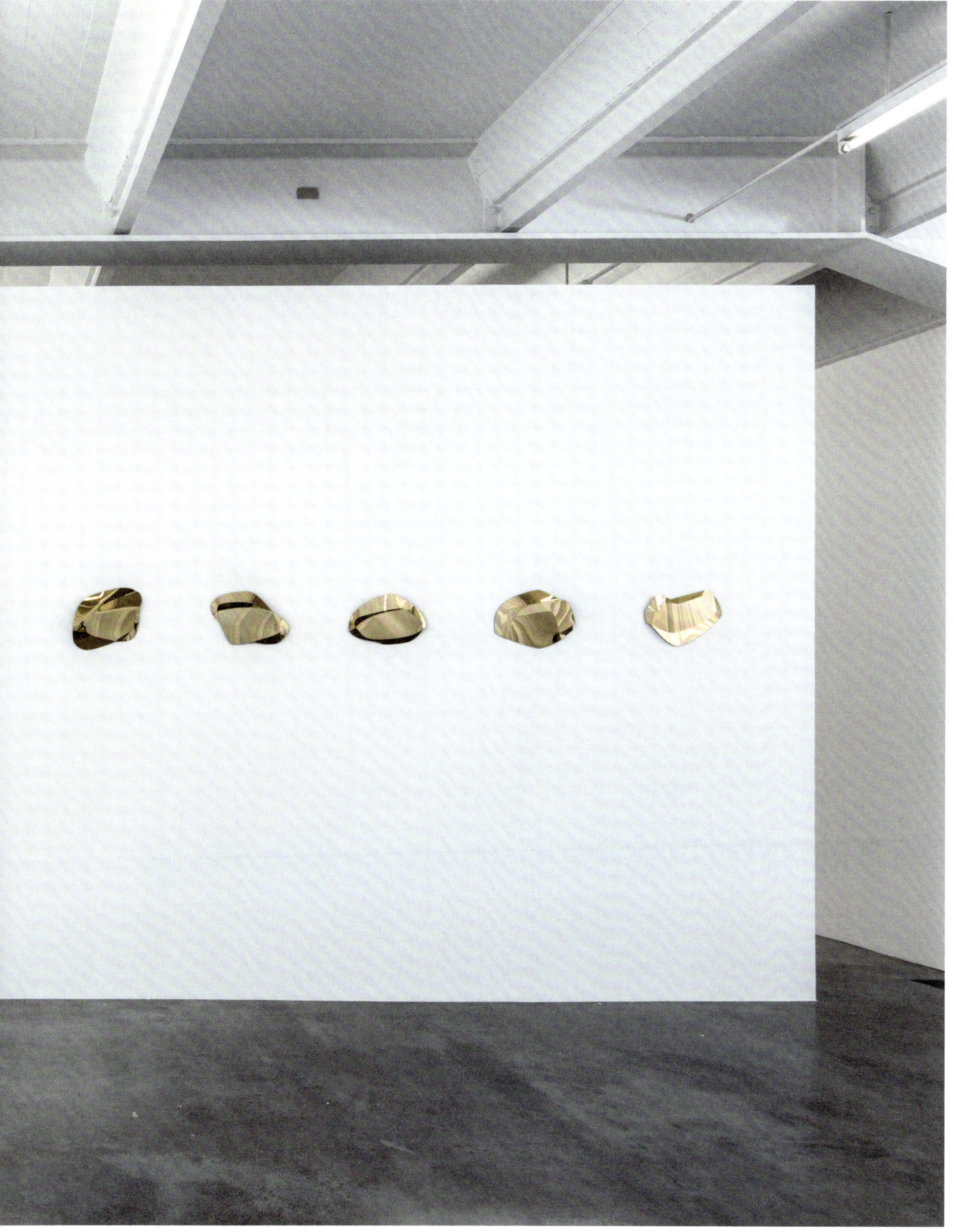

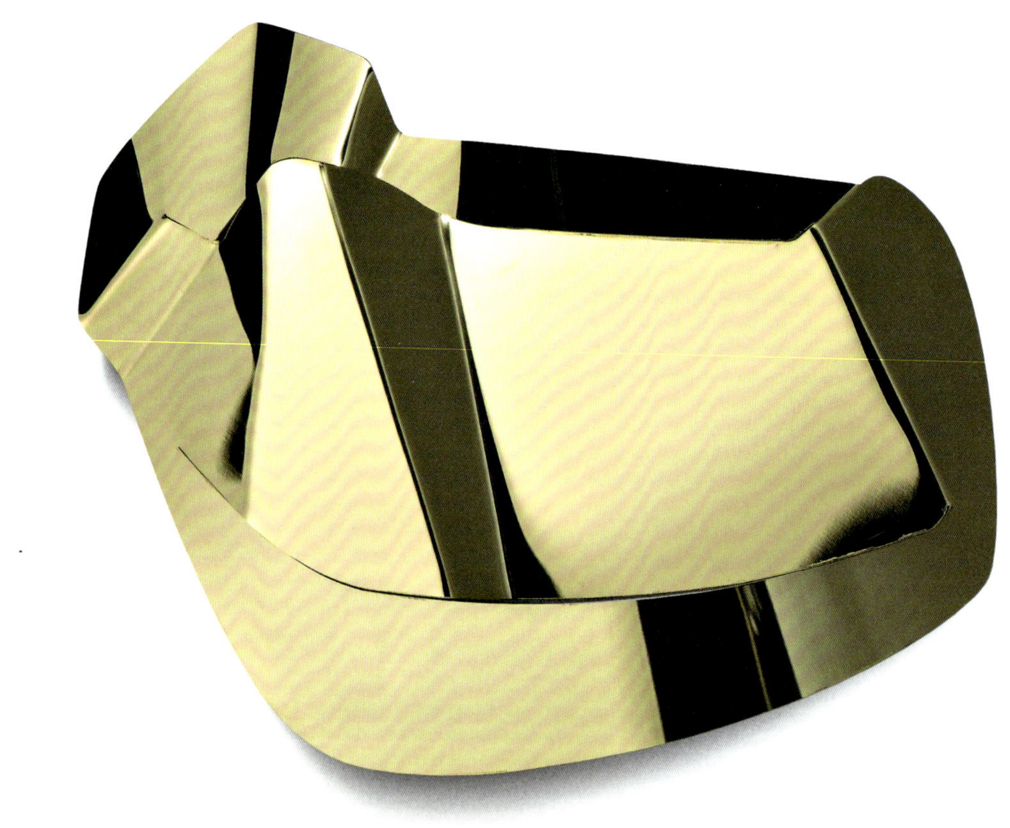

Field (2017), 22 x 33 x 2 cm

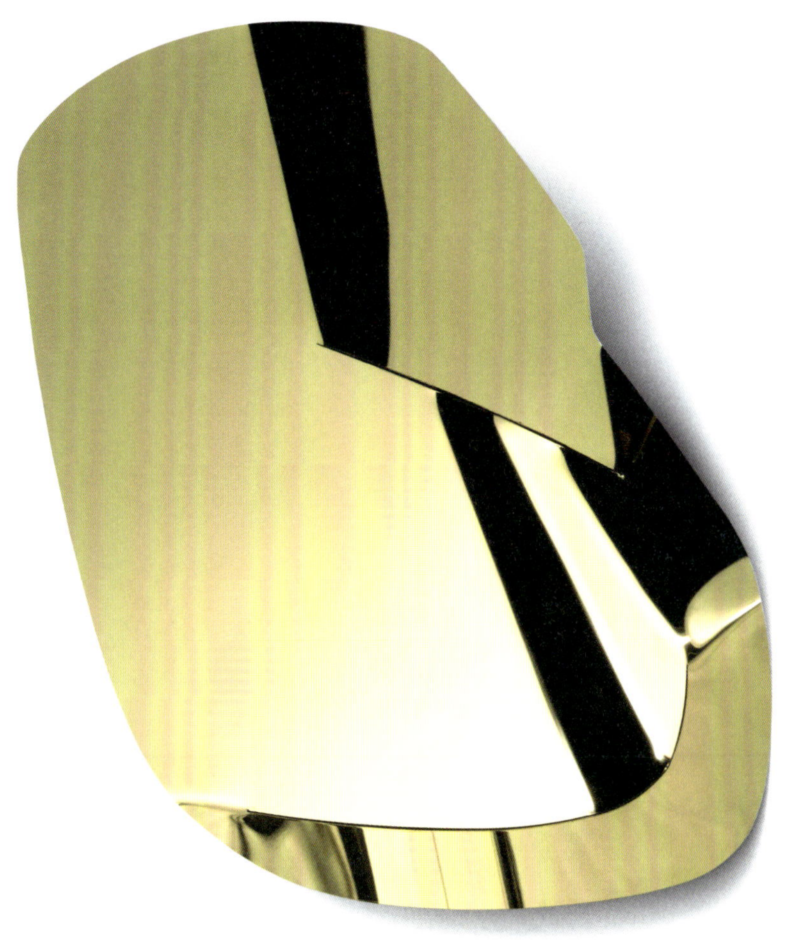

Clime (2017), 32 x 26 x 1 cm

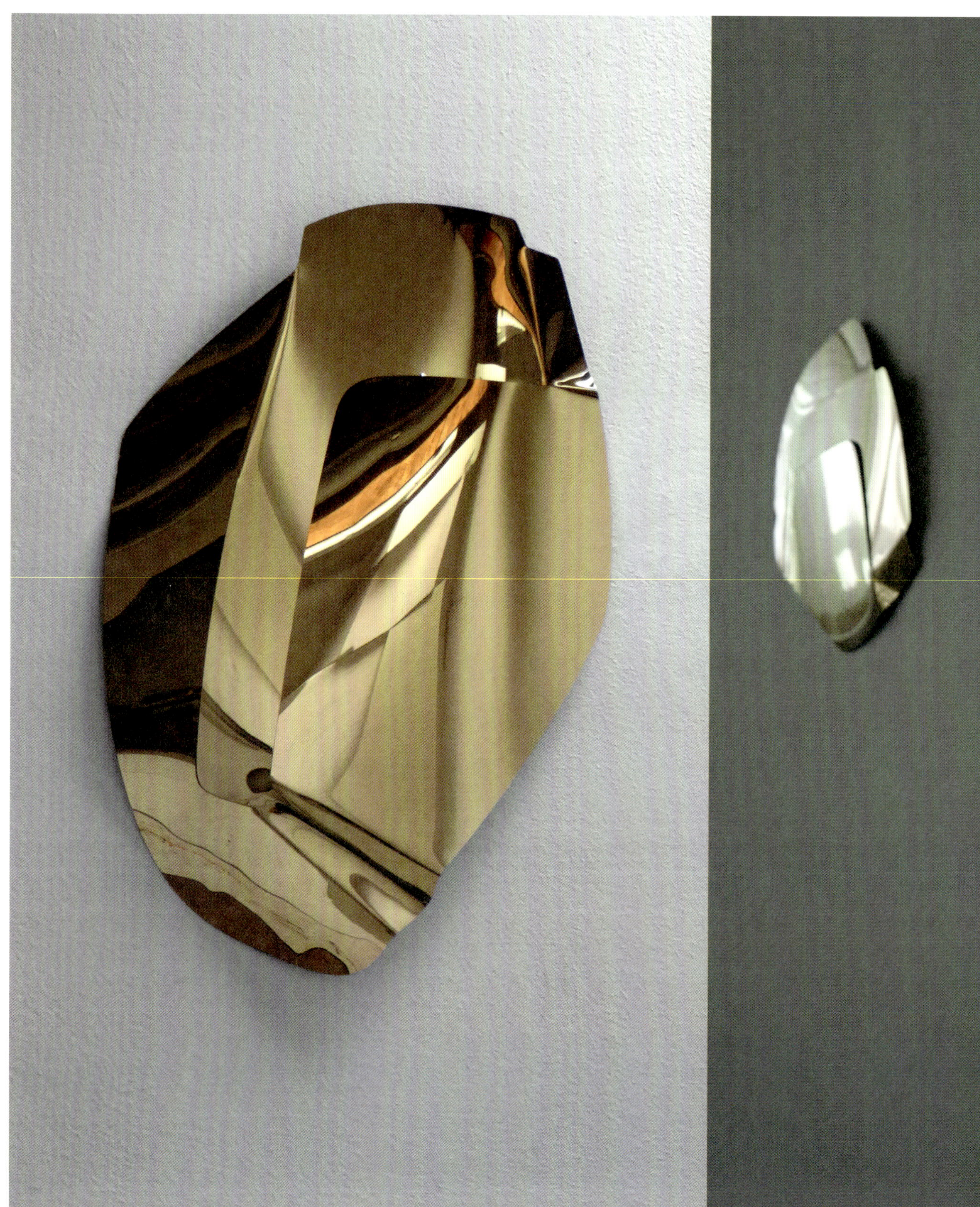

Level (2017), 36 x 26 x 2 cm

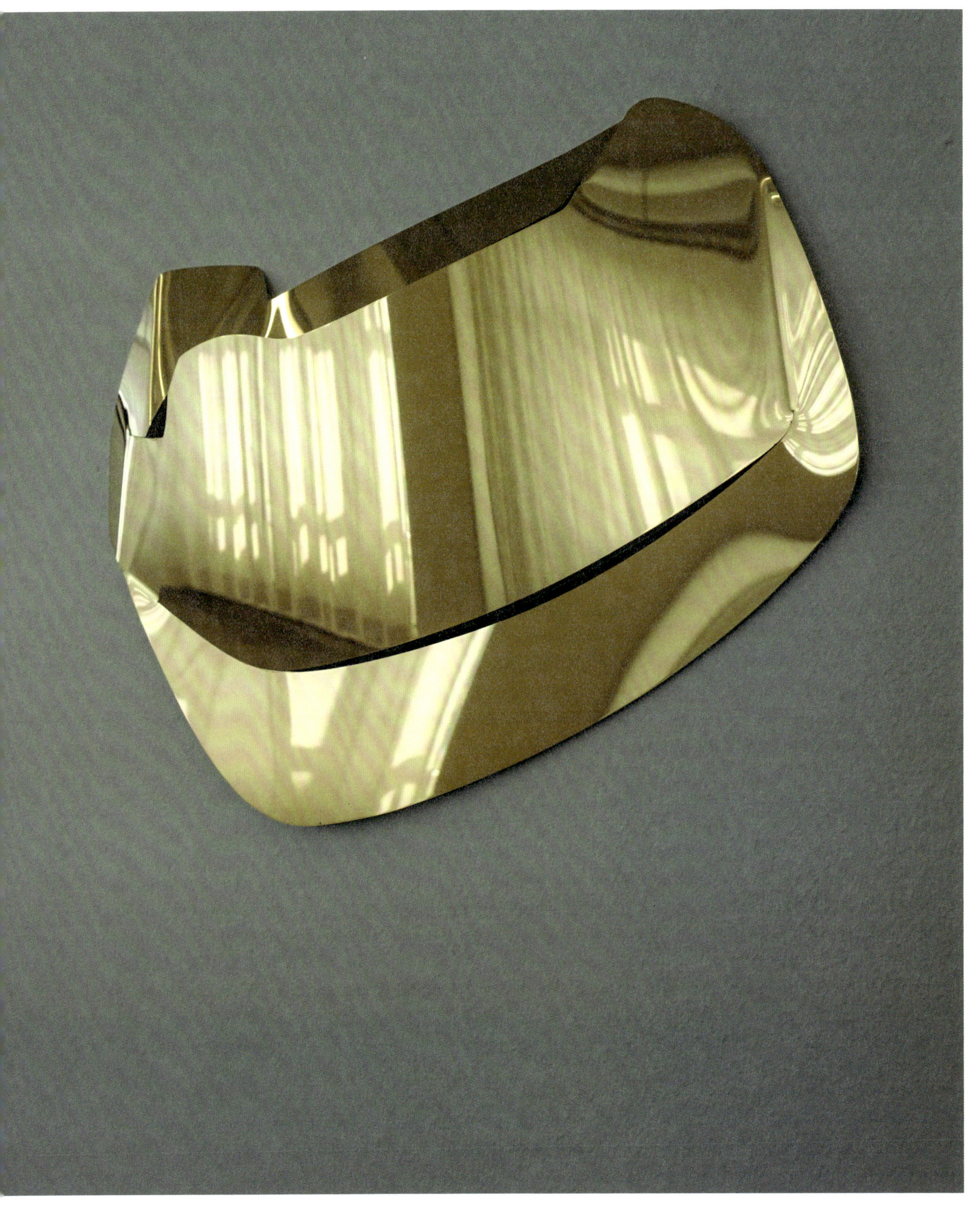

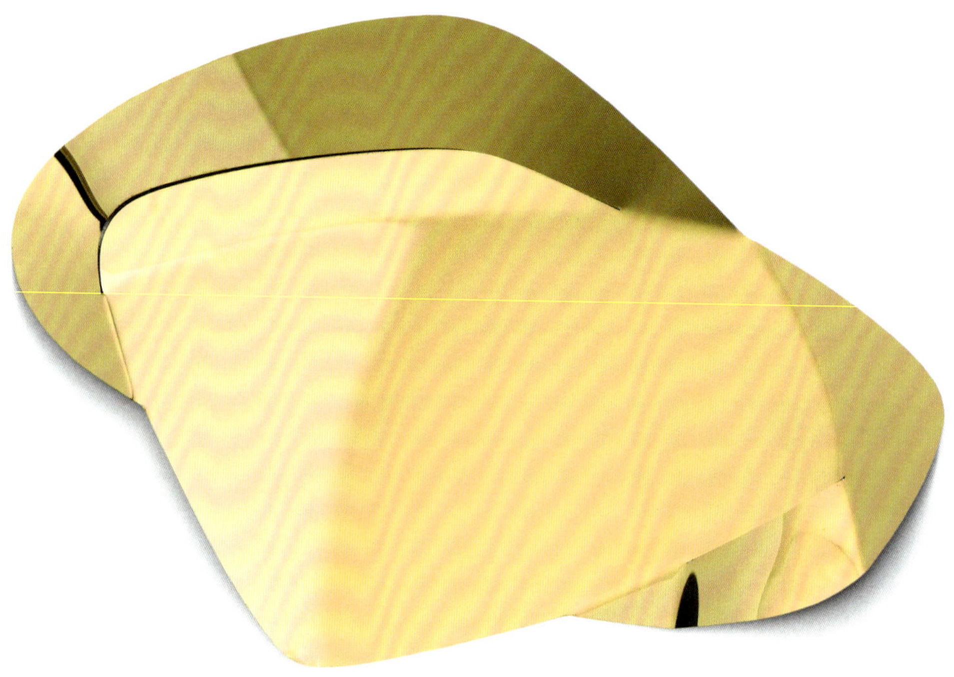

Still (2017), 23 x 36 x 2 cm

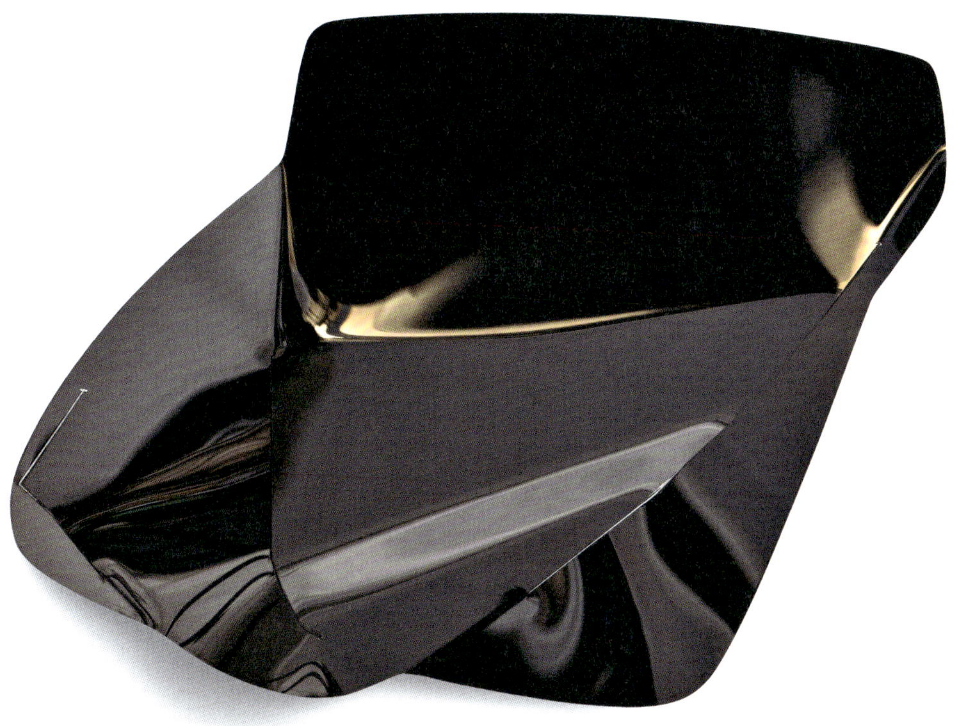

Game (2018), 24 x 34 x 2 cm

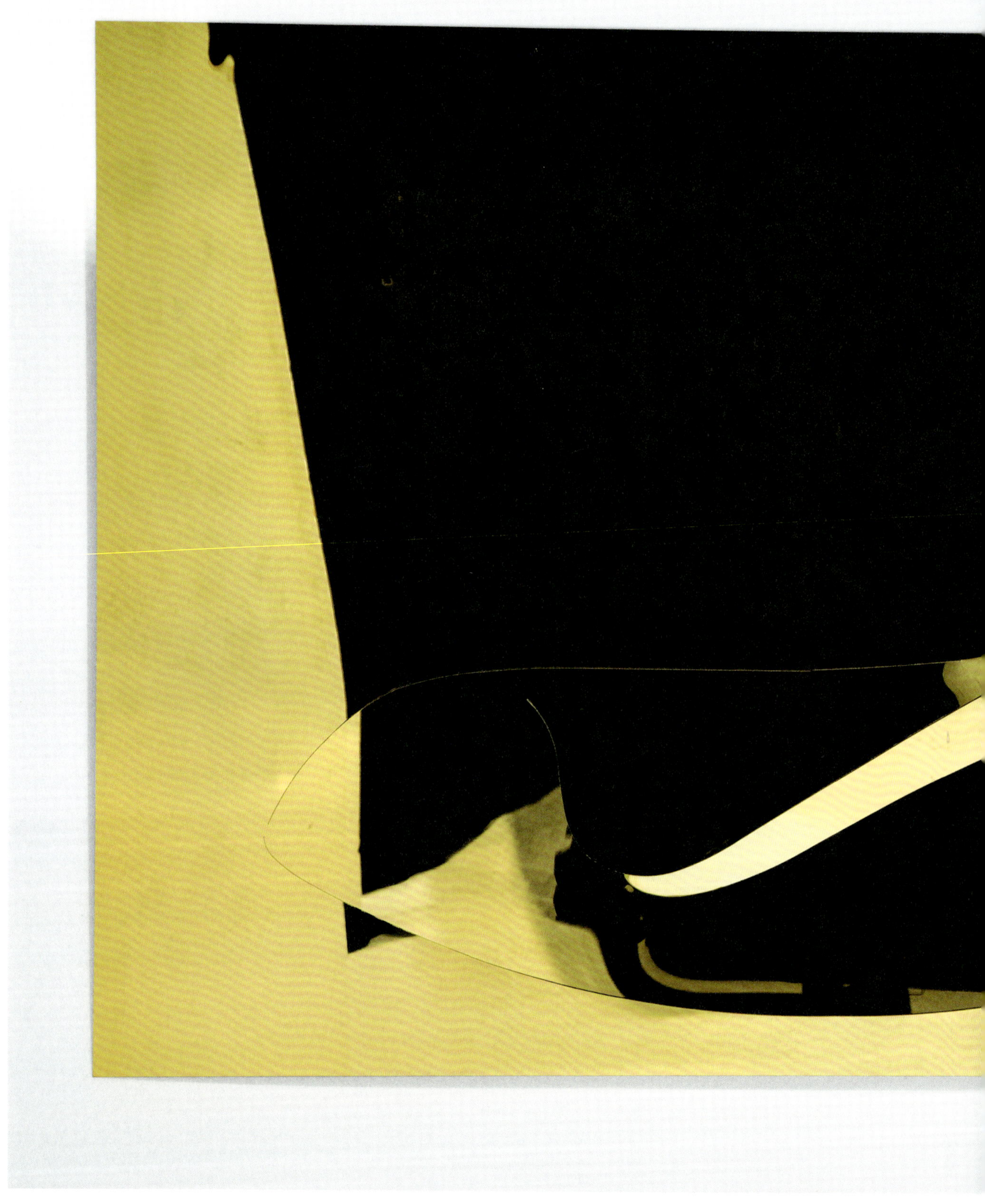

Olympia (2017), 120 x 240 x 4 cm

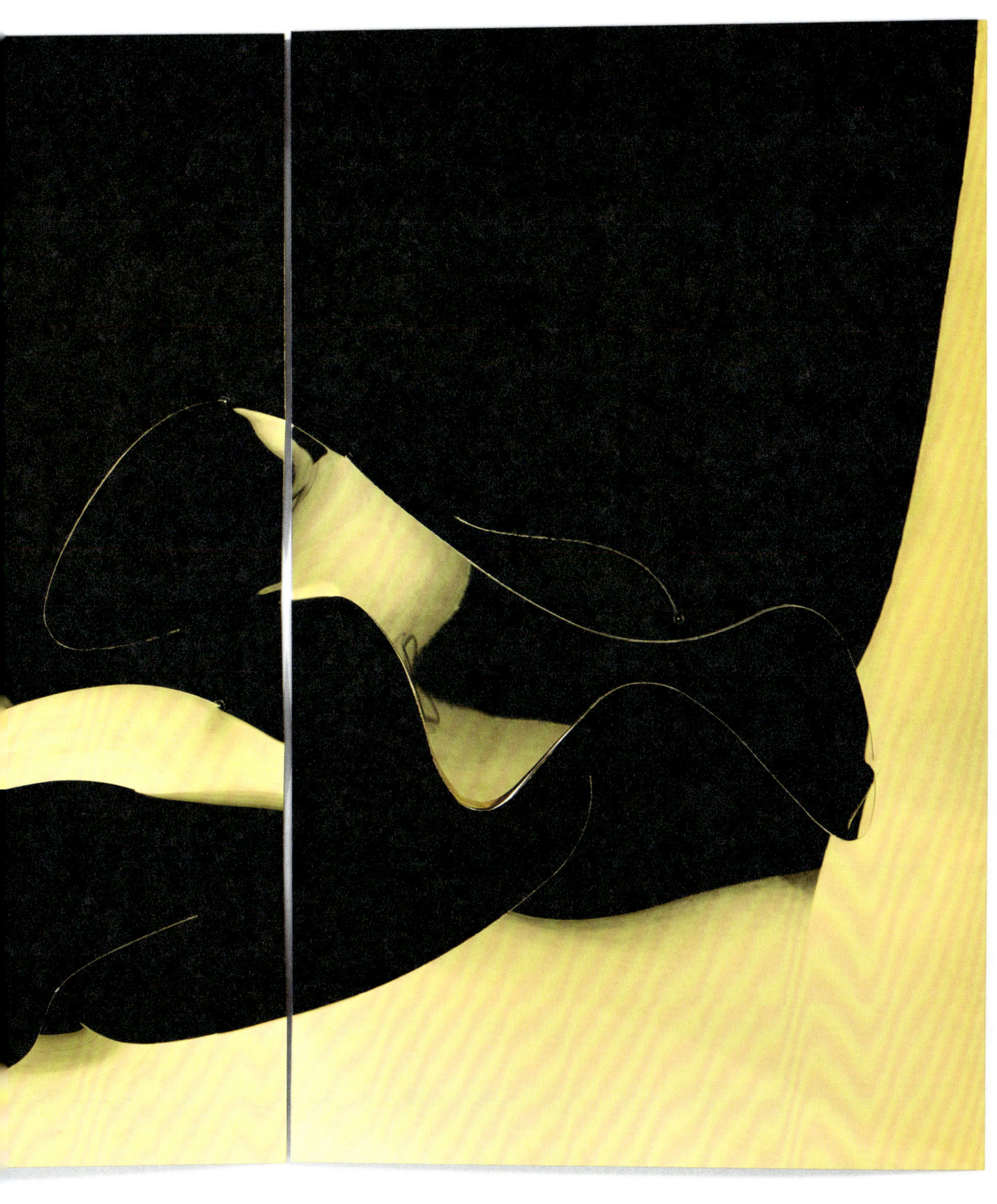

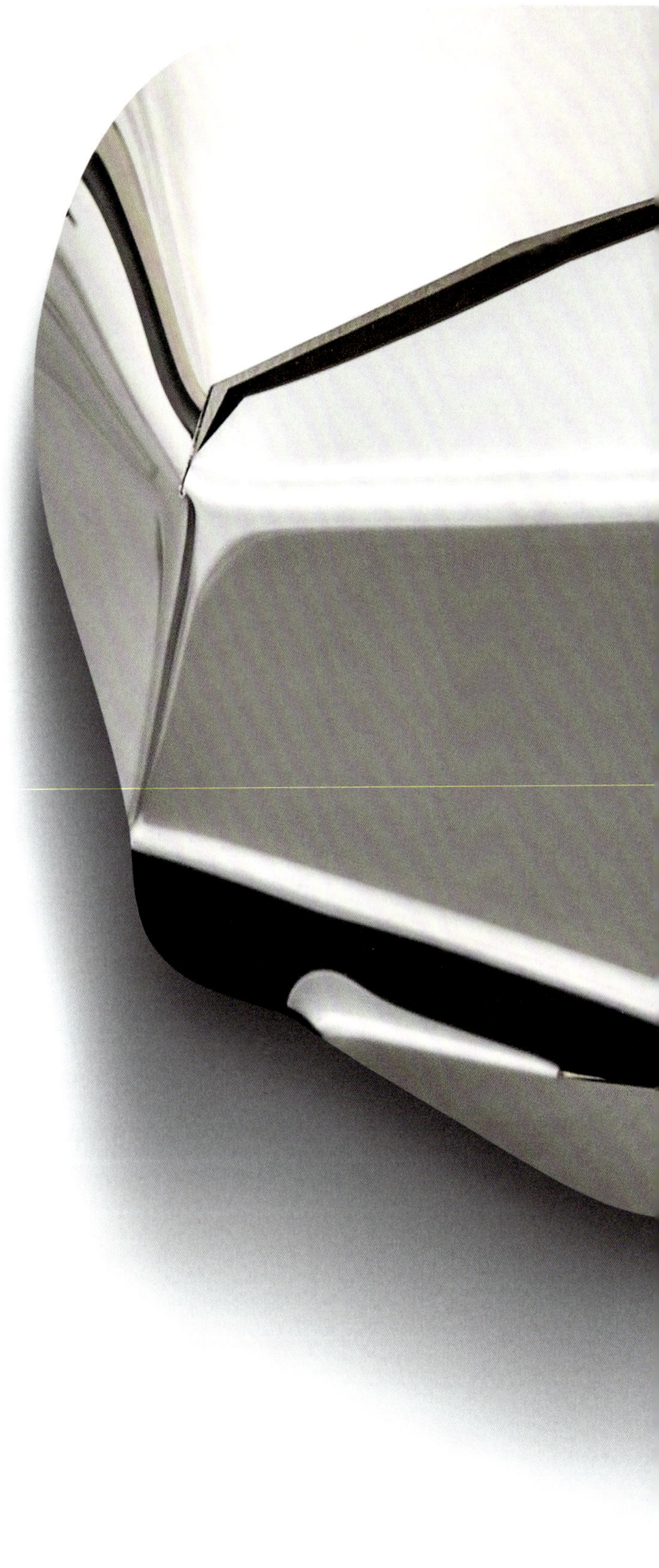

Platte (2018), 19 x 35 x 3 cm

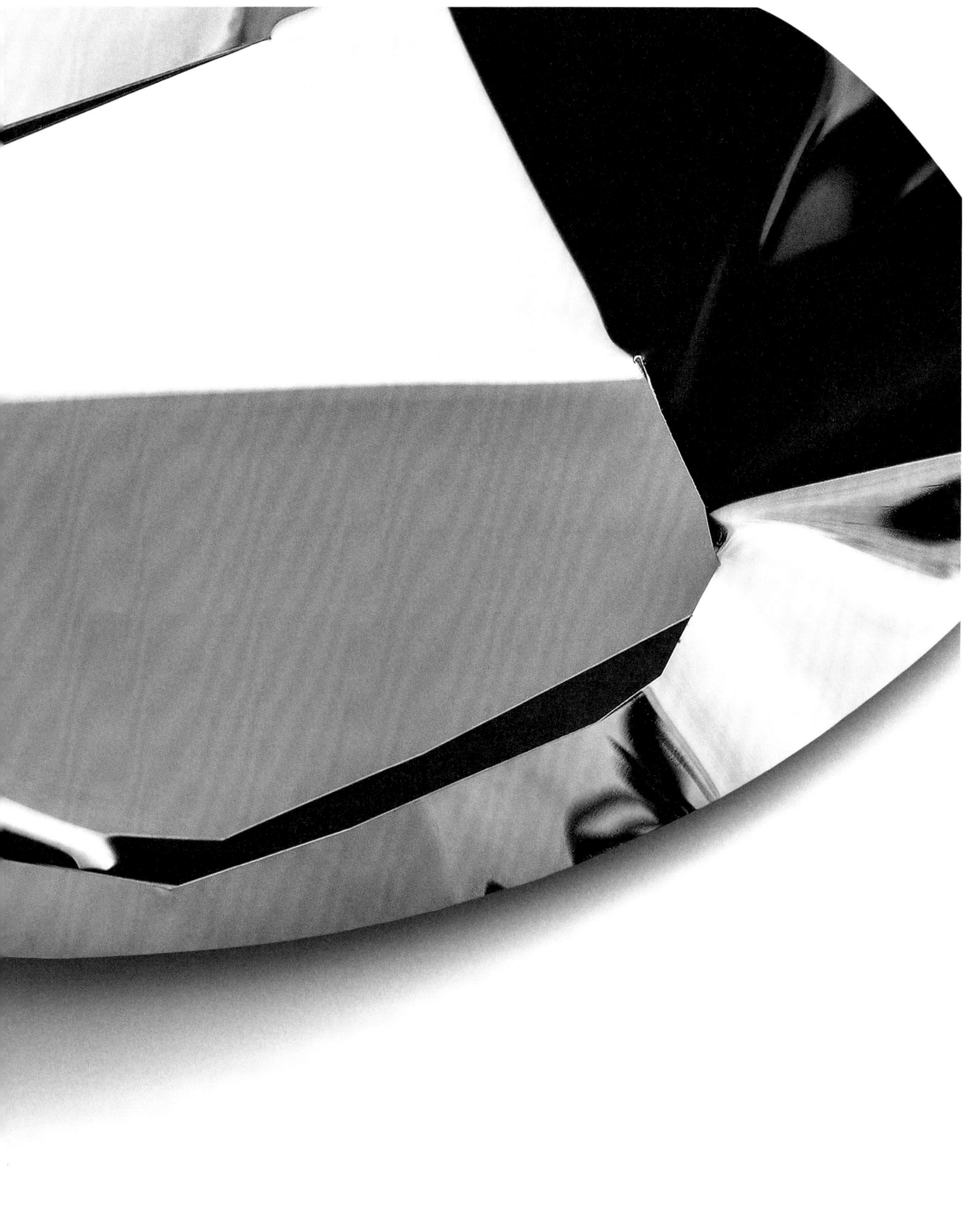

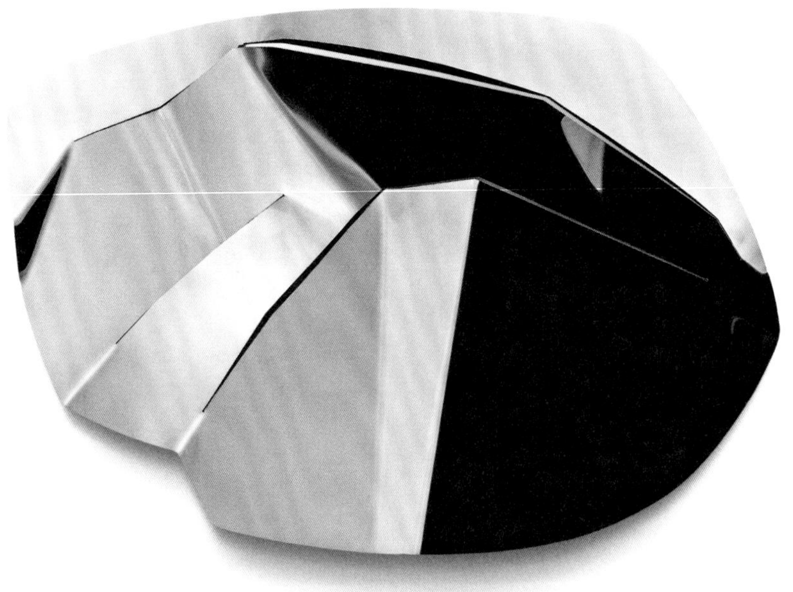

Es ist nur Schnee (2018), 23 x 34 x 3 cm

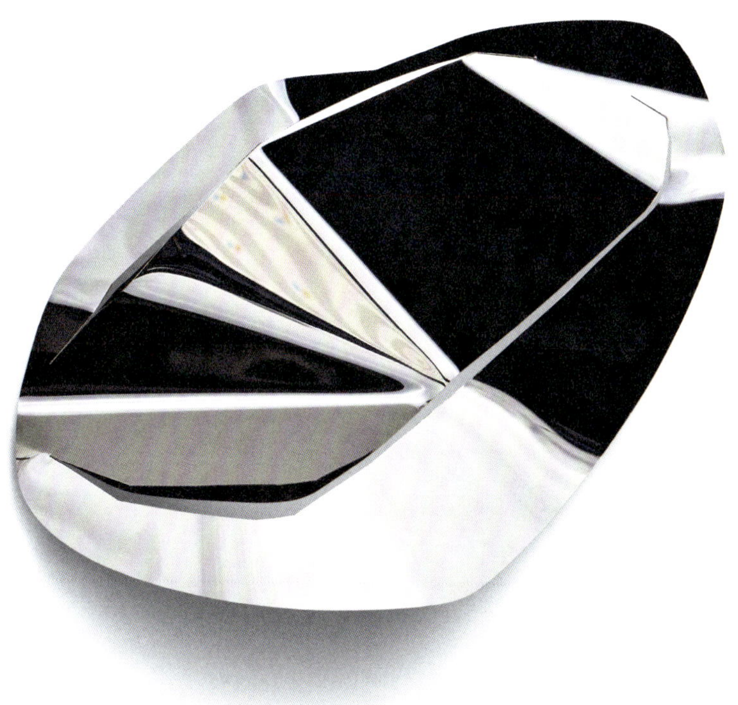

Sunnier Climes (2018), 27 x 26 x 3 cm

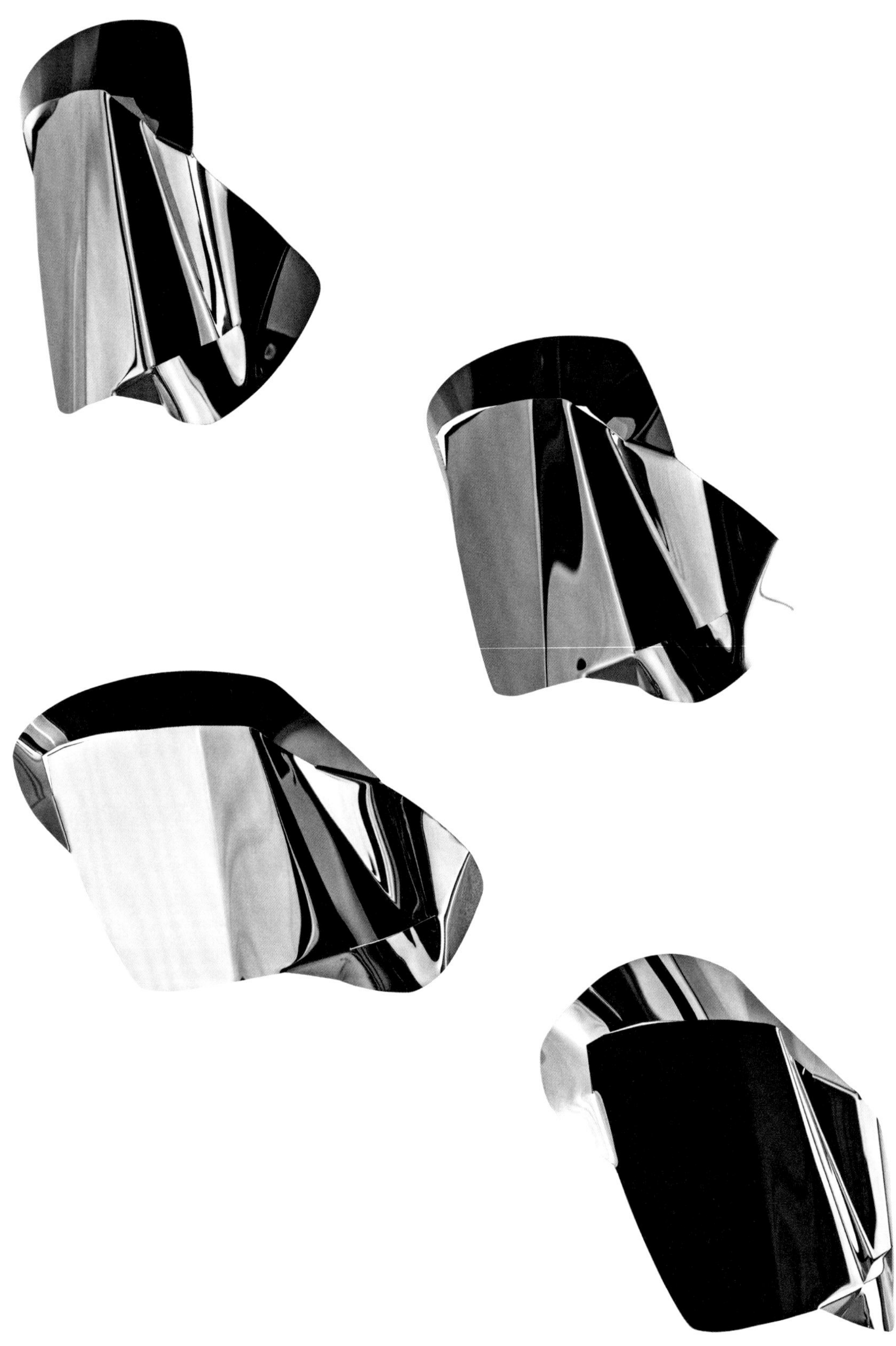

Still (2018), 24 x 35 x 3 cm

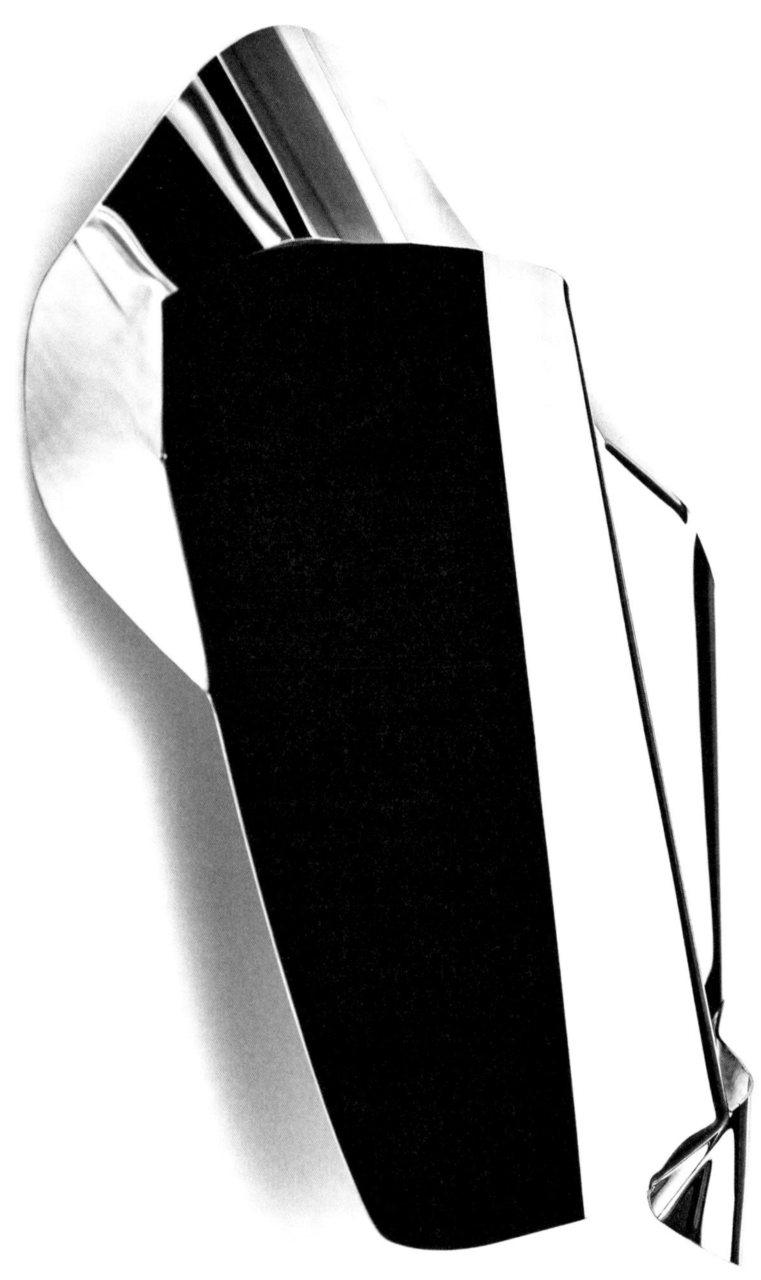

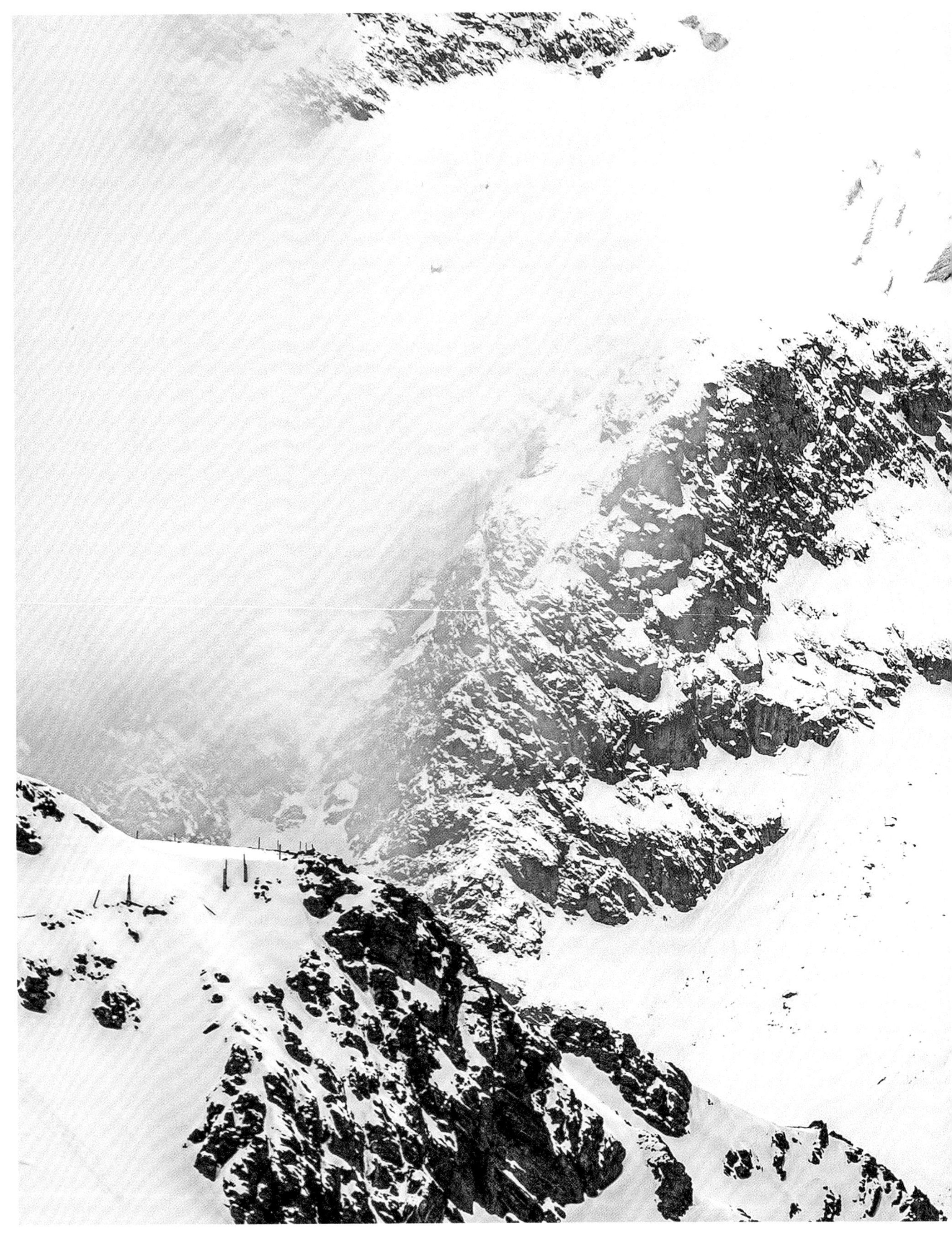

46°30‘31.39“ N

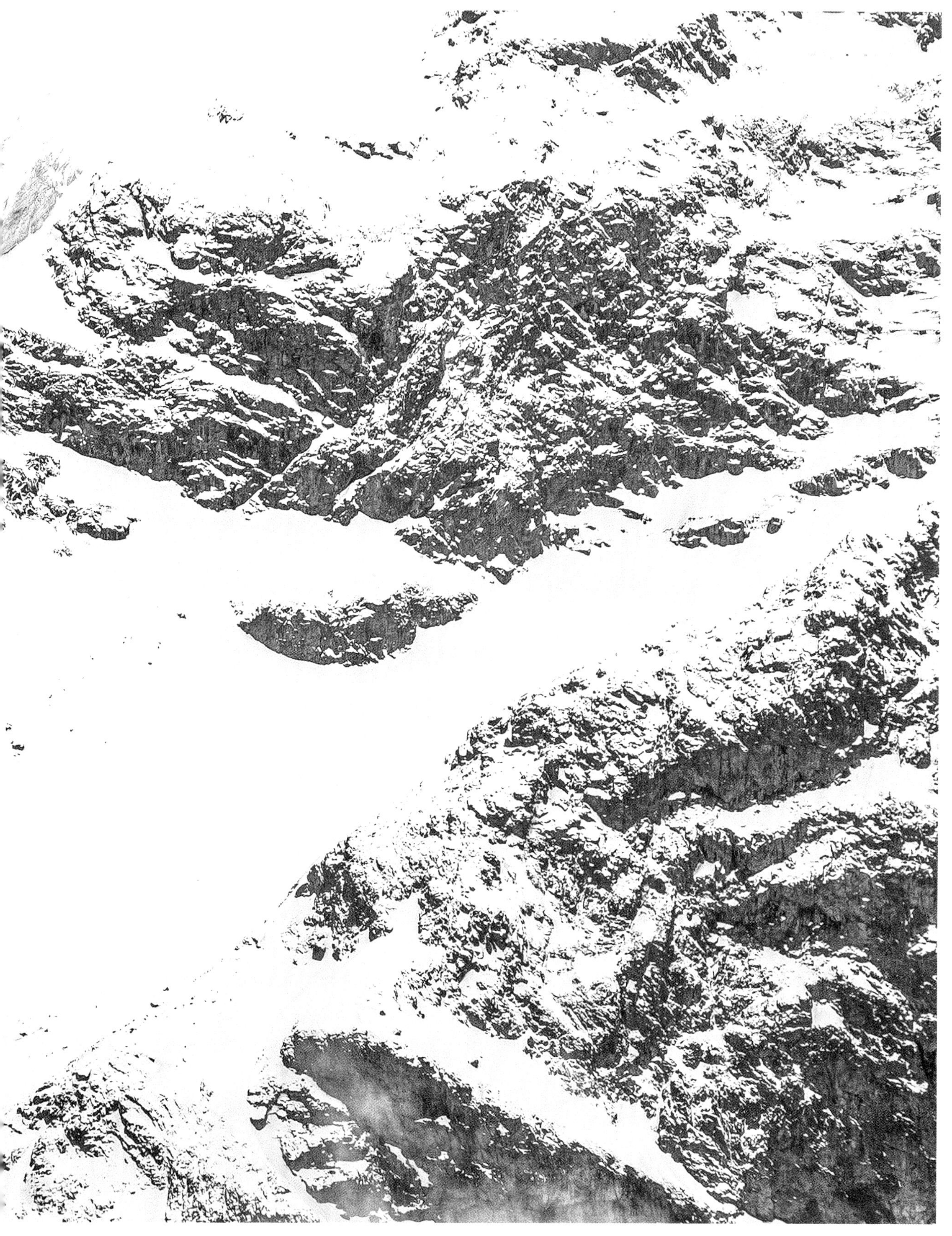

E

9°48‘7.26“

Snow Land
Sebastian Steinhäußer

Beyond the vast tunnel, the snow land arose.
Night's depth turned white.
Yasunari Kawabata

Schneeland is the title of a series of works Axel Anklam has begun in 2016. Fascinating wall-pieces, the artist has formed from stainless steel sheets which he folded, bended, and cut into dynamic reliefs. The black metallic and blazingly golden works owe their immaculate and reflective surfaces to a titanium nitride coating which grants them a precious and cool, almost technoid appearance. At the same time, it emphasises the perfection of his manual execution that has distinguished Axel Anklam's sculptural accomplishments from the beginning.

Inevitably, the glistening reliefs put the beholders under their spell. They are inapproachable, yet irresistible. Light plays upon their reflective surfaces. Every attentive step visually sets the forms in motion, creates new relations and perceptions. Shadows oscillate from plane to plane. In the blink of an eye, emanating light is plunged into darkness.

Abstract shapes, convex and concave curvatures, cuts, and convolutions unfold into mountainscapes with intense and unexpected effects of depth. Swaying hill slopes and smooth ascents face high peaks and steep abysses. The golden reliefs shine like snow covered summits in the bright warmth of the morning sun. Their auratic lustre gives them an airy lightness, whereas the black works come to live due to the bold contrasts the reflected light conjures up upon the surfaces. The interplay of black and white planes alludes to the moonlit snow land.

Art for Axel Anklam is both poetry and empathy. By means of abstraction, he strives to envision another world. As snow covers the landscape with a white coat abstracting its surface, Anklam's *Schneeland* seems to be engulfed in a thin, shining skin. In this, landscape, light, and membrane, central aspects of his œuvre, convene in an ideal form. Particularly the high mountains, manifoldly covered in snow and glacial ice ceaselessly offering new impressions in the course of days and seasons, have fascinated and absorbed him for long. He finds his inspiration in nature. Time after time, he visits the mountains, ranges them on extensive hikes. It is there, he finds rest and to himself. With an open eye, he explores the world and in nature he discovers the shapes and structures which form his ideas. Landscape is transformed into three-dimensional objects. He does not aim for a most realistic depiction of geological structures or metrological phenomena but for the recreation of a total impression, an atmosphere, a moment, a certain light. He aims for the essence of things, their harmony and particular beauty. What the Impressionists have achieved upon canvas, he achieves in three dimensions. He makes visible that snow is not just white. Instead it can take on all colours of the spectrum. Thus, his sculptures and reliefs do not just appear in opaque white and cold, milky blue but in intense orange and, if they are made from carbon fibre, in deep black.

For Anklam's fascination with snow is, apart from its purely optical effects, rooted in the related associations. Snow changes, engulfs, and disguises everything under a thick, soft coat. It represents calmness and emptiness, both protection and deadly danger, it is a life giver and the bringer of death. And if nothing else, it represents a new beginning. Everything is reset to start. Like a blank sheet of paper, it fuels the artist's imagination and the creative process which is expressed in *Schneeland.*

Unlike his previous designs and compositions, Axel Anklam's inspiration did not come from an atmospheric landscape but from the novel of the same name by Japanese Nobel prize laureate Yasunari Kawabata (1899–1972). The works, exuding an almost meditative stillness, embody a journey into Anklam's inner self. Kawabata tells the tale of a man who, like Anklam, is a seeker. Lost and uncomfortable with himself, the bon viveur and aesthete Shimamura hopes to rediscover himself while hiking through the snow covered Japanese alps – a landscape of archaic beauty in which, in winter times, icy Siberian winds gather immeasurable amounts of snow from the skies. His longing for purity and perfection leads him into the highlands. Yet what he seeks remains unreachable. The snow land remains a land of dreams, far from all reality.

On a nightly train ride, he beholds a young woman sitting opposite of him in a faint window reflection and is thrilled as her features blend with the passing snowy landscape only lit by moonshine: »At the bottom of the mirror the mountainscape passed by. The reflected things and the reflective surfaces moved like the superimposed layers of two films; both the occurring figures and the background had no relation with each other. Yet both layers melted into a symbolical world which was not of this one.«[1]

At this moment, the beauty of the landscape and the human figure blend into each other and become one. This superimposition does occur in Anklam's *Schneeland* as well. While beholding the bright reliefs, one becomes part of the manifoldly bent surfaces and is, at times, confronted with a clear or contorted reflection of one's self. Nearly romantically, Axel Anklam wishes for the beholders to perceive themselves more consciously. Who engages in this, gains the possibility of a change of perspective in order to reconsider one's own place in the world.

1 ——— Yasunari Kawabata, *Snow Land*, Suhrkamp, Frankfurt/Main 2004, p. 14.

Concinnity and Grace
Robert Kudielka

Usually, both skeleton and skin are notions referring to organic beings. Axel Anklam's sculptures do not have a direct model in nature, though. Their structural build-up, the stainless steel bars and rods upholding and stretching them, solely obeys musical-rhythmical proportions – and the covering ›skins‹ predominantly consist of elastic, translucent plastics.

The tightly wrapped bodies

conceal no interior, instead they bestow upon light and colour a physically weightless, yet clearly defined volume. Therefore, hovering-from-the-ceiling is an obvious alternative to their placement on the ground.

While his earlier works, due to their circular or riplike structure, remotely resembled creatures moving in a fluid medium, like shellfish or crustaceans, in more recent times associations to landscape and figurative space have come up, too. Yet, not at any time Anklam's sculptures merely depict given objects or phenomena. They rather evoke the immediate sensation of a mode of existence affecting us, be it the dynamics of a wind-whirled cloud formation, be it a writhing upward movement, or the tectonic tension of a geological profile.

Radically artificial in their organisation, his sculptures nevertheless arrive with a natural ease that defies explanation. Despite their rich allusions they retain a thing-like selfsufficiency, based on their formal concision and a nowadays rare manual perfection.

Axel Anklam has opened up sculpture, the very art of masses and weights, towards musical concinnity and lyrical grace.

Forms in Motion
Heiderose Langer

In the park, the sculptures face and move towards each other, make contact: Axel Anklam has placed his sculptures throughout the culture-and-nature-estate, Rottweil sculptor Erich Hauser (1930–2004) conceived as a total work of art, and with his choices of location a manifold dialogue has opened up.

The Place – A Landscape

Erich Hauser came to Rottweil in 1969 and decided to establish his own space for art, working, and living on the grounds of the country's former saline. Step by step, he realised his vision of a sculpture park, clearing the overgrown and reshaping the underused estate on the outskirts of Rottweil's industrial area. He envisioned an ideal landscape with hills and valleys, surrounded by hedges and dense tree lines, internally structured by single ›isles‹ of pasture and flowers. It is a place in accord with his feelings of home expressing his longing for independence, freedom, and his pursuit for »a time eternal«. Everywhere, a sense of imperishableness can be felt, not only in Hauser's material with its durability and timelessness but also in his residential pyramid. Erich Hauser's sculpture park is an ensemble in which the yearning for immortality has found a place.

The interdependency of cultural as well as natural processes is even more explicit in the park's architectural landscape design: conscious processes of appropriating, taming, and shaping nature on the one hand and on the other, nature's own laws of periodic growth and organic decay. Faced with nature's perpetual cyclic rhythms the volatile finiteness of human existence becomes apparent. In contrast to nature and landscape, Erich Hauser's robust stainless steel sculptures stand their ground as signs of his artistic will to form, energetic vitality, and expressiveness. »I do not care about working like nature. I am interested in setting up forms against nature. Only then it is possible to behold and experience nature anew«[1], says Erich Hauser.

This tense struggle between the natural forces of growth and Hauser's sculptures infused both with physical and sensuous potency maps out the field upon which Axel Anklam positions his works. His experience of nature is influenced by direct encounter: afoot in preferably untouched nature, encountering it, perceiving it intensely, and experiencing oneself therein. While walking, the physical movement turns into a process of determining, experiencing, and mediating space. Standing atop a mountain, cosmic infinity, void, and tranquillity as well as nature's immeasurable vastness can be felt. Furthermore, from nature a meaningful orientation can be derived. »Nature seems to be a realm which is governed by eternal laws, the notion of nature itself perpetuates consistency and legality as its invariant ratio. Wherever a basis for the ever changing conditions of human life and perception is pursued, the recourse to natural dispositions is obvious.«[2]

Only what does man long for in nature? On April 26, 1336, the Italian poet and humanist Francesco Petrarch presumably records the first bequeathed account of the ascent of a mountain. In a letter, he recounts his arrival at the summit of the Provençal Mont Ventoux. After he briefly enjoyed the vista, he sits down on a rock and begins to read the »Confessions« of St. Augustine. Petrarch is torn between the sacred text and the overwhelming impact of the landscape. He discovers a moral objection against the joyous delight in view of nature and quotes the church father: »In marvel, man passes by and beholds the peaks of mountains and sea's boundless tides, the broad mellifluous streams, the ocean's verges, and the circular paths of the celestial bodies, yet compared to this, man has no such respect for himself.«[3] Petrarch shuts the book and falls silent.

For him, the ascension of the mountain, the physical challenge, turns into a sensuous as well as theoretical contemplation of creation itself. This incident marks the beginning of any aesthetic and pleasurable interest in nature and landscape; at first only in painting, later and until today in abstract sculpture as well. For instance Henry Moore (1898–1986) and Hans Arp (1886–1966) in whose works organic forms of nature and the human body melt into ideal landscapes.

Axel Anklam cuts his own path onto this venerable field. Aesthetically steered, the sculptor's gaze focusses from up high the wide landscape underneath: an open space shaped by mountains, hills, rocks, slopes, and valleys, silhouettes of ridges, perspective layers of air and colour, passing cloud formations as well as the winding courses of rivers and pathways. For Axel Anklam gazing is a creative act which forms spatial constellations from concurring topographies, the play of light and shadow, and horizontal or vertical stratifications. From memory, these observations guide the artistic process of shaping his forms. Like a draftsman, he starts with pictorial elements as line and plane which he transfers into three-dimensional space by means of architectonical devices. From a steel ring – as a circle an epitome of clarity, sufficiency, and perfection –, he forms a dynamic contour line. This line defines and embraces space. It encompasses a spatial partition, contours it and formulates a surrounding frame. Within this self-supporting linkage, Axel Anklam spans ›membranes‹ of translucent materials as latex, epoxy, or steel mesh. Planar forms appear which arch, swell, curl and thus superimpose each other. As a protruding three-dimensional formation, the sculptural shape unites both the direct experience and the recollected memory of nature with the artistic capability striving for lifelike animation and transformation.

Sculptures in Dialogue

In the front of the park, Axel Anklam's *Land*, 2009/2017, a seemingly windblown, tenderly flowing stainless steel figuration, directs the beholders' gaze towards the abstract geometrical, stainless steel sculptures of Erich Hauser. While contemplating, certain cultural references and connotations are evoked, for example, the aesthetic qualities of gravity or lightness of form and material. In art, especially such perceptions unfold metaphorical potential. Gravity, embodied by the monumental steel sculptures of Erich Hauser, refers to physical weight or an immovable load, whereas lightness gives form to hovering, floating, and unburdened dynamics, embodying freedom and boundless movement. Erich Hauser's sculptural work is defined by these antithetic poles.

Axel Anklam's work, possesses nothing earthbound, nothing solid, on the contrary, it unleashes sensations of openness, frailty, and lightness. Sunlight beams through the meshes, illuminates the interior, and radiates outward again. Both fascinating and irritating, his sculptures oscillate between inside and outside, between materiality and immateriality as something unknown, hybrid, and not yet seen. Their appearances are individual and independent, as unique as an Alpine scenery which can be noticed on close inspection. What is to be seen is up to the beholder. Are these sculptures the ›missing link‹ between nature and sculpture?

They formulate images of an utopian state of being: peaceful, filled with harmony and beauty, well-balanced, although held in a fragile equilibrium. They rest in themselves as well as they aspire towards expansion. *Land* might imply a demarcation: land versus water, rural versus urban space. Maybe a certain region, a particular strIp of land, or a state. Land can represent one's own soil, a clearly marked terrain. Given the pretense, one can think of the duality of human existence or the questionable conditions of today's globalised societies: origin, stability, security, and native lands or departure, exploration, new territories, adventure, and freedom. On this metaphorical level, Erich Hauser and Axel Anklam meet.

On the outer boundaries of the park, the sculpture *Nuova Form*, 2011, is situated. In its scenic beauty it is a hybrid which as a cross between a natural form – a cocoon maybe – and a technoid object or vessel emphasises the park's specific character. Erich Hauser's industrial material, submitted to natural light which they instantly reflect as well as the terrain-conquering qualities of his formations transform the sculpture park into a ›spacey‹ ambience. His »space probes«, preordained for expansion, are a result of the 1960s space age euphoria, a time full of astronomic and cosmonautic discoveries like the first interstellar flights or the moon landing. Man was bound to discover new spaces and to leave gravity behind: »My spatial columns are sensors, antennae reaching into space, gaining and obtaining space«[4].

Axel Anklam's *Nuova Form* seems to be an archaeological relict of such past and bygone space-fantasies. Its form is built from a stabilising interior linkage and a skin-like, softly floating steel mesh hull. With their ostensibly organic and delicate surface communicating both inside and outside, the linear wirings of the framework interlock and create an airy corporeal structure, reminiscent of natural manifestations as ramifications or leaf veins as well as of technical constructions. The sculpture is held between persistence and kinetic energy, between technoid and organic moulding. In a transformative act it generates a telling pictorial composition referring to past and future, opening up new spaces of thought and emotion.
As a figure of sheer dynamics, however, on one of the park's central hills *Mooka*, 2015, comes close to an early spherical sculpture of Erich Hauser from 1966. *Mooka* approaches this organic form in a cautious poise like a graceful gust of wind. Figural as creatural aspects connect with the natural forces of growth blasting open Hauser's bulky and amorphous lump of steel.

This dialogical staging emphasises the foundations of both sculptors' working processes: the interplay of manual perfection and organic operations, regular and free forms, control and boundlessness, of the natural and the created. Erich Hauser places his sculptures against nature in order to see it anew. Enquiring and reflecting the relation of his works to their surroundings: »It is crucial how the sculptures conduct themselves in regard to architecture, landscape, a tree, to man, a car, or technology itself. This dimension is determined by man's capability to comprehend his environment, how widely one can perceive, think, and govern space.«[5] Axel Anklam, on the contrary, works with the given space as a compositional element which defines directions and structures, thus fusing inner and outer realities. Eminent for this is his understanding of sculpture as an open and dynamic, diaphanous and translucent form. At times, it is as if unseizable phenomena have assisted him in the creation of his ›forms in motion‹. They gently come to shape as if rain has rounded them or wind inflated them. They linger in floating and hovering states and still, they are constructed. Inherent to them are experiences of immateriality, variability, and fugacity particularly made even more visible by the passing sun light and the constantly changing landscape.

While Erich Hauser's additive triangular shapes catch, concentrate, and reflect light on their high polished steel surfaces, the sun light diffuses into Axel Anklam's sculptures. Therefore, light is the constitutive factor in their creation. Light transforms them, brings them to life, lets them shine with beauty and, due to their optical mutability and dynamic qualities, it brings them to levitation. A sensation of space which also was at the core of Constructivism, as László Moholy-Nagy (1895–1946) wrote to Carola Giedion-Welker: »We enter the realms of this new sensation of space just by accentuating the light problem. Light is a spatio-temporal element, even though it would be too early for a full analysis. Still, there is one word for it: levitation«[6].

Inside Sculpture

Axel Anklam belongs to a generation of sculptors which strongly relates to their artistic predecessors in the 1920s and 1930s avant-gardes, re-evaluating this tradition and reconsidering the present day relevance of its principles. For example, one central problem was: how can light be integrated into sculpture? Or it were considerations regarding the dissolution of classical sculptural criteria as volume, weight, and mass, together with the employment of transparent materials in order to formulate a new formative vocabulary. Therefore, the Constructivists used mirrors, acrylic glass, and aluminium to implement their ideas of immateriality, virtuality, void, and transparency in sculpture.

For an all-over diffusion of space and light, Naum Gabo (1890–1977) and his brother Antoine Pevsner (1884–1962) propagandised that the sculptural work no longer is an impenetrable silhouette but weightless and transparent. They were pioneers in the application of transparent materials. In the words of Antoine Pevsner: »Since the ancient Greeks there has been no sculptural development, until Gabo and myself revolutionised sculpture. Always it has been the tyranny of material, the tyranny of mass. The Greeks took a block of marble and chiselled a figure from it. Did they really notice what happens, if light casts a shadow onto a Greek statue? It cannot enter it, except the eye socket or the pit of the stoach, maybe. The shadow hits the ground, it cannot be held within. Light had no abode in ancient sculpture. Only in Gabo's and my work, light and shadow expand to the inside of a sculpture which absorbs them like a sponge«[7].

And indeed, the first to create a sculpture as a ›virtual volume‹ has been Naum Gabo. In the 1930s, he begins to work on abstract structures with plastics, acrylic glass, and later nylon threads. His »Linear Constructions in Space« are well-shaped, translucent constructs, made from bended sheets based on mathematical thread models. These ›bodies‹ serve as exemplary physical aids to advance one's abstract spatial sense. They visualise different surfaces that can be elegantly described in mathematical formulae but intuitively grasped only in three dimensions. Axel Anklam is fascinated by thread models, too. Something with two dimensions is projected into three-dimensional space creating a calm, harmonically balanced spatial figure. This advance from a plane into three-dimensionality is not merely an example for a mathematical theorem, within an artistic context the third dimension moreover represents the »actual axis of life [...] in palpable relation to the composition of the human body«[8].

Traversing abstraction and figuration, Axel Anklam is inspired both by the geometric rationality and the individual variability of his compositional elements. He transforms line and plane into an architectural space or into vividly dynamic and corporeal figures. Vital for his sculpture is less the conceptual Constructivism or the formulaic construction of mathematical shapes but rather an anthropological aspect. Fundamental states of human existence, feeling, cultural knowledge, physical perception and sentiment, or the sensuous experience of nature guide his artistic process. In his sculpture, he deliberately ponders social conditions as the changeful relation between nature and culture or reality and illusion.

The three-dimensional work turns into an existential place of concentration, an individual space – with its own story – which sets up boundaries to avoid losing itself among the boundlessness of space and at the same time breaks down boundaries to proceed. The place, Anklam's sculptures establish, presents reality not as being static but in a state of constant and transparently dynamic flux. And within this context transparency becomes a striking metaphor for an open and free society.

Face to Face

In the sculpture park, the face-to-face encounter of Axel Anklam and Erich Hauser reveals well-known as well as lesser known sides of the two sculptors. The monumental dimensions of Hauser's stainless steel sculptures find a complete response in the corporeality of Axel Anklam's organic figures, in their levitating lightness. The latter gain in emotional and metaphorical frequency, whereas the formal qualities of Erich Hauser's fractured crystalline structures are strengthened. Explicitly addressing the human body, both sculptors sensitise us beholders for the meaningful expressivity of the antithetic, yet elementary sensations of gravity and lightness, stability and dynamics, the organic and architectural their sculptures tellingly articulate in relation to the elementary processes of nature and life.

1 ——— The quote by Erich Hauser is taken from a statement made on the occasion of a documentary the WDR produced on his work; it was formulated in 1968 and revised in 1970, quoted after: *Bis jetzt – Plastik im Außenraum der Bundesrepublik*, ed. Lothar Romain, Hirmer, Munich 1990, p. 13.

2 ——— Lothar Schäfer, »Wandlungen des Naturbegriffs«, in: *Das Naturbild des Menschen*, ed. Jörg Zimmermann, Wilhelm Fink, Munich 1982, p. 11.

3 ——— St. Augustine, »Confessiones X, 8, 24–26«, quoted after: Hans Robert Jauß, »Aisthesis und Naturerfahrung«, ibid., p. 167. Q.v.: Francesco Petrarca, »Besteigung des Mont Ventoux«, in: *Die Fähre*, Band 7, ed. Walter Urbanek, C.C. Buchners, Bamberg 1958, pp. 227–229.

4 ——— Erich Hauser, l.c.

5 ——— Erich Hauser, l.c.

6 ——— László Moholy-Nagy in a letter to Carola Giedion-Welcker, in: Franz Roh, *Deutsche Plastik 1900 bis heute*, Bruckmann, Munich 1963, p. 116.

7 ——— Antoine Pevsner, »Propos d'un sculpteur. Interview d'Antoine Pevsner par Rosamonde Bernier«, in: L'Oeil, Nr. 23, November 1956, pp. 29–34, quoted after: Eduard Trier, *Bildhauertheorien im 20. Jahrhundert*, Gebr. Mann, Berlin 1980, p. 84.

8 ——— August Schmarsow, »Raumgestaltung als Wesen der architektonischen Schöpfung«, in: *Zeitschrift für Ästhetik und allgemeine Kunstwissenschaft, vol. 9*, ed. Max Dessoir, Ferdinand Enke, Stuttgart 1914, pp. 74–75.

...as long as you know your own limits.
Axel Anklam in conversation with Hendrik Lakeberg

Hendrik Lakeberg: You grew up in the GDR, and since 1990, you have witnessed how the whole life changed completely within a short time. Can one find traces of this experience in your work?

Axel Anklam: Of course. My sculptures may be abstract but they certainly have a context. Within a very different set of values, I started to work as an artist blacksmith in East Germany. Then suddenly, you experience how the whole society falls apart and everyone had to realign him- or herself entirely. Back then, I had chosen a profession that rarely exists nowadays. Quite an awkward experience ... to know in your late 20s that the one thing you wanted to do most, the field of profession I was passionately working in would simply vanish in the near future.

A little later, I was doing restoration at Sanssouci and during that time there even was a change in restoration philosophy. At once, people believed it would be better to preserve things in their actual condition. Just imagine 3000 years ago the Egyptians had placed their pyramids under glass covers. Today, those monuments would look pretty different, smooth and with a polished alabaster stone on top – beautiful dead objects. But in fact, it's just as beautiful that from the stones which were broken from the pyramids, entire settlements were built. You really can see that time has swept over them.

Among other things I have restored park gates which were covered with various layers of colour and thus different layers of time. Sometimes, you can find bullet holes from different wars in them or fragments that were added later and not always appropriately. Yet, it is for these human traces to make history, its events and the thinking of a particular age graspable for us. Much of what I did then, were additions: if a statue was missing an ear, I recreated and reattached it. Nevertheless, it was clear that a hundred years from now, this addition still would be visible as work of a craftsman who, while restoring the original sculpture with great historical empathy, simultaneously preserved his own time.

Therefore, my background and biography surely have had an impact on my work today. But what really matters to me artistically, is that my sculptures outlast the present, that they remain relevant, and that they will be read differently in the future. That's one of the reasons why I am working with nearly no contemporary or figurative references but abstractly.

HL: What does your art address then – one's sensibility or the mind?

AA: Take the war in Syria. For us, it is mere fiction; barely comprehensible through any media images. Nevertheless, seeing these images – the world as such – does hurt, if you get into them. What does it mean to refuel your car ... just think of all the destruction, conflicts and wars included in this simple act. For me, being aware of all this, is a basic requirement when looking at art. However, I will not and I cannot explain the world to the viewer. Everyone knows that we had to change everything. Still, we do not have the strength for it. We are not able to.

HL: Does art have to express this?

AA: The whole bad-consciousness-game dwelling upon the vileness of the world – in the end, it's just narcissism and doesn't help us at all to find concrete solutions for the actual global problems. Art, for me, is all about poetry and empathy. The pain is always there anyway. I want to open up a different world for the beholder by means of abstraction.

HL: Nevertheless, your art has very worldly origins. You wander and roam through landscapes and subsequently you transform the scales of the routes into the basis of your forms; even musical or physical proportions constitute the formal design of other groups of works.

AA: It is crucial to me that my work evolves from a process. I am not an architect designing models which I only have to execute afterwards. Taking my sculptures, there is always an initial impulse such as a feeling, a certain landscape or music. Yet, from that basis the forms develop their own momentum, as I work on them. One must not forget that art does not simply find the world and then copies it. Art invents the world in the first place; art gives form to it. Even Caspar David Friedrich did not paint his large landscapes outdoors or from nature, instead he composed and constructed them in his studio.

HL: If art provokes and communicates emotions, how important is emotionality in your work?

AA: It is the trigger for any artistic expression. I do not want to be the didact who judges how bad or good the world is, thus compelling the beholder. My art is an antidote to a reality in which everything screams out loudly, where we are inundated with images. Even if they are the most subtle ones, new images constantly compete with the older ones, obscuring them in order to reach the public with their hypothetical novelty.

I would rather like to be able to play music. I greatly admire the subtle poignancy of music. But since I cannot play any instrument, I have been trying to achieve a comparable effect by visualising abstract objects, relationships, and emotions which act equally subtle as music. My sculptures evolve in time. Like a fugue they open up only if they are beheld for a longer time; you have to empathise with them.

HL: How would you describe this effect?

AA: Music has the power to comfort and to enliven the listener. It even arouses concealed ways of thinking. Bach, for example, can be appreciated regardless of the cultural context. Seen historico-culturally, why should the Japanese be concerned with European 18th century church music? Actually it's as different as chalk and cheese. Anyhow, Bach is understood there. Due to its inherent abstraction, music speaks universally.

That's something I'd like to achieve with my work. I do not create fashionable objects, trying to snatch any momentary zeitgeist. My aim would rather be to offer an aesthetic experience which throws the beholders back on themselves, so they can come to terms with themselves and, at best, return from this to their everyday lives more mindful and conscious.

HL: The universality of music can be justified on the grounds that it is based on mathematic principles. Maybe we could also say this about your work: it is concerned with the search for a kind of universal harmony.

AA: Maybe. Although harmony quickly sounds esoteric and I am most certainly not up to designing beautiful forms that are nothing more than unworldly or engrossed reveries.

HL: Alright, let's put it differently then: your art is distinguished from many other contemporary positions in the way that it does not brutishly confront the beholders with the filthy state of our desolate world.

AA: Probably yes. At the same time, my work is very contemporary. Above all, the materials I use have been created by the highly industrialised world. I'm not using canvas and oil paint what artists already did back in the Renaissance. Originally, I just searched for transparent materials, and what I have found were translucent plastics and stainless steel gauze. Those steel gauzes became suitable for mass use after the war and the epoxy resins, I employ, have only been used since the 1960s. Thus the materials, from which my sculptures are made of, clearly reflect our time. Every day, we are faced with a variety of materials. The consistency of clothes, car paints, electrical appliances, etc. – all these are mediators of the time we are living in.

HL: That leads us to space, your other major point of reference. How do you cope with the atmosphere of a place where your sculptures are going to be presented?

AA: The exciting thing about sculpture is that it directly addresses all senses. To comprehend a sculpture you need to experience the space in which it is situated. I believe the daily totality of everything we experience and feel constitutes our reality. Any image, in contrast, is a sublimation. Yet nowadays, most decisions are based on pictures. But they are not necessarily real. They are virtual representations of the world which can be read and interpreted differently, even with manipulative intent.

Still, there is one thing that wrecks all of this, wrecks any utopia – reality. Lenin once said: »Reality is the criterion of truth«. Unfortunately, most new models of society forget about this. For me it has always been as obvious as simple. And it is also true in private: in a love attachment, we can go on telling us over and over again how much we love each other. But if there is no physical experience that affirms the claim, the relationship will fail. By means of the corporal-aesthetic experience I am constantly trying to stimulate a prudent awareness of reality.

HL: Then, is hindsight even in art easier than foresight? That one discovers the sense of things only in the aftermath?

AA: Almost certainly. Art is life which observes itself. If any work of art succeeds in this, it will last for ages. Homer is still understood after 3000 years ... probably, because we're still the same as we were back then.

HL: We haven't changed?

AA: Well, day after day, we are still unavailingly trying to reinvent the wheel. Isn't that curious. However, I do not think that this turns us into new or better men. To preserve our prospective lives, we have to be aware of the consequences of our actions. Evaluating them properly, should be possible ... as long as you know your own limits.

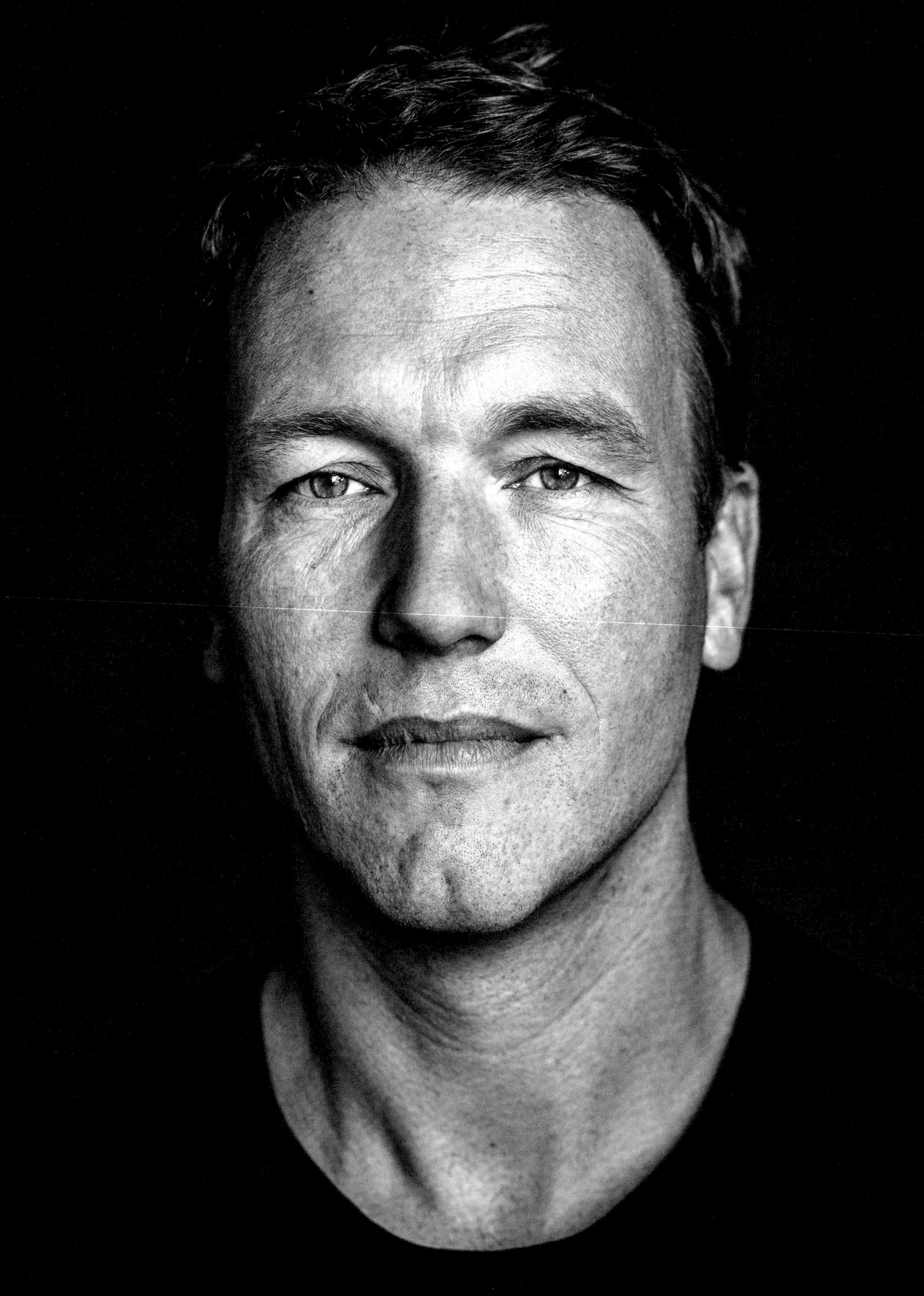

Biografie — Biography

1971
Geboren — Born in Wriezen

1987 – 1990
Ausbildung als Kunstschmied
— Apprenticeship as artist blacksmith

1993
Ernennung zum Kunstschmiedemeister
— Appointment as master craftsman

1996 – 1998
Restaurator im Handwerk — Restorer in the Craft,
Schloss Sanssouci – Stiftung
Preußische Schlösser und Gärten, Potsdam

1997
Restaurator im Handwerk — Restorer in the Craft,
Venice European Centre for the Skills of Architectural
Heritage Conservation, Venedig — Venice

1998 – 2001
Studium der Bildhauerei — Studies sculpture,
HfKD Burg Giebichenstein Halle / Saale
(Klasse — Class Irmtraud Ohme)

2002 – 2004
Studium der Bildhauerei — Studies sculpture,
Universität der Künste, Berlin

2004 – 2006
Meisterschüler von — Master class of
Tony Cragg, Universität der Künste, Berlin

2006
Meisterschülerpreis des Präsidenten, Universität der Künste, Berlin

2010
Gastprofessor — Visiting professor,
Staatliche Akademie der Bildenden Künste, Stuttgart
Ernst-Rietschel-Kunstpreis für Bildhauerei, Pulsnitz
Gerlinde Beck-Kunstpreis für Skulptur

2017
Kunstpreis Berlin: Bildende Kunst,
Akademie der Künste, Berlin

Lebt und arbeitet — Lives and works
in Berlin und — and Bad Freienwalde

Einzelausstellungen — Solo Exhibitions

2018 **Argos Fahrt**
Domino Art, Reutlingen

Axel Anklam
Museum Art.Plus,
Donaueschingen

2017 **Anklam trifft Hauser**
Kunststiftung Erich Hauser,
Rottweil

Axel Anklam – Schneeland
Kunstverein Reutlingen

Im Dialog mit Muthesius
Landhaus de Burlet, Berlin

Format
C&K Galerie, Berlin

Shapes and Spaces
Galerie Anja Knoess,
Köln — Cologne

2016 **Lichter**
Galerie am Rathaus,
Eschborn

Aurum
Galerie Rothamel,
Frankfurt/Main

The Clearing
Till Richter Museum,
Buggenhagen

Axel Anklam
Museum Altranft,
Bad Freienwalde

Licht und Gelände
Kunstkabinett, Regensburg

Clime
Galerie Anja Knoess,
Köln — Cologne

2015 **Kaskadenschaltung**
IG Metall, Berlin

**Über Winde, Wasser
und Gegenden**
Vitamin, Reutlingen

Stahl in Aspik
C&K Galerie, Berlin

Maelstrom
Galerie Rothamel, Erfurt

Lichter
Galerie am Klostersee,
Kloster Lehnin

2014 **Luggage and Observations**
Galerie Klaus Gerrit Friese,
Stuttgart

Weiter
Galerie Kontrapost, Leipzig

Wide
Kunstverein Gütersloh

2013 **Phos**
Deutsche Werkstätten,
Dresden-Hellerau

Masseneffekte
Kunstsammlung
Städtische Museen Jena

Colors
Galerie Robert Drees,
Hannover — Hanover

2012 **In'ei Raisan**
Galerie Borchardt, Hamburg

Axel Anklam
Gehag Forum, Berlin

2011 **Land**
Galerie Burg Klempenow

2010 **Axel Anklam**
Ernst-Rietschel-Museum,
Pulsnitz

Primal Landscapes
Galerie Rothamel,
Frankfurt/Main

2009 **Parcours**
arte TV,
Strasbourg

Tour
Städtische Galerie,
Offenburg

Territory
Herrenhaus Edenkoben

Parcours
Angermuseum, Erfurt

2008 **Leuchten und Strahlen**
Kunstverein Wilhelmshöhe
Ettlingen

Nach den Maschinen
Kleine Orangerie,
Schloss Charlottenburg,
Berlin

Parcours
schultz contemporary,
Berlin

2007 **Axel Anklam – Skulpturen**
Galerie Rothamel,
Frankfurt/Main

2006 **Axel Anklam**
Brunnensex, Berlin

Axel Anklam
Galerie Gerken, Berlin

Axel Anklam
Galerie Rothamel, Erfurt

2005 **Axel Anklam**
Galerie Rothamel,
Frankfurt/Main

2001 **Axel Anklam**
Industrie- und Handelskammer,
Magdeburg

Gruppenausstellungen — Group Exhibitions

2018 **Hinsehen. Reinhören. Die Kunst ist in der Kirche.**
Hauptkirche St. Jacobi,
Hamburg

Junge Kunst - Absolventen der Burg Giebichenstein Kunsthochschule Halle, Saale
Kunstverein
Schloss Wiligrad, Lübstorf

Interventionen
Museum Reinickendorf,
Berlin

Anklam / Tumarova
Galerie Rother Winter,
Wiesbaden

2017 **Berlin-based**
Till Richter Museum,
Schloss Buggenhagen

Out-Look
Galerie Robert Drees,
Hannover — Hanover

Berlin Klondyke
Umetnostna Galereija,
Maribor

Surf
Galerie Hartwich, Sellin

Splishsplash
Schaufenster, Berlin

Elevation
Schloss Untergröningen

Es ist nicht alles Gold, was glänzt. Teil I–III
Kulturamt Pforzheim

Profil einer Sammlung 2
Landratsamt Pforzheim

Frisch an die Wand
Ketterer Kunst, Berlin

t27 Kunstverein
Neukölln, Berlin

Blitzeis 2 – Accrochage
Galerie Anja Knoess,
Köln — Cologne

Wir nennen es Arbeit
Opere Scelte, Turin

2016 **Hiding Landscape**
Galerie Brennecke, Berlin

Anklam / Tumarova
Galerie Rother Winter,
Wiesbaden

Lithomania
Schaufenster, Berlin

Blitzeis – Accrochage
Galerie Anja Knoess,
Köln — Cologne

Glue
Kunstraum Bethanien,
Berlin

The Artists as Curator's Art vol. VI
Schaufenster, Berlin

Sweet
Schaufenster, Berlin

2015 **Der besondere Blick**
Kunstverein Wilhelmshöhe
Ettlingen

Jetzt
Galerie Anja Knoess,
Köln — Cologne

So. Hab ich die Welt noch nie gesehen.
Galerie Börgmann,
Mönchengladbach

Wo ist hier? #2: Raum und Gegenwart
Kunstverein Reutlingen

Berlin Klondyke
Sammlung Dahlmann,
Berlin

In situ: Die Kunst mit der Architektur
Galerie Borchardt,
Hamburg

Frisch aus Berlin
Stadtmuseum Oldenburg

Synthetic Fields
Kunsthalle PLU41, Berlin

2014 **Dialog by Invitation**
Semjon Contemporary,
Berlin

Stahlplastik in Deutschland – gestern und heute
Kunstverein Wilhelmshöhe
Ettlingen

reKollekt
Galerie Borchardt, Hamburg

Scot
Galerie Rothamel,
Frankfurt/Main

2013 **Personal Structures 55. Biennale di Venezia,**
Palazzo Bembo,
Venedig — Venice

A/Z
Knut Osper,
Köln — Cologne

Axel Anklam / Tatsuhiko Yokoo
Japanisch-Deutsches Zentrum,
Berlin

StrukturWandel
C & K unterwegs, zu Gast
in der Guardini Galerie,
Berlin

Rietschelpreisträger 1991–2013
Ostsächsische Kunsthalle,
Pulsnitz

Berlin Klondyke
Alte Baumwollspinnerei, Leipzig

Differenz und Wiederholung
Galerie Knut Hartwich, Sellin

Ganz im Vorübergehen
Galerie Hartan, Stuttgart

Ostrale Biennale für zeitgenössische Kunst
Dresden

2012 **Eunomia**
Galerie Wagner + Partner,
Berlin

Abstract confusion
Neue Galerie Glattbeck
und — and Kunsthalle Erfurt

Edge of Abstraction No. 2
Kunsthalle Frisch, Berlin

Edge of Abstraction No. 1
Kunsthalle Frisch, Berlin

Open Gallery
Galerie Friedmann-Hahn,
Berlin

Ballungsraum
Kosmetiksalon Babette,
Berlin

.spatiotemporal
Galerie Thomas Crämer,
Berlin

Sputnik Surprise
Galerie Rothamel,
Frankfurt/Main

Alptraum – The Nightmare never ends
X, Berlin

Berlin Klondyke
Kunstverein Pfaffenhofen

2011 **Abstract confusion**
b-05, Montabaur
und — and Kunstverein Ulm

Luxplus
t27 Kunstverein Neukölln,
Berlin

About Abstraction
Chausseestraße 36, Berlin

Berlin Klondyke
Klondike Institute of Art
& Culture, Dawson City

Diktatur Charlottenburg
Kosmetiksalon Babette, Berlin
Jagdsaison
Gloria, Berlin

Moraltarantula V
Zollamt Oberhafen, Hamburg

Wo der Sand fällt und sich spaltet
Galerie Börgmann, Krefeld

2010 **Wahlverwandschaften 2**
Neues Museum, Weimar

7. Biennale Internazionale di Scultura della Regione Piemonte Ex Chiesa di Santa Croce
Beinasco

Blütezeit
Galerie Rothamel, Erfurt

Generationen
Kunsthalle Brennabor, Brandenburg

Polyfizzyboisterous Seas
Galerie Hartwich, Sellin

2009 **Idyllismus**
Tanzschule München präsentiert Infernoesque, Berlin

Shifting
Galerie Robert Drees, Hannover — Hanover

Strahl' dich aus
Galerie Samuelis Baumgarte, Bielefeld

Zimmer mit Aussicht
Galerie Michael Schultz, Berlin

23rd International Ube Biennale 09
Iwami Art Museum, Ube

Wetter
Zern, Berlin

Neun Arten von Gelände
Tape Modern, Berlin

2008 **Zeitblick. Ankäufe zeitgenössischer Kunst der Bundesrepublik Deutschland 1998–2008**
Martin-Gropius-Bau, Berlin

Infernoesque +
Lada Projects, Berlin

30 gegen 3 000 000. Skulptur und Malerei aus Berlin
Kulturforum Schloß Holte-Stukenbrock

Neue Kunst in alten Gärten
Obergut Lenthe, Hannover — Hanover

Infernoesque Royal
Infernoesque, Berlin

Quest
Zern, Berlin

2007 **Die Macht des Dinglichen. Skulptur heute!**
Georg Kolbe Museum, Berlin

Countdown. Meisterschülerpreis der UdK 2007
schultz contemporary, Berlin

Salzmond
Kunstraum Klosterkirche, Traunstein

Trum
Zern, Berlin

22nd International Ube Biennale 07
Iwami Art Museum, Ube

2006 **Förderpreis Junge Kunst**
Pfalzgalerie Kaiserslautern, Saarlandmuseum Saarbrücken und — and Galerie Junge Kunst, Trier

durchgeknallt
Fahrradhalle Offenbach und — and Kunstkabinett, Regensburg

Coburger Glaspreis
Museum für Modernes Glas, Coburg

2005 **Neue Berliner Künstler**
Galerie Claudius, Hamburg

Subjektive Obsessionen
Art Frankfurt, Frankfurt/Main

2004 **Saraburi Modern**
Art Exhibition, Bangkok

Schutzraum Glas
Galerie Marktschlösschen, Halle (Saale)

2003 **Die neue Berolina**
Gendarmenmarkt, Berlin

One Piece or in Slices
World Glass Congress, Amsterdam

2001 **Skulptur aktuell IV**
Bielefeld

Abbildungsverzeichnis — Index

2017 **Kunstpreis Berlin 2017**
Hrsg. — Ed. Akademie der Künste Berlin

2016 **Gegenwart als Geschichte, Die Sammlung im Allianz Forum Berlin**
Hrsg. — Ed. Allianz SE, Berlin

2015 **Frisch aus Berlin**
Hrsg. — Ed. Stadtmuseum Oldenburg

Im Porträt
Hrsg. — Ed. Bundesministerium für Bildung und Forschung, Berlin

2014 **Axel Anklam: Über Winde, Wasser und Gegenden**
Hrsg. — Ed. Kunstverein Gütersloh

Stahlplastik in Deutschland
Hrsg. — Ed. Kunstverein Wilhelmshöhe Ettlingen

2013 **Axel Anklam: Apeiron**
Hrsg. — Ed. Kunstsammlung Städtische Museen Jena

Personal Structures, La Biennale di Venezia 2013
Hrsg. — Ed. Global Art Affairs Foundation

Dokumentation
Hrsg. — Ed. Bundesministerium für Bildung und Forschung, Berlin

2012 **Axel Anklam: In'ei Raisan Entwurf einer barnimschen Ästheti*k***
Hrsg. — Ed. Galerie Borchardt, Hamburg

2011 **Neue Abstraktion**
Hrsg. — Ed. Kunstforum International, Bd. 206

Kunst auf dem Campus: Kunst am Bau der Universität Heidelberg nach 1945.
Hrsg. — Ed. Universität Heidelberg

Axel Anklam: Madame Chrysanthème
Hrsg. — Ed. Q.H.S.O.I.Q.O.C.M.S., Berlin

Abstract confusion
Hrsg. — Ed. Kunstverein Ulm, Neue Galerie Gladbeck et al.

2010 **Fünfundzwanzig Jahre Kunstverein Wilhelmshöhe Ettlingen**
Hrsg. — Ed. Kunstverein Wilhelmshöhe Ettlingen

2009 **Ube Biennale '09. 23rd International Open Sculpture Competition**
Hrsg. — Ed. Iwami Art Museum, Ube

2008 **Zeitblick. Ankäufe der Sammlung Zeitgenössischer Kunst der Bundesrepublik Deutschland 1998 – 2008**
Hrsg. — Ed. Sammlung Zeitgenössischer Kunst der Bundesrepublik Deutschland, Bonn

30 gegen 3 000 000. Skulptur und Malerei aus Berlin
Hrsg. — Ed. Kulturforum Schloß Holte-Stukenbrock

Axel Anklam: Die Bereitschaft zu Glauben
Hrsg. — Ed. Kunstverein Wilhelmshöhe, Ettlingen

2007 **Ube Biennale '07. 22nd International Open Sculpture Competition**
Hrsg. — Ed. Iwami Art Museum, Ube

Countdown. Meisterschülerpreis der UdK 2007
Hrsg. — Ed. Universität der Künste, Berlin

Die Macht des Dinglichen. Skulptur heute!
Hrsg. — Ed. Georg Kolbe Museum, Berlin

2006 **Förderpreis Junge Kunst**
Hrsg. — Ed. Saar Ferngas AG, Saarbrücken

Coburger Glaspreis
Hrsg. — Ed. Museum für Modernes Glas, Coburg

Herausgegeber — Editors
Simone Jung, Heiderose Langer,
Christian Malycha

Konzeption und Gestaltung — Design and layout
Hilmar Stehr, Berlin

Texte — Texts
Robert Kudielka, Hendrik Lakeberg,
Heiderose Langer, Christian Malycha,
Sebastian Steinhäußer

Redaktion — Editing
Nadja Su-Mi Anklam

Lektorat — Copy-editing
Julia Berghoff

Übersetzung — Translation
Alexander Serner

Fotos — Photos
Stephan Klonk, Frank Kleinbach,
Tom Wagner (Portrait), Ulli Grüning

Lithografie — Image editing
max-color, Berlin

Produktion — Production management
DISTANZ Verlag

Gesamtherstellung — Production
optimal Media GmbH, Röbel

Vertrieb — Distribution
edel Germany GmbH
edel.com
distanz@edel.com

Erschienen bei — Published by
DISTANZ Verlag
distanz.de

ISBN 978-3-95476-238-5
Printed in Germany

Dieses Buch erscheint anlässlich der Ausstellungen — This book is published on the occasion of the following exhibitions:

Kunstverein Reutlingen
12. Februar – 1. Mai 2017
— February 12 – May 1, 2017

Kunststiftung Erich Hauser, Rottweil
Mai 2017 – September 2018
— May 2017 – September 2018

Museum Art.Plus, Donaueschingen
18. März – 17. Juni 2018
— March 18 – June 17, 2018

Impressum — Colophon

Kunstverein Reutlingen
Eberhardstr. 14, 72764 Reutlingen, Germany
+49 7121 33 84 01
kontakt@kunstverein-reutlingen.de
kunstverein-reutlingen.de

Vorsitzender — Chairman: Wolfgang Riehle, **Stellv. Vorsitzende — Vice-chairmen:** Ehrhard Vogel, Eberhard Freudenreich, **Schatzmeister — Treasurer:** Philipp Licht, **Vorstand — Board:** Barbara Bosch, Henning Eichinger, Andreas Kurtz, Rainer Nepita, Hubert Reiff, Eugen Schäufele, Gabriele Straub, Katharina Wandel-Kretzschmar, **Künstlerischer Leiter — Artistic director:** Christian Malycha, **Wissenschaftliche Assistenz und Sekretariat — Scientific assistance and Office:** Julia Berghoff, **Wissenschaftliche Assistenz — Scientific assistance:** Vanessa Braun, Jessica Wiesner, **Wissenschaftliches Praktikum — Academic placement:** Annabell Heitz, **Aufsicht — Supervisory staff:** Ingeborg Kehrer-Gmelin, Monika Nickel, Nena Schaz, **Ausstellungstechnik — Exhibition handling:** Eberhard Böhm-Sturm, Franz Tesch, **Ehrenamt — Volunteering:** Sabine Bayer, Carmen Krafft, Marisa Zeising.

Der Kunstverein Reutlingen dankt dem Regierungspräsidium Tübingen und der Stadt Reutlingen für ihre institutionelle Förderung sowie der Art-regio, der Kreissparkasse Reutlingen, der RWT Reutlinger Wirtschaftstreuhand und der Reiff-Gruppe.
— The Kunstverein Reutlingen extends its gratitude to the Regional Council Tübingen and the City of Reutlingen for their institutional patronage as well as to the Art-regio, the Kreissparkasse Reutlingen, the RWT Reutlinger Wirtschaftstreuhand and the Reiff-Group.

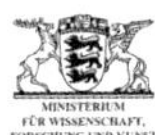
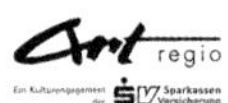
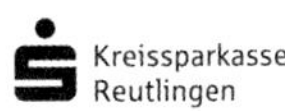

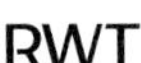

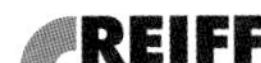

Kunststiftung Erich Hauser
Saline 36
78628 Rottweil
+49 741 28 00 180
info@erichhauser.de
erichhauser.de

Vorsitzender — Chairman: Wilhelm Freiherr von Haller, **Stellv. Vorsitzende — Vice-chairmen:** Jürgen Knubben, Hans-Peter Welsch, **Sprecher — Spokesman:** Wilhelm Rieber, **Stellv. Sprecher — Vice-Spokesman:** Herbert Wagner, **Stiftungsvorstand — Foundation Board:** Ralf Broß, Eva-Marina Froitzheim, Andrea Hauser, Ottmar Hörl, Herbert Köhler, Robert Kudielka, Matthias Marquardt, Matthäus Reiser, Günter Ritzi, Marco Schaffert, Siegfried Weishaupt, **Geschäftsführerin — Executive director:** Heiderose Langer, **Sekretariat — Office:** Karin Müller, **Besucherservice — Visitors service:** Annemarie Podmenik, **Technik — Handling:** Dietmar Fischinger.
Förderverein der Freunde der Kunststiftung Erich Hauser e.V. — Association of Friends of the Kunststiftung Erich Hauser e.V. **Vorsitzender — Chairman:** Matthias Marquardt, **Stellv. Vorsitzende — Vice-chairmen:** Arnhold Budick, Yella Kussmaul, **Schatzmeister — Treasurer:** Christian Kinzel, **Schriftführerin — Clerk:** Annette Hölle.

Dank an den Förderverein der Kunststiftung Erich Hauser e.V. sowie an die Förderer und Sponsoren:

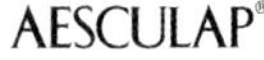

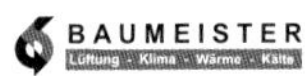

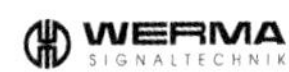

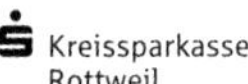

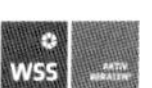

Museum Art.Plus
Museumsweg 1
78166 Donaueschingen
+49 771 89 66 890
info@museum-art-plus.com
museum-art-plus.com

Sponsoren — Sponsors:

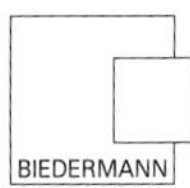

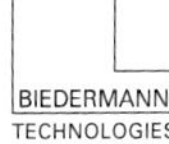

Institutionen — Institutions

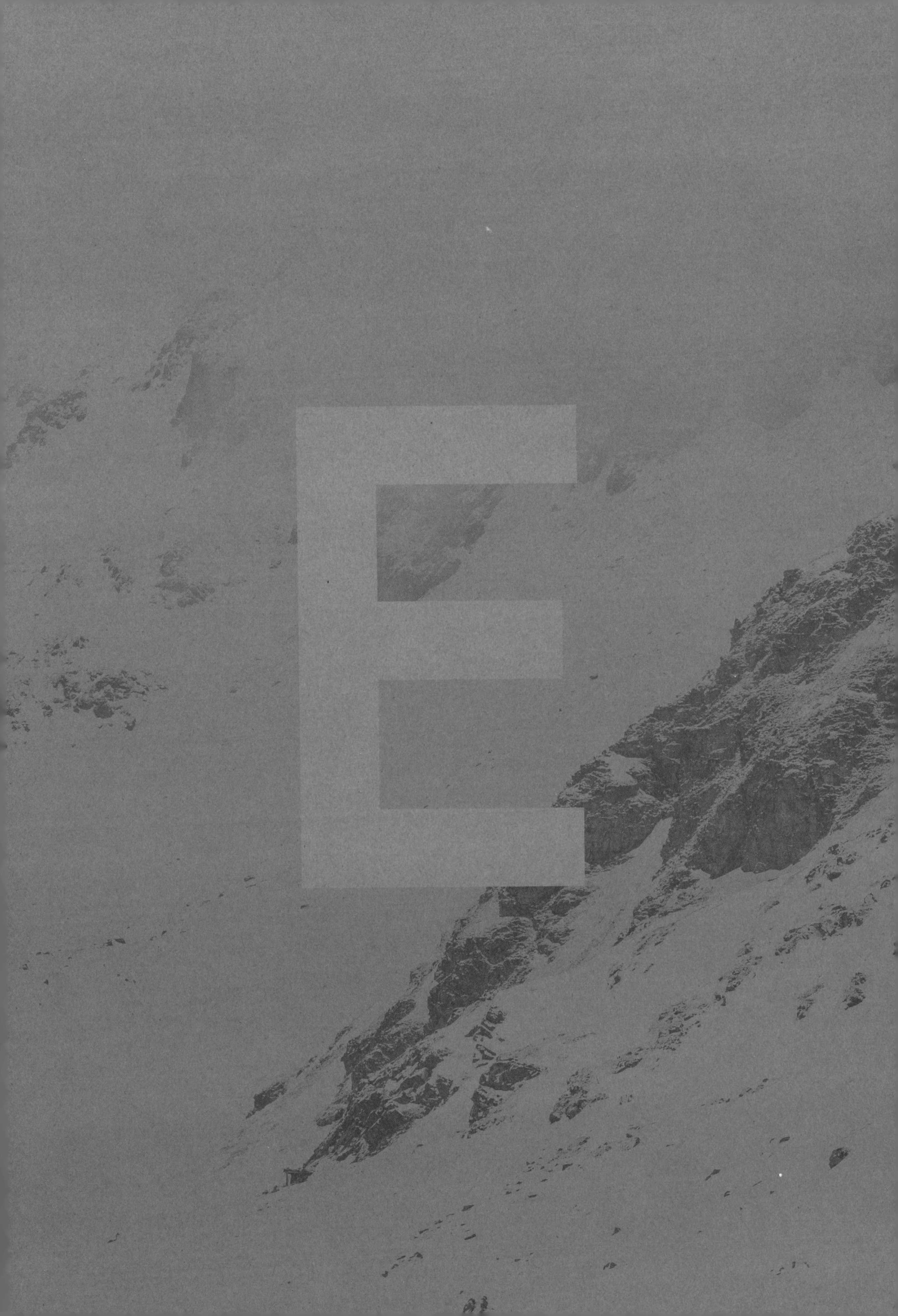
E

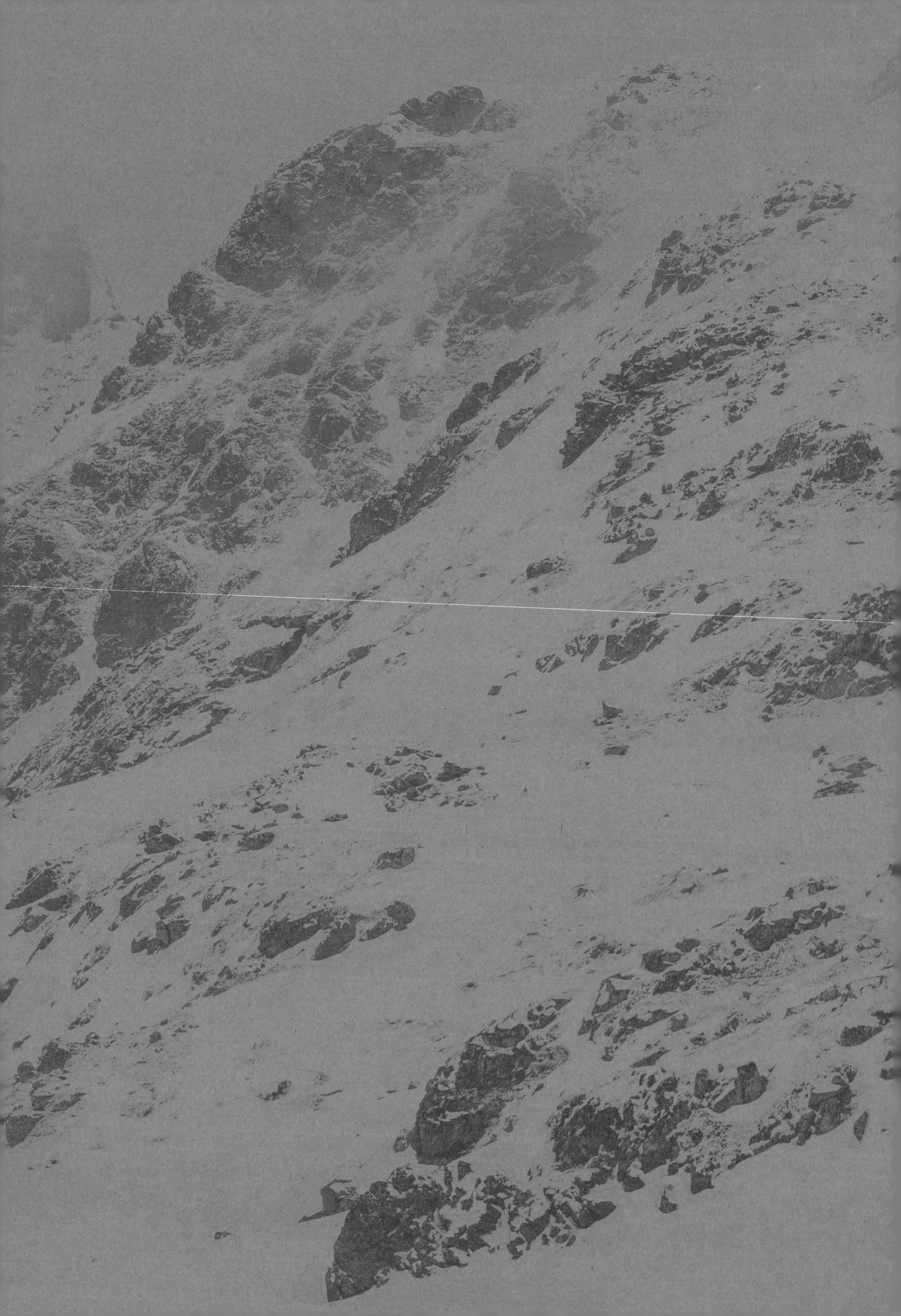